Peter Jaeschke
Integrierte Unternehmensmodellierung

Peter Jaeschke

Integrierte Unternehmens- modellierung

Techniken zur Informations- und Geschäftsprozeß- modellierung

Springer Fachmedien Wiesbaden GmbH

Die Deutsche Bibliothek — CIP-Einheitsaufnahme

Jaeschke, Peter:
Integrierte Unternehmensmodellierung : Techniken zur
Informations- und Geschäftsprozeßmodellierung / Peter
Jaeschke.
(DUV: Wirtschaftsinformatik)
Zugl.: Karlsruhe, Univ., Diss., 1995
ISBN 978-3-8244-0283-0   ISBN 978-3-663-12178-7 (eBook)
DOI 10.1007/978-3-663-12178-7

© Springer Fachmedien Wiesbaden 1996
Ursprünglich erschienen bei Deutscher Universitäts-Verlag GmbH, Wiesbaden 1996

Lektorat: Monika Mülhausen

Gedruckt auf chlorarm gebleichtem und säurefreiem Papier

ISBN 978-3-8244-0283-0

Vorwort

Die vorliegende Arbeit entstand zum Teil in meiner Zeit als wissenschaftlicher Mitarbeiter am Institut für Angewandte Informatik und Formale Beschreibungsverfahren der Universität Karlsruhe und zum Teil in meiner Zeit als Projektleiter bei PROMATIS Informatik in Karlsbad. Der Umstand, daß sich meine Tätigkeit bei PROMATIS mit meinem wissenschaftlichen Forschungsgebiet in großen Bereichen überschnitt, ermöglichte mir die Überprüfung und den teilweisen Einsatz der in dieser Arbeit vorgestellten neuen Techniken in der täglichen Projektarbeit.

Für die stets gute Zusammenarbeit und für die Betreuung bei der Anfertigung dieser Dissertation bin ich dem Institutsleiter Herrn Prof. Dr. Wolffried Stucky zu großem Dank verpflichtet. Mein Dank gilt auch Herrn Prof. Dr. Eberhard Stickel und Herrn Prof. Dr. Karl-Heinz Waldmann für die Übernahme des Korreferats.

Bei Herrn Dr. Frank Schönthaler, dem Geschäftsführer der PROMATIS Informatik, möchte ich mich dafür bedanken, daß er mir eine flexible Ausgestaltung meiner Arbeitszeit sowie den Besuch zahlreicher wissenschaftlicher Tagungen im In- und Ausland ermöglichte. Für wertvolle Anregungen habe ich ganz besonders Herrn Prof. Dr. Andreas Oberweis herzlich zu danken. Ebenso möchte ich mich bei meiner Kollegin Kirsten Lenz sowie meinen Kollegen Oliver Bauer und Carsten Gentner bedanken.

Mein ganz besonderer Dank gilt jedoch meiner Frau Angelika, die mich stets nicht nur mit viel Geduld und Energie tatkräftig unterstützt hat, sondern auch auf zahlreiche Wochenenden, Feier- und Urlaubstage zugunsten dieser Arbeit verzichtet hat, und meinen Eltern, die mir das vorausgegangene Studium ermöglicht haben.

Peter Jaeschke

Inhaltsverzeichnis

Abbildungsverzeichnis

Definitionsverzeichnis

XX   *Definitionsverzeichnis*

1 Einleitung

In der Industrie, bei Dienstleistungsunternehmen und in der öffentlichen Verwaltung stehen Organisatoren und Systemanalytiker vor der Aufgabe, den Einsatz der Ressource Information zu planen, zu koordinieren und zu dokumentieren sowie Geschäftsprozesse zu planen, zu analysieren, zu optimieren und zu dokumentieren. Aufgrund dieser Aufgaben ist es notwendig, den Informationsbedarf und die Abläufe des Unternehmens zu modellieren.

Im Rahmen der Unternehmensmodellierung wird das Unternehmen aus verschiedenen Sichten betrachtet. Scheer [Sch92, Sch94] unterscheidet in diesem Zusammenhang zwischen Datensicht, Vorgangssicht, Organisationssicht und Ressourcensicht. Diese Sichten werden im folgenden als Teilschemata des Unternehmensschemas bezeichnet.

Im folgenden wird zunächst auf die Bedeutung und den Einsatz der Unternehmensmodellierung eingegangen und die Sichtenbildung, die der vorliegenden Arbeit zugrunde liegt, vorgestellt.

1.1 Bedeutung der Unternehmensmodellierung

Der Markt fordert von den Unternehmen eine starke Kundenorientierung und eine weitreichende Flexibilität. Zunächst wurde in diesem Zusammenhang die Bedeutung der *Information* als *strategische Ressource* für die Leistungserstellung erkannt [Sch90]. Ihr erfolgreicher Einsatz wird durch redundante und daher häufig inkonsistente Datenhaltung eingeschränkt bzw. verhindert. Deshalb besteht die Notwendigkeit, ihren Einsatz unternehmensweit zu planen und zu koordinieren. In zahlreichen Projekten wurde und wird die Erstellung von Unternehmensinformationsschemata[1] geplant und teilweise auch durchgeführt. Die Veröffentlichungen über solche Projekte enthalten sowohl Meldungen über Erfolge als auch Meldungen über Mißerfolge. Dies beruht zum Teil darauf,

---

[1] In der Praxis wird anstelle des Begriffs des Schemas (Unternehmensschema, Datenschema, Informationsschema, Ablaufschema, Prozeßschema, Organisationsschema) häufig der Begriff des Modells (Unternehmensmodell, Datenmodell, Informationsmodell, Ablaufmodell, Prozeßmodell, Organisationsmodell) verwendet.

Im Bereich der Wissenschaft wird jedoch zwischen Schema und Modell unterschieden. Das Modell ist die "Sprache", mit der Schemata beschrieben werden; beispielsweise wird ein Informationsschema unter Verwendung des Entity-Relationship-Modells erstellt. Diese begriffliche Unterscheidung wird auch der vorliegenden Arbeit zugrunde gelegt.

- daß die angewandten Techniken die Erstellung wirklich großer Informationsschemata nur unzureichend unterstützen,
- daß die Trennung zwischen konzeptuellem Informationsschema und physischem Datenschema nicht konsequent eingehalten bzw. der Sinn dieser Trennung nicht erkannt wird,

und insbesondere darauf,

- daß nur *eine* Sicht - die Datensicht - des Unternehmens modelliert wird,
- daß das gesamte Unternehmen und nicht sinnvoll abgegrenzte Bereiche betrachtet werden,
- daß die Ziele der Unternehmensmodellierung nicht formuliert, konkretisiert und quantifiziert werden.

Der Unternehmenserfolg hängt nicht nur von den Produkten und deren Vertrieb, dem effizienten (d. h. wirtschaftlichen) und effektiven (d. h. wirksamen) Einsatz von Ressourcen, einschließlich der strategischen Ressource Information, und der Organisationsstruktur ab, sondern in zunehmendem Maße auch von den Verfahren, mit denen die Leistungen erbracht werden [PRO94]. Ökonomisch effiziente und effektive *Geschäfts- und Produktionsprozesse*, ergänzt durch einen effizienten und effektiven Einsatz der Ressource Information, sowie ein ausgeprägtes Qualitätsbewußtsein gelten als Schlüssel für das Bestehen im Wettbewerb. Jede im Unternehmen ausgeführte Aktivität und jede eingesetzte Ressource ist aufgrund ihres direkten und indirekten Beitrags zur Wertschöpfung zu untersuchen und zu beurteilen. Konsequenterweise sind Aufbau- und Ablauforganisation eines Unternehmens so zu strukturieren, daß die Geschäftsprozesse optimal unterstützt werden.

In diesem Zusammenhang spielt die Unternehmensmodellierung - d. h. die *integrierte* und *eindeutige* Beschreibung aller relevanten Informations-, Ablauf- und Organisationsaspekte des Unternehmens oder eines Teilbereichs - eine wichtige Rolle. Eine isolierte Betrachtung der einzelnen Teilaspekte ist unzureichend; vielmehr ist eine *integrierte* Beschreibung notwendig, um insbesondere die Zusammenhänge zwischen den einzelnen Teilschemata - *Ablaufschema, Informationsschema, Organisationsschema* - sowie deren gegenseitige Wechselwirkungen offen zu legen. Ziel des hier verwendeten Integrationsansatzes ist nicht die Darstellung aller Aspekte in einer einzigen Sicht, sondern die Dokumentation der Zusammenhänge zwischen den unterschiedlichen Objekten der verschiedenen Teilschemata. Beispielsweise läßt sich festlegen, welche Organisationseinheit welche Aktivitäten im Ablauf durchführt und welche Objekte dabei bearbeitet werden.

Aufgrund der Komplexität der Problemstellung werden solche Schemata im allgemeinen kooperativ erstellt. An ihrer Erstellung sind normalerweise heterogen zusammengestellte Teams beteiligt, die aus Experten der Fachabteilungen sowie der Organisations- und DV-Abteilungen bestehen. Die beteiligten Mitarbeiter können je nach Projektzielsetzung unterschiedlichen Führungsebenen im Unternehmen angehören. Aufgrund der heterogenen Teamzusammensetzung ist es sinnvoll, Techniken und Methoden einzusetzen, die auf formalen Grundlagen basieren, um den Interpretationsspielraum der gesammelten Informationen einzuschränken und Mißverständnisse zu vermeiden. Außerdem ist auch der Einsatz repository-basierter Tools zweckmäßig, die den interaktiven und flexiblen Zugriff auf den jeweils aktuellsten Stand des Unternehmensschemas ermöglichen und daher eine Voraussetzung für die kooperative Erstellung solcher Schemata bilden.

Im wesentlichen sind zwei Ansätze zur *integrierten* Unternehmensmodellierung zu unterscheiden. Einerseits kann die Erstellung eines unternehmensweiten Informationsschemas, andererseits die Analyse und Modellierung der Geschäftsprozesse des Unternehmens im Vordergrund stehen und als Basis für die Unternehmensmodellierung verwendet werden. Der grundlegende Unterschied dieser beiden Ansätze liegt im jeweiligen Ausgangspunkt und in der jeweiligen Zielsetzung. Ein Unternehmensschema muß jedoch stets alle für die Zielsetzung relevanten Aspekte berücksichtigen und integrieren.

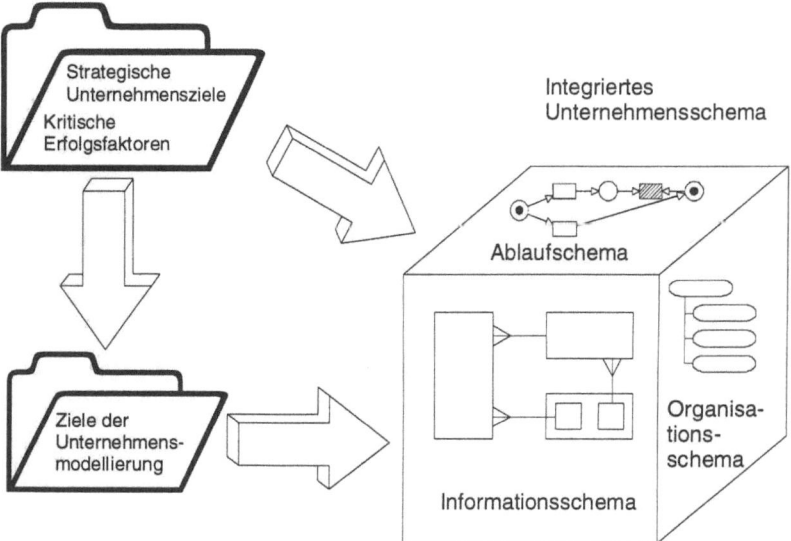

Abb. 1.1: Integrierte Unternehmensmodellierung

Die Erstellung eines Unternehmensschemas bzw. eines Schemas für einen Teilbereich eines Unternehmens ist unter Berücksichtigung der *strategischen Unternehmensziele* sowie der *kritischen Erfolgsfaktoren* durchzuführen (Abb. 1.1). Als kritische Erfolgsfaktoren [Roc79] werden die Aufgabenbereiche des Unternehmens bezeichnet, die für das erfolgreiche Bestehen im Wettbewerb wichtig sind. Neben einer Formulierung der Ziele ist auch ihre Quantifizierung erforderlich [HBÖ95, Öst94]. Auf dieser Basis müssen die Ziele der Unternehmensmodellierung festgelegt werden. Vor diesem Hintergrund - strategische Unternehmensziele, kritische Erfolgsfaktoren, Ziele der Unternehmensmodellierung, Quantifizierung der Ziele - läßt sich der notwendige Detaillierungsgrad des Schemas bestimmen und damit eine ökonomisch sinnvolle Relation zwischen den Kosten der Erstellung und dem späteren Nutzen des Schemas erzielen. Wird beispielsweise eine Optimierung der Geschäftsprozesse angestrebt, so ist es im allgemeinen nicht erforderlich, ein vollständiges unternehmensweites Informationsschema zu erstellen. In diesem Fall reicht es aus, die für die Ablaufmodellierung relevanten Informationsaspekte zu modellieren. Der Anspruch eines integrierten Ansatzes liegt nicht darin, daß alle Aspekte mit gleicher Intensität und vollständig zu modellieren sind. Der Anspruch eines integrierten Ansatzes besteht vielmehr darin, daß die Möglichkeit vorhanden ist, alle *für die Zielsetzung relevanten* Aspekte in einem *integrierten* Schema darzustellen.

1.2 Einsatz der informationsorientierten Unternehmensmodellierung

Die *informationsorientierten* Ansätze zur Unternehmensmodellierung [Sch90, Mar89] dienen in erster Linie dazu, den effizienten und effektiven Einsatz der strategischen Ressource Information zu ermöglichen und zu planen. Sie sind Grundlage für die *Anwendungsentwicklung*, die *Einführung von Standardsoftware* und werden in die *strategische Informationssystemplanung* mit einbezogen. Außerdem werden bei konsequentem Einsatz inkonsistente und redundante Datenbestände vermieden. Repräsentativ für diese Ansätze bzw. ihren Grundgedanken ist das Information Engineering [Mar89, Mar90a/b]. *Information Engineering* ist definiert als die Anwendung einer Menge ineinandergreifender formaler Techniken für Planung, Analyse, Entwurf und Konstruktion von Informationssystemen. Die Techniken werden hier im Gegensatz zum Software Engineering [Som92] auf einer *unternehmensweiten Basis* oder in einem größeren Unternehmensbereich angewendet. Man verwendet deshalb in diesem Zusammenhang anstelle des Begriffs *Software Engineering* den Begriff *System Engineering*.

1.3 Einsatz der geschäftsprozeßorientierten Unternehmensmodellierung

In der vorliegenden Arbeit wird für die methodischen Ausführungen, die über die Erstellung der einzelnen Teilschemata hinausgehen, ein *geschäftsprozeßorientierter* Ansatz [FeS93a, FeS94, Öst94, Sch94, PRO94] gewählt, da gerade die Reorganisation der Geschäftsprozesse als Ausgangsbasis für eine Effizienz- und Effektivitätssteigerung wichtig ist. Im Rahmen der nachfolgenden Informationsmodellierung lassen sich dann diese Verbesserungen bereits berücksichtigen.

In der Industrie, bei Dienstleistungsunternehmen und in der öffentlichen Verwaltung stehen Organisatoren und Systemanalytiker vor der Aufgabe, Geschäftsprozesse und die zugrunde-liegenden Business Rules zu analysieren, zu planen, zu optimieren und zu dokumentieren. Unter *Business Rules* sind gemäß [KnH93] Regeln zur Aufgabenerfüllung innerhalb der Organisation zu verstehen, welche die zulässigen Vorgehensweisen festlegen oder einschränken. Zur Modellierung von Geschäftsprozessen und den zugrundeliegenden Business Rules werden geeignete Methoden und Tools benötigt, die Möglichkeiten zur systematischen Analyse, Simulation und der anschließenden Realisierung von Geschäftsprozessen zur Verfügung stellen. Die Simulation [FeH95, GPA92, MOS93, Obe91, ObS93, ScO93] ermöglicht es, die erstellten Geschäftsprozeßschemata und die zugrunde gelegten Business Rules zu validieren.

Die geschäftsprozeßorientierten Ansätze zur Unternehmensmodellierung werden mit unter-schiedlichen Zielsetzungen und unter verschiedenen Gesichtspunkten eingesetzt [PRO94]:

- **Business Reengineering / Business Process Reengineering**
  Im Rahmen der Restrukturierung des Unternehmens [HaC94, Öst94, Var94] sind Geschäftsprozesse neu zu gestalten und zu dokumentieren. In diesem Fall ist es äußerst wichtig, sich von den bestehenden Abläufen zu trennen. Ein geeigneter, wenn auch zunächst naiv erscheinender, Ansatz ist es, die am Ablauf Beteiligten zu befragen, wie sie den Geschäftsprozeß abwickeln würden, wenn sie ihn *vollständig* und *allein* abwickeln würden. Beim späteren Abgleich mit dem Ist-Ablauf ist der betriebswirtschaftliche Sinn zusätzlicher Aktivitäten zu hinterfragen. Der Beurteilung und der Bewertung einzelner Aktivitäten ist ihr Beitrag zur Wertschöpfung innerhalb des Gesamtprozesses zugrunde zu legen. Simulationsstudien lassen sich zum Nachweis der verbesserten Wirtschaftlichkeit und der korrekten Verwendung bzw. Eignung der definierten Business Rules verwenden.

• **Qualitätssicherung**

Für den Aufbau und die Pflege eines Qualitätssicherungssystems nach DIN ISO 9000 ff. werden Abläufe dokumentiert und simuliert. In diesem Fall geht es darum, die bestehenden Abläufe transparent zu machen und gegebenenfalls zu verbessern. Im Gegensatz zum Business Process Reengineering ist die primäre Zielsetzung nicht, die Abläufe vollständig neu zu gestalten, sondern sie im Sinne der DIN ISO 9000 ff. zu dokumentieren. Die Simulationsstudien dienen zum einen zur Überprüfung, ob das erstellte Schema und die darin definierten Business Rules der Realität entsprechen, und zum anderen zur Bewertung von Verbesserungsvorschlägen hinsichtlich ihrer Effektivität.

• **Strategische Informationssystemplanung**

Das Unternehmensschema, insbesondere die eventuell bereits optimierten Prozeßschemata, bildet einen Bestandteil der Grundlagen für die strategische Informationssystemplanung (vergleiche dazu auch [Puc93, Mar89, Mar90a/b, Rie91, Sch90, Sch92, Sch94]). Auf dieser Basis lassen sich die Bereiche festlegen, für die der Informationsbedarf zu planen ist und die durch entsprechende Anwendungen und Informationssysteme zu unterstützen sind.

• **Anwendungsentwicklung**

Zunächst bildet das Geschäftsprozeßschema die Grundlage für die Entscheidung, welche Aspekte des Geschäftsprozesses durch Anwendungssysteme unterstützt werden können. Das im Rahmen der Geschäftsprozeßmodellierung erstellte Unternehmensschema oder Teile davon werden für bestimmte Anwendungen bzw. Anwendungsbereiche in Anforderungsmodelle überführt bzw. einfach übernommen und entsprechend detailliert ausgearbeitet. Auf dieser Basis wird dann die Anwendungsentwicklung durchgeführt [BaL92, Bar90a/b].

• **Einführung von Standardsoftware**

Das integrierte Unternehmensschema dient der Vorbereitung eines Unternehmens auf die Einführung einer Standardsoftwarelösung. Falls für den realisierten Geschäftsprozeß ein Referenzschema verfügbar ist, kann dieses verwendet werden, um die Abläufe und die Business Rules der Standardlösung zu analysieren und auf das eigene Unternehmen zu übertragen bzw. das Referenzschema an die Anforderungen des eigenen Unternehmens anzupassen und daraus die Anforderungen zur Anpassung der Standardsoftware abzuleiten. Der Vergleich der Schemata des aktuellen Geschäftsprozesses im Unternehmen mit dem Referenzschema ist die Basis, um effektive Maßnahmen zur Einführung der Standardsoftware zu folgern. Außerdem besteht die Möglichkeit, aufgrund von Simulationsstudien quantifizierbare Aussagen zum erwarteten Prozeßverhalten zu treffen. Bei der Entscheidung, ob eine Anpassung der Geschäftsprozesse oder eine Anpassung der Standardsoftware zu erfolgen hat, muß unter anderem berücksichtigt werden, inwiefern die Möglichkeit, später zu einem weiterentwickelten Release zu wechseln, eingeschränkt wird bzw. ein solcher Wechsel nur mit großem Aufwand durchzuführen ist.

- **Prozeßoptimierung / Machbarkeitsuntersuchungen**
  Die Simulation von Geschäftsprozeßschemata läßt sich darüber hinaus für Machbarkeitsuntersuchungen und zur Prozeßoptimierung einsetzen. Sowohl die Simulation als auch die Animation der Geschäftsprozesse eignen sich zur Validierung der modellierten Abläufe; zur Überprüfung der verwendeten Business Rules sind Simulation und Animation wichtige Hilfsmittel.

1.4 In der Unternehmensmodellierung eingesetzte Techniken

Für die Erstellung des Informationsschemas hat sich das Entity-Relationship-Modell [Bar90a, BCN92, Che76, Gog94, Hoh93, Sch90, Teo90] in der Praxis in unterschiedlichen Varianten durchgesetzt. Zahlreiche Tools wie IEF, IEW, ADW[2] und Oracle CASE[3], die das Information Engineering [Mar89, Mar90a/b] oder ähnliche Ansätze wie beispielsweise die Oracle CASE Methode [Bar90a/b, BaL92] unterstützen, stellen ein binäres Entity-Relationship-Modell zur Verfügung.

Für die Ablaufmodellierung gewinnen Petri-Netze [Bau90, Pet62, Pet81, Rei86, RoW91, Sta90] zunehmend an Bedeutung, da sie nicht nur die Modellierung des Datenflusses, wie die herkömmliche Datenflußmodellierung im Zuge der strukturierten Analyse [Ros77, RoS77], sondern auch die Darstellung komplexer Abläufe sowie die damit verbundenen Business Rules unterstützen. Die Business Rules lassen sich zum einen durch die Struktur der Netze des Ablaufschemas und zum anderen durch in den Transitionen - Aktivitäten in Petri-Netzen - hinterlegte Bedingungen und Regeln darstellen. Für einen Überblick über verschiedene Ansätze zur Ablaufmodellierung wird auf [Mül94, Obe95, ScN92] verwiesen.

---

[2] IEF ist ein Produkt von Texas Instruments,
IEW und ADW sind Produkte von Knowledge Ware.

[3] Oracle CASE ist eine Produktfamilie der ORACLE Corporation, Belmont, CA, USA.
Es wird die Version 5.0 zugrunde gelegt.

1.5 Zielsetzung

Die vorliegende Arbeit beschäftigt sich mit dem tool-gestützten Einsatz und der Weiterentwicklung formaler Techniken und Methoden zur integrierten Unternehmensmodellierung.
Es werden dabei sowohl die Informationsmodellierung als auch die Geschäftsprozeßmodellierung und die Integrationsmöglichkeiten des Ablauf- und des Informationsschemas
betrachtet.

Neu sind der in der vorliegenden Arbeit vorgestellte Ansatz des Entity-Relationship-Modell-
Clustering zur Erstellung großer Informationsschemata sowie der Ansatz zur Integration von
Ablaufschemata, die mit NF^2-Relationen/Transitionen-Netzen modelliert sind, und Informa-
tionsschemata, die mit dem Entity-Relationship-Modell erstellt sind.

Ausgangspunkt der Betrachtungen sind die Erfahrungen beim Einsatz der Kombination von
INCOME/Methode[4] [LNO89, PRO94] und Oracle CASE-Methode[3] [BaL92, Bar90a/b] in
mehreren Projekten. Die Grundlagen der ersteren wurden am Institut für Angewandte Infor-
matik und Formale Beschreibungsverfahren der Universität Karlsruhe entwickelt, dann von
PROMATIS Informatik weiterentwickelt und in ein kommerzielles Tool-Set umgesetzt. Die
Oracle CASE-Methode beruht auf dem Information Engineering und wird durch Oracle
CASE unterstützt.

Vorrangiges Ziel des Information Engineering und ähnlicher Ansätze ist die Erstellung eines
unternehmensweiten Informationsschemas. Trotz der bereits verfügbaren Tool-Unterstützung
treten Probleme auf, sobald sehr große Informationsschemata für ganze Unternehmen, für
ganze Unternehmensbereiche oder auch nur große Anwendungsbereiche erstellt werden. Die
zur Zeit im allgemeinen eingesetzte Technik präsentiert jeweils sinnvoll gewählte Ausschnitte
(Teildiagramme) eines Entity-Relationship-Diagramms. Bei der Einarbeitung neuer Projektmitarbeiter bzw. bei der wiederholten Einarbeitung im Falle von Wartungsarbeiten und
Weiterentwicklungen besteht die Notwendigkeit, sowohl den Gesamtzusammenhang zu erfassen als auch den für die eigentliche Wartungs- oder Weiterentwicklungsaufgabe relevanten
Ausschnitt im Detail darzustellen. Somit lassen sich eventuelle Auswirkungen der anstehen-

---

[4] Das Projekt INCOME wurde teilweise von der Deutschen Forschungsgemeinschaft im Rahmen des
Schwerpunktprogramms *Interaktive betriebswirtschaftliche Informations- und Steuerungssysteme* unter
der Nummer *Stu 98/6* gefördert.

Das kommerzielle INCOME ist eine Produktfamilie der PROMATIS Informatik, Karlsbad, Deutschland.
Es wird die Version 2.0 zugrunde gelegt.

den Änderungen erkennen und der Zusammenhang mit dem Gesamtdiagramm darstellen. Sobald eine entsprechende Größe - ca. 50 bis maximal 100 Entity- und Beziehungstypen - überschritten wird, reicht die Verwendung von Teildiagrammen nicht aus, um einen generellen Überblick zu erhalten und um den Gesamtzusammenhang zu erfassen. Daher wird in der vorliegenden Arbeit der Ansatz des *Entity-Relationship-Modell-Clustering* eingeführt, welcher die bereits bestehenden Entity-Clustering-Ansätze [FeM86, TWB89, Mis91, RaS92] erweitert. Diese Ansätze ermöglichen es, Entity-Relationship-Diagramme mit unterschiedlichem Detaillierungsgrad zu bilden.

Neu an dem in der vorliegenden Arbeit eingeführten Ansatz ist, daß zusätzlich zu den Entity-Clusters sogenannte Relationship-Clusters eingesetzt werden, um Beziehungen zu abstrahieren bzw. zu verfeinern. Darüber hinaus läßt sich der neue Ansatz nicht nur zur abstrahierten Darstellung bereits bestehender Diagramme einsetzen, sondern auch in den folgenden Bereichen: *Top-Down-Datenbankentwurf, Datenbank-Reengineering, Standarddiagramme* bzw. *Referenzschemata, Modellierung zusätzlicher Integritätsbedingungen* und *Schemaintegration*.

Die bisher zur Geschäftsprozeßmodellierung zur Verfügung stehenden höheren Petri-Netze (Prädikate/Transitionen-Netze) erlauben es nur eingeschränkt, die Manipulation komplex strukturierter Objekte zu modellieren. Die in Geschäfts- und Produktionsprozessen manipulierten Objekte sind im allgemeinen jedoch komplex strukturiert. Prinzipiell lassen sich diese komplex strukturierten Objekte in flache Objektsichten zerlegen. Mit Hilfe dieser Sichten lassen sich alle Ablaufaspekte der Geschäftsprozesse darstellen. Jedoch trägt die direkte Verwendung der komplex strukturierten Objekte zum intuitiven Verständnis der erstellten Schemata bei und reduziert die Komplexität der Netzstrukturen, soweit diese durch den Zwang zur Verwendung flacher Objektstrukturen entstehen. [ObS92, OSS93, Obe95] bauen daher das Konzept der Prädikate/Transitionen-Netze so aus, daß sich im Rahmen der NF^2-Relationen/Transitionen-Netze die Manipulation komplexer Objekte modellieren läßt.

Neu ist der in der vorliegenden Arbeit vorgestellte Ansatz, der es ermöglicht, Ablaufschemata, die mit NF^2-Relationen/Transitionen-Netzen modelliert sind, und Informationsschemata, die mit einem Entity-Relationship-Modell erstellt sind, zu integrieren. Ziel ist es, die komplexen Objekte innerhalb der Geschäftsprozesse auf Basis eines globalen Informationsschemas zu dokumentieren, indem die komplexen Objekte in Form von hierarchisch strukturierten Sichten auf das Informationsschema beschrieben werden. Auf diese Weise wird die Grundlage für die Integration dieser weiterführenden Techniken zu einem wiederum integrierten Ansatz geschaffen.

1.6 Gliederung der Arbeit

Zunächst werden in Kapitel 2 die grundlegenden Techniken zur Unternehmensmodellierung vorgestellt. Es wird eine Übersicht über das Entity-Relationship-Modell sowie über einige seiner Erweiterungen gegeben. In diesem Zusammenhang werden die Einsatzmöglichkeiten unterschiedlicher Varianten kurz diskutiert. Anschließend erfolgt eine Einführung in die Grundlagen der Petri-Netze.

In Kapitel 3 wird die Verwendung der Techniken, ihre Integration und Unterstützung im Rahmen kommerziell verfügbarer Tools untersucht. Bei der betrachteten integrierten CASE-Umgebung handelt es sich um Oracle CASE und INCOME. Diese Umgebung wurde in Projekten in bezug auf ihre Leistungsfähigkeit und ihren Beitrag zur Produktivitätssteigerung untersucht. Die Ergebnisse dieser Untersuchungen werden anhand eines Beispiels präsentiert.

Im 4. Kapitel wird der neu entwickelten Ansatz des *Entity-Relationship-Modell-Clustering* eingeführt. Es wird ein Überblick über die bestehenden Entity-Clustering-Ansätze gegeben und auf die Wiederverwendung bereits dort eingeführter Konzepte im Rahmen des Entity-Relationship-Modell-Clustering hingewiesen. Sowohl die Möglichkeiten zum Einsatz des Entity-Relationship-Modell-Clustering im Rahmen einer Top-Down-Vorgehensweise als auch in einer Bottom-Up-Vorgehensweise werden aufgezeigt. Die Ergebnisse des neuen Ansatzes werden den Ergebnissen der bereits existierenden Ansätze gegenüber gestellt.

In Kapitel 5 wird das bereits existierende Konzept der NF^2-Relationen/Transitionen-Netze vorgestellt und ein neu ausgearbeiteter Ansatz zur Definition der komplexen Objekte eines Geschäftsprozesses auf Basis eines globalen Informationsschemas eingeführt. Die Möglichkeiten zur Kombination des Entity-Relationship-Modell-Clustering mit diesem Integrationsansatz werden kurz skizziert.

In Kapitel 6 wird eine kurze Zusammenfassung und ein Ausblick auf offene Fragen und die damit verbundenen möglichen Forschungs- und Entwicklungsarbeiten gegeben.

Ein Teil der hier vorgestellten Konzepte wurde bereits auf nationalen und internationalen Konferenzen vorgestellt und in Tagungsbänden publiziert. Kapitel 3 basiert im wesentlichen auf [Jae94, JaS94, Jae95a/b/c], Teile aus Kapitel 4 wurden in [JOS93] bzw. werden in [Jae96, JOS96] veröffentlicht, die Grundidee aus Kapitel 5 wurde in [JOS94] beschrieben.

2 Techniken der Unternehmensmodellierung

Wie zuvor diskutiert, ist die Verwendung formaler Methoden und repository-basierter Tools für die Modellierung von Unternehmen bzw. Unternehmens- oder Anwendungsbereichen sinnvoll. Im folgenden werden zwei ausgewählte Techniken vorgestellt, die sich für die Unternehmensmodellierung einsetzen lassen und die bereits durch kommerziell verfügbare Tools unterstützt werden.

Das *Entity-Relationship-Modell* [Che76, Bar90a, BCN92, Gog94, Hoh93, Sch90, Teo90] hat sich in der Praxis in unterschiedlichen Varianten und mit verschiedenen Erweiterungen zur Informations- bzw. Datenmodellierung durchgesetzt und wird von zahlreichen CASE-Tools unterstützt.

Für die Ablaufmodellierung gewinnen Petri-Netze [Bau90, Pet62, Pet81, Rei86, RoW91, Sta90] zunehmend an Bedeutung. Sie unterstützen die Modellierung komplexer Abläufe sowie der damit verbundenen Business Rules. Letztere werden einerseits durch die Netzstruktur und andererseits durch direkt bei den Transitionen - aktive Komponenten in Petri-Netzen - hinterlegte Bedingungen modelliert. Animation und Simulation der erstellten Ablaufschemata ermöglichen die Validierung der modellierten Abläufe.

2.1 Grundlagen der Entity-Relationship-Modellierung

Zunächst werden das Entity-Relationship-Modell und die zugehörige Begriffswelt in Anlehnung an [Che76] eingeführt. Das Identifikatorkonzept wird ausführlich erläutert. Für die Modellierung von Integritätsbedingungen für Beziehungstypen werden sowohl die (1:n)-Notation als auch das Konzept der Minimum- und Maximumkardinalitäten vorgestellt.

2.1.1 Grundkonzepte des Entity-Relationship-Modells

[Che76] unterscheidet vier Abstraktionsebenen zur Darstellung von Informationen:
- ① Objekte der Realwelt und Beziehungen zwischen Objekten in der Realwelt
- ② Darstellung von Objekten und Beziehungen durch Daten
- ③ Zugriffspfadunabhängige Darstellung der Daten
- ④ Zugriffspfadabhängige Darstellung der Daten

Das Entity-Relationship-Modell dient in erster Linie dazu, die Strukturen der ersten und zweiten Ebene darzustellen. In [JaS93] werden auch Möglichkeiten zur Darstellung der dritten Ebene vorgestellt; in [HTJ93] wird teilweise auch auf die Darstellung der vierten Ebene eingegangen.

Ein *Entity* ist ein Objekt der Realwelt, das eindeutig identifiziert und daher nicht mit anderen Objekten verwechselt werden kann. Ein *Entity-Typ* klassifiziert Entities nach gemeinsamen Eigenschaftsmerkmalen. Beispielsweise sind die Piloten Müller und Maier einer Fluggesellschaft Entities und gehören zum Entity-Typ Pilot (Abb. 2.1). Eigenschaftsmerkmale eines Piloten können beispielsweise das Alter oder der Name sein.

Abb. 2.1: Entity- und Beziehungstypen

Eine *Relationship* (im folgenden auch *Beziehung*) ist eine Verknüpfung verschiedener Entities. "Pilot Müller fliegt mit auf Flug LH410" beschreibt eine Beziehung zwischen dem Entity Müller des Entity-Typs Pilot und dem Entity LH410 des Entity-Typs Flug. Analog zu den Entities werden Relationships durch *Relationship-Typen* (im folgenden auch *Beziehungstypen*) (Abb. 2.1) klassifiziert. In der Fachliteratur wird im Sprachgebrauch häufig auf die Unterscheidung zwischen Entities und Entity-Typen bzw. zwischen Relationships und Relationship-Typen verzichtet und lediglich von Entities und Relationships gesprochen.

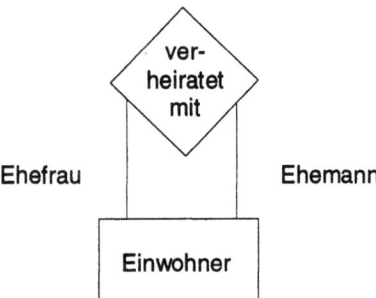

Abb. 2.2: Verwendung von Rollennamen

Jedem Entity-Typ ist in bezug auf einen Beziehungstyp eine *Rolle* zugeordnet. Diese kann, wie in Abb. 2.1, mit dem Entity-Typ übereinstimmen: Entities des Entity-Typs Pilot erhalten hinsichtlich fliegt mit auf auch die Rolle Pilot. Die explizite Vergabe von Rollennamen ist lediglich dann erforderlich, wenn mehrere Entities eines Entity-Typs an einer Beziehung teilnehmen. Beispielsweise nehmen in Abb. 2.2 zwei Entities des Entity-Typs Einwohner an einer Beziehung des Beziehungstyps verheiratet mit teil. In einer konkreten Beziehung erhält das eine Entity die Rolle Ehefrau und das andere Entity die Rolle Ehemann. Auf diese Art und Weise läßt sich modellieren, daß ein Entity-Typ mehrfach an einem Beziehungstyp teilnimmt.

Ein Objekt der Realwelt wird auf der zweiten Ebene durch seine Eigenschaften bzw. durch die dazu vorliegenden Informationen beschrieben. Die Eigenschaftsmerkmale eines Entity- oder Beziehungstyps heißen *Attribute*. Ein Mitarbeiter wird durch die Personalnummer, den Namen und das Geburtsdatum beschrieben (Abb. 2.3). Durch das Beziehungsattribut Aufgabe des Beziehungstyps fliegt mit auf wird festgelegt, welche Aufgabe ein Mitarbeiter auf einem Flug wahrnimmt. [Che76] läßt auch *zusammengesetzte Attribute* zu. Das Attribut Name setzt sich aus den Komponenten Vorname und Nachname zusammen. Zur Vereinfachung der Ausführungen wird auf zusammengesetzte Attribute im folgenden verzichtet.

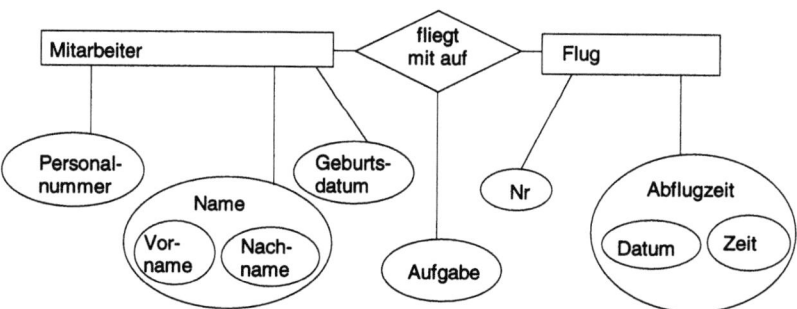

Abb. 2.3: Attribute

[Che76] unterscheidet (1:1)-, (1:n)- und (m:n)-Beziehungstypen, es werden jedoch keine Integritätsbedingungen für Beziehungstypen definiert, an denen mehr als zwei Entity-Typen teilnehmen.

(1:1)-Beziehungstyp: Ein Lieferant kann auch gleichzeitig Kunde sein und umgekehrt.

(1:n)-Beziehungstyp: Eine Rechnung kann aus einer oder mehreren Positionen bestehen; eine Position ist Bestandteil von höchstens einer Rechnung.

(m:n)-Beziehungstyp: Ein Mitarbeiter kann im Laufe der Zeit auf keinem, einem oder mehreren Flügen mitfliegen; auf einem Flug können ein oder mehrere Mitarbeiter mitfliegen.

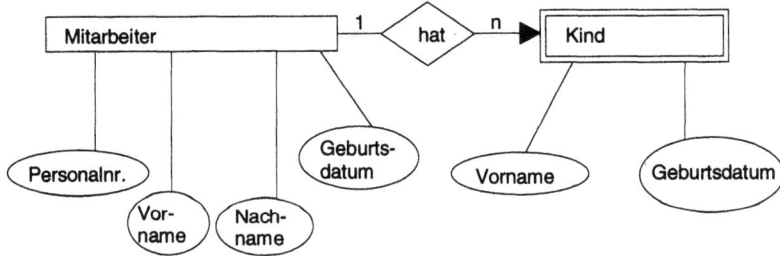

Abb. 2.4: Weak-Entity-Typ Kind

Im Zusammenhang mit (1:n)-Beziehungstypen sind sogenannte *Weak-Entity-Typen* möglich. Entities eines solchen Typs lassen sich nur mit Hilfe des bzw. der zugehörigen *Strong-Entity-Typen* identifizieren. Ein Weak-Entity-Typ ist stets von seinen Strong-Entity-Typen *existenzabhängig* und *identifikationsabhängig*. In Abb. 2.4 lassen sich Kinder nur über den entsprechenden Mitarbeiter identifizieren; d. h. sie sind von ihm identifikationsabhängig. Die Existenzabhängigkeit fordert, daß die Informationen zu den Kindern eines Mitarbeiters nur gespeichert werden können, wenn die Informationen des Mitarbeiters vorliegen.

2.1.2 Basisdefinitionen

Definition 2.1 - Entity:

Ein *Entity* e ist ein eindeutig identifizierbares Objekt der Realwelt; Objekte der Realwelt sind voneinander unterscheidbar.

❑

Definition 2.2 - Relationship:

Eine *Relationship* r (im folgenden auch *Beziehung*) ist eine Beziehung zwischen zwei oder mehreren Teilnehmern[1].

❑

Definition 2.3 - Attribut, Wertebereich:

Ein *Attribut* a ist eine Eigenschaft(smerkmal) und bildet zu einem Zeitpunkt t eine Menge von Entities oder eine Menge von Beziehungen auf einen *Wertebereich dom*(a) ab.

Für eine Menge von Attributen $A = \{a_1, a_2, ..., a_m\}$[2] gilt:

$dom(A) = dom(a_1) \times dom(a_2) \times ... \times dom(a_m)$ ist der Wertebereich von A.

❑

Definition 2.4 - Entity-Typ:

Ein *Entity-Typ* E ist eine Klasse von Entities mit gleichen Attributen (Eigenschaftsmerkmalen). Ein Entity-Typ E wird durch E:<*attr*(E)> beschrieben, mit: $attr(E) = \{a_1, a_2, ..., a_m\}$ ist die Menge der Attribute, die E in der realen Welt charakterisieren.

Für E:<$\{a_1, a_2, ..., a_m\}$> kann auch E:<$a_1, a_2, ..., a_m$> geschrieben werden.

❑

Definition 2.5 - Entity-Set:

Gegeben sei ein Entity-Typ E:<*attr*(E)>, mit $attr(E) = \{a_1, a_2, ..., a_m\}$. Ein *Entity-Set* E^t ist die Menge aller Entities e des Typs E zum Zeitpunkt t:

- e existierendes Objekt vom Typ E zum Zeitpunkt t $\Leftrightarrow$ e $\in$ E^t

- e $\in$ E^t wird beschrieben durch e:<$w_1, w_2, ..., w_m$> mit $w_1 \in dom(a_1)$, $w_2 \in dom(a_2)$, ..., $w_m \in dom(a_m)$.

- *attr*(E) bildet E^t zu jedem Zeitpunkt t auf *dom*(*attr*(E)) ab; d.h. a_i kann man als eine sich im Zeitablauf möglicherweise verändernde Abbildung $a_i{}^t$ interpretieren, mit $a_i{}^t: E^t \to dom(a_i)$, $i \in \{1, 2, ..., m\}$.

❑

---

[1] Um den Begriff der Relationship nicht für jede Variante des Entity-Relationships-Modells neu definieren zu müssen, wird eine Relationship nicht zwischen Entities sondern verallgemeinert zwischen Teilnehmern, die jedoch Entities sein können, definiert.

[2] Für die Aufzählung der Elemente einer Menge ist die Reihenfolge normalerweise nicht relevant. Im folgenden wird jedoch in Hinblick auf die Implementierung für Attributmengen und Teilnehmermengen von einer festen Reihenfolge ausgegangen.

Definition 2.6 - Relationship-Typ:

Ein *Relationship-Typ* R (im folgenden auch *Beziehungstyp*) ist eine Klasse von Beziehungen bzw. eine abstrakte Beziehung zwischen Teilnehmertypen[3]. Ein Beziehungstyp kann zusätzlich zu den Teilnehmertypen durch Beziehungsattribute beschrieben werden. Ein Relationship-Typ R wird durch R:<*part*(R) | *attr*(R)> beschrieben, mit:

part(R) = $\{T_1/N_1, T_2/N_2, ..., T_m/N_m\}$ ist die Menge der Teilnehmertypen mit dem jeweiligen Rollennamen; letzterer ist innerhalb des Beziehungstyps eindeutig. Auf diese Weise kann ein Teilnehmertyp mehrfach an einem Beziehungstyp teilnehmen. Zur Vereinfachung kann auf die Angabe eines Rollennamens verzichtet werden, wenn er mit dem Namen des Teilnehmertyps übereinstimmt: *part*(R) = $\{T_1, T_2, ..., T_m\}$.

attr(R) = $\{a_1, a_2, ..., a_k\}$ ist die Menge der Beziehungsattribute, die R in der realen Welt zusätzlich charakterisieren. Die Menge der Beziehungsattribute kann auch leer sein.

Für R:<$\{T_1/N_1, T_2/N_2, ..., T_m/N_m\}$ | $\{a_1, a_2, ..., a_k\}$> kann auch R:<$T_1/N_1, T_2/N_2$, ..., T_m/N_m | $a_1, a_2, ..., a_k$> geschrieben werden.   ❑

Definition 2.7 - Grad eines Beziehungstyps:

Gegeben sei ein Beziehungstyp R:<*part*(R) | *attr*(R)> mit *part*(R) = $\{T_1/N_1, T_2/N_2$, ..., $T_m/N_m\}$ und *attr*(R) = $\{a_1, a_2, ..., a_k\}$. Dann ist der Grad eines Beziehungstyp und die Anzahl der Rollen, mit der ein Teilnehmertyp an dem Beziehungstyp teilnimmt, wie folgt definiert:

grad(R) = |*part*(R)| = m ist die Anzahl der Kombinationen Teilnehmertyp/Rollenname des Beziehungstyps. Für jeden Beziehungstyp gilt *grad*(R) $\geq$ 2.

anz(T, R) = |$\{N \mid T/N \in part(R)\}$| ist die Anzahl der Rollen in denen T an R teilnimmt.   ❑

Definition 2.8 - Binärer Beziehungstyp:

Ein Beziehungstyp R heißt *binär* genau dann, wenn gilt: *grad*(R) = 2.   ❑

---

[3] Um den Begriff des Relationship-Typs nicht für jede Variante des Entity-Relationships-Modells neu definieren zu müssen, wird ein Relationship-Typ nicht zwischen Entity-Typen, sondern verallgemeinert zwischen Teilnehmertypen, die jedoch Entity-Typen sein können, definiert.

Definition 2.9 - Relationship-Set:

Gegeben sei ein Beziehungstyp R:<*part*(R) | *attr*(R)> mit *part*(R) = {T_1/N_1, T_2/N_2, ..., T_m/N_m} und *attr*(R) = {a_1, a_2, ..., a_k}. Ein *Relationship-Set* R^t ist die Menge aller Beziehungen r des Typs R zum Zeitpunkt t:

- r existierende Beziehung vom Typ R $\Leftrightarrow$ r $\in R^t$

- r $\in R^t$ wird beschrieben durch r:<e_1, e_2, ..., e_m | w_1, w_2, ..., w_k> mit
  $e_1 \in T_1{}^t$, $e_2 \in T_2{}^t$, ..., $e_m \in T_m{}^t$ und
  $w_1 \in dom(a_1)$, $w_2 \in dom(a_2)$, ..., $w_k \in dom(a_k)$.

- *attr*(R) bildet R^t zu jedem Zeitpunkt t auf *dom*(*attr*(R)) ab; d.h. a_i kann man als eine sich im Zeitablauf möglicherweise verändernde Abbildung $a_i{}^t$ interpretieren, mit $a_i{}^t$: $R^t \to dom(a_i)$, i $\in$ {1, 2, ..., k}. $\qquad\qquad$ ❑

2.1.3 Identifikatoren

Eine der wichtigsten Eigenschaften von Entities und Beziehungen ist ihre Identifizierbarkeit. Es muß möglich sein, ein konkretes Entity eines bestimmten Typs über die Ausprägung seiner Eigenschaftsmerkmale und über Beziehungen, die es eingeht, zu identifizieren. Analog muß eine konkrete Beziehung über die teilnehmenden Entities identifizierbar sein. Nur so kann gewährleistet werden, daß später auf ein bestimmtes Entity oder eine bestimmte Beziehung zugegriffen werden kann.

Definition 2.10 - Entity-Identifikator (vgl. [BCN92]):

- Ein *Entity-Identifikator* I eines Entity-Typs E:<*attr*(E)> ist eine geeignete Teilmenge der Menge seiner Attribute *attr*(E) vereinigt mit einer Menge von zur Identifikation verwendbaren Beziehungstypen. Zur Identifikation können ein oder mehrere binäre Beziehungstypen R zwischen E und einem anderen Teilnehmertyp T verwendet werden, wenn zu jedem Zeitpunkt t jedes Entity e des Typs E jeweils an genau einer Beziehung des entsprechenden Typs teilnimmt.

$$I \subseteq attr(E) \cup \{R \mid part(R) = \{E/N_1,\ T/N_2\} \wedge E \neq T$$
$$\wedge\ \forall\ t: (\forall\ e \in E^t: | \{ r:<e,\ x> | r \in R^t \}| = 1\})$$

mit den folgenden Eigenschaften:

Die Ausprägungen von I identifizieren jedes Entity dieses Entity-Typs eindeutig, d.h. es gibt keine zwei Entities des Typ E mit den gleichen Ausprägungen für I; I ist minimal, d. h. es existiert keine Menge I' $\subset$ I, welche ebenfalls für E identifizierend ist.

• $I(E)$ ist die Menge aller Identifikatoren des Entity-Typs E.

• Existieren mehrere Identifikatoren, so wird ein semantisch sinnvoller als *Primär-Entity-Identifikator* ($PI(E) \in I(E)$) festgelegt.

❏

Definition 2.11 - Beziehungsidentifikator (vgl. [BCN92]):

• Ein *Beziehungsidentifikator* I eines Beziehungstyps R:<*part*(R) | *attr*(R)> ist eine geeignete Teilmenge der Teilnehmertypen in Kombination mit den Rollennamen:

$$I \subseteq part(R)$$

mit den folgenden Eigenschaften:

Die Ausprägungen von I identifizieren jede Beziehung dieses Beziehungstyps eindeutig, d.h. es gibt keine zwei Beziehungen des Typ R mit den gleichen Ausprägungen für I; I ist minimal, d. h. es existiert keine Menge I' ⊂ I, welche für R ebenfalls identifizierend ist.

• $I(R)$ ist die Menge aller Identifikatoren des Beziehungstyps R.

• Existieren mehrere Identifikatoren, so wird ein semantisch sinnvoller als *Primärbeziehungsidentifikator* ($PI(R) \in I(R)$) festgelegt.

❏

2.1.4 Integritätsbedingungen für Beziehungstypen

Mit den bisher zur Verfügung stehenden Definitionen läßt sich nur darstellen, daß zwischen verschiedenen Teilnehmertypen eine Beziehung besteht. Es ist jedoch nur eingeschränkt möglich, die in der Realität für einen Beziehungstyp bestehenden Integritätsbedingungen darzustellen. [Che76] gibt für *binäre* Beziehungstypen Integritätsbedingungen in Form einer (1:n)-Notation an. Die Möglichkeit, Integritätsbedingungen für einen Beziehungstyp im Entity-Relationship-Diagramm darzustellen, wird im folgenden auf Beziehungstypen mit Grad > 2 erweitert. In der Praxis haben sich zwei Konzepte, wenn auch in unterschiedlichen Darstellungsformen, zur Modellierung solcher Integritätsbedingungen durchgesetzt. Häufig werden entweder die (1:n)-Notation oder ein Kardinalitätenkonzept verwendet. Eine Menge von Beziehungsattributen hat keinen Einfluß auf die folgenden Definitionen und wird daher nicht berücksichtigt.

Definition 2.12 - (1:n)-Notation (vgl. [CaQ81]):

Es sei im folgenden ein Beziehungstyp $R:<E_1/N_1, E_2/N_2, ..., E_m/N_m>$ gegeben. Die Beziehungen $r, r' \in R^t$ sind in der Tabellendarstellung eingetragen:

R^t	E_1	E_2	...	E_{i-1}	E_i	E_{i+1}	...	E_m
r	e_1	e_2	...	e_{i-1}	e_i	e_{i+1}	...	e_m
r'	e'_1	e'_2	...	e'_{i-1}	e'_i	e'_{i+1}	...	e'_m

Wenn der Teilnehmertyp E_i ($i = 1, 2, .., m$) in der Rolle N_i in der (1:n)-Notation hinsichtlich Beziehungstyps R die Bewertung

1 erhält, dann gilt

$\forall$ t: ($r:<e_1, e_2, ..., e_m> \in R^t \Rightarrow \not\exists\, r':<e'_1, e'_2, ..., e'_m> \in R^t$, mit

$e'_i \neq e_i$ *und* $e'_j = e_j$ für $j \in \{1, 2, ..., m\} \setminus \{i\}$).

n erhält, dann gilt

$\exists$ t: ($\exists\, r:<e_1, e_2, ..., e_m>, r':<e'_1, e'_2, ..., e'_m> \in R^t$, mit

$e'_i \neq e_i$ *und* $e'_j = e_j$ für $j \in \{1, 2, ..., m\} \setminus \{i\}$). $\square$

Aus dieser Definition ergeben sich die nachstehenden Folgerungen:

Der Teilnehmertyp E_i erhält die Bewertung *n*,
- wenn dieselbe konkrete Umgebung $e_1, e_2, ..., e_{i-1}, e_{i+1}, ..., e_m$ für verschiedene Teilnehmer $e_i \in E_i{}^t$ auftreten kann.
- wenn die Umgebung keinen Beziehungsidentifikator bildet oder enthält.

Der Teilnehmertyp E_i erhält die Bewertung *1*,
- wenn dieselbe konkrete Umgebung $e_1, e_2, ..., e_{i-1}, e_{i+1}, ..., e_m$ *nicht* für verschiedene Teilnehmer $e_i \in E_i{}^t$ auftreten kann.
- wenn die Umgebung einen Beziehungsidentifikator bildet oder enthält[4].

Die Bedeutung der Notation ist in Abb. 2.5 zu erkennen. Ein Mitarbeiter fliegt auf einem bestimmten Flug zur Erfüllung einer bestimmten Aufgabe - Pilot, Copilot, Navigator - mit. Auf einem Flug nimmt ein Mitarbeiter genau eine Aufgabe wahr bzw. eine Aufgabe wird auf

---

[4] Wenn keine Integritätsbedingungen zusätzlich zur (1:n)-Notation angegeben werden, bildet die Umgebung einen Beziehungsidentifikator.

einem Flug von genau einem Mitarbeiter wahrgenommen. Die Beziehungsidentifikatoren sind {Flug, Aufgabe} und {Flug, Mitarbeiter} (Abb. 2.5a). In Abb. 2.5b wird hingegen modelliert, daß auf einem Flug eine Aufgabe auch von mehreren Mitarbeitern wahrgenommen werden kann, jedoch ist einem Mitarbeiter auf einem Flug nur eine Aufgabe zugeordnet. Der einzige Beziehungsidentifikator ist in diesem Fall {Flug, Mitarbeiter}.

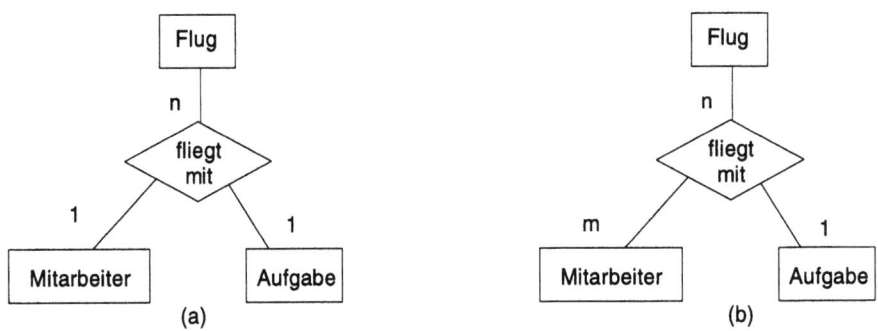

Abb. 2.5: (1:n)-Notation

Die Aussagekraft der (1:n)-Notation reicht nicht aus, um alle Integritätsbedingungen für einen Beziehungstyp darzustellen. Eine weitere Möglichkeit, Integritätsbedingungen für einen Beziehungstyp auszudrücken, ist die Angabe von *Kardinalitäten* [LeS83, Tha92]. Da die in [LeS83, Tha92] eingeführten Kardinalitäten zur unmittelbaren Angabe im Entity-Relationship-Diagramm zu komplex sind, beschränkt man sich im allgemeinen auf eine vereinfachte Form; das Konzept der *(min, max)-Kardinalitäten* [TPN79]. Eine Menge von Beziehungsattributen hat keinen Einfluß auf die folgenden Definitionen und wird daher nicht berücksichtigt.

Definition 2.13 - (min, max)-Kardinalitäten:

Es sei im folgenden ein Beziehungstyp $R:<E_1/N_1, E_2/N_2, ..., E_m/N_m>$ gegeben. Ein Teilnehmertyp E_i in der Rolle N_i erhält folgende *(min, max)-Kardinalitäten* hinsichtlich des Beziehungstyps R:

$min(E_i/N_i, R)$ ist die minimale Anzahl verschiedener Beziehungen vom Typ R, an denen ein bestimmter Teilnehmer vom Typ E_i in der Rolle N_i teilnehmen *muß*. D. h. wenn jeder Teilnehmer vom Typ E_i an mindestens einer Beziehung teilnehmen muß, so ist min = 1, ist die Teilnahme hingegen optional, so ist min = 0.

$max(E_i/N_i, R)$ ist die maximal mögliche Anzahl verschiedener Beziehungen vom Typ R, an denen ein bestimmter Teilnehmer vom Typ E_i in der Rolle N_i teilnehmen *kann*; existiert keine Oberschranke, wird max = * gesetzt.

Im Diagramm werden die Kanten zwischen einem Entity-Typ E_i und dem Beziehungstyp R mit $(min(E_i/N_i, R), max(E_i/N_i, R))$ beschriftet.

Auf die Angabe der Rollennamen kann verzichtet werden, wenn der Teilnehmertyp nicht mehrfach an der Beziehung teilnimmt.

❑

In Abb. 2.6 wird das Kardinalitätenkonzept eingesetzt, um zu modellieren, daß für jeden Flug genau ein Startflughafen und genau ein Zielflughafen angegeben werden muß. Für Flughäfen wird festgehalten, daß sie Start bzw. Ziel für beliebig viele (und auch einen oder keinen) Flüge sein können.

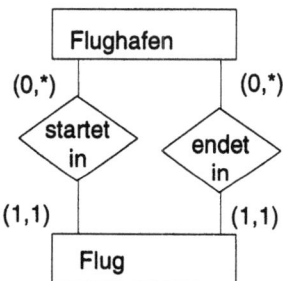

Abb. 2.6: (min, max)-Kardinalitäten

Die Definition der Kardinalitäten ermöglicht eine alternative Definition der Entity-Identifikatoren; gemäß dem nachfolgenden Lemma läßt sich die Menge der verwendbaren Beziehungstypen mit dem Kardinalitätenkonzept beschreiben.

Lemma 2.14 - Entity-Identifikator:

Ein *Entity-Identifikator* I eines Entity-Typs E ist eine geeignete Teilmenge der Menge seiner Attribute *attr*(E) vereinigt mit einer Menge von zur Identifikation verwendbaren Beziehungstypen:

$I \subseteq attr(E) \cup$

$\{R \mid part(R) = \{E/N_1, T/N_2\} \land E \neq T \land max(E/N_1, R) = 1 \land min(E/N_1, R) = 1\}.$

❑

2.2 Erweiterungen des Entity-Relationship-Modells

In der Realwelt und damit auch in den Anwendungen, welche die betrieblichen Abläufe unterstützen, treten häufig komplex strukturierte Objekte auf, d. h. Objekte, die wieder aus anderen Objekten bestehen. Objektorientierte Ansätze bieten die Möglichkeit, solche Objekte zu modellieren. [Dit89] unterscheidet drei Arten objektorientierter Datenmodelle:

- In *strukturell objektorientierten* Datenmodellen lassen sich Daten beliebiger Komplexität definieren und darstellen.

- In *verhaltensmäßig objektorientierten* Datenmodellen ist es möglich, für Datentypen spezifische Methoden zu spezifizieren. Wird dabei der Grundsatz der Datenkapselung berücksichtigt, können nur die objekteigenen Methoden den Zustand eines Objektes verändern.

- *Voll objektorientierte* Datenmodelle integrieren die beiden zuvor genannten Konzepte.

Im folgenden wird auf die Möglichkeiten der strukturellen Objektorientierung und die damit verbundenen Abstraktionsmöglichkeiten im Entity-Relationship-Modell eingegangen. Soweit das Entity-Relationship-Modell bisher vorgestellt wurde, läßt es nur die Typisierung von Entities und Beziehungen als Abstraktionsform zu: Entity- und Beziehungstypen. Komplexe Objekte lassen sich unter Verwendung von Aggregation, Generalisierung und Gruppierung definieren. Um diese wird das Entity-Relationship-Modell im folgenden erweitert. Es wird auch aufgezeigt, wie sich diese Konzepte durch Konstrukte des bisher betrachteten Entity-Relationship-Modell-Ansatzes darstellen lassen [Bro81, HTJ93, Hai92, JaS93]; dabei wird der Äquivalenzbegriff von [JaN83] zugrunde gelegt.

2.2.1 Aggregation

[SmS77] führen die Aggregation als Abstraktionsmöglichkeit ein: Beziehungen zwischen Entities werden als Objekte einer höheren Ebene betrachtet. [ScS79, SNF79, SSW79] übertragen diese Konzepte auf das Entity-Relationship-Modell.

In Abb. 2.7a wird die Aggregation oder genauer der Aggregationstyp Crew aus den drei Entity-Typen Pilot, Copilot und Navigator gebildet. D. h. jede Crew setzt sich aus einem Piloten, einem Copiloten und einem Navigator zusammen. Das Kardinalitätenkonzept bietet die Möglichkeit, anzugeben, an wie vielen Aggregationen ein Entity teilnehmen kann bzw. muß. Ein Aggregationstyp kann mit den bisher verfügbaren Konstrukten durch einen Weak-Entity-Typ modelliert werden (Abb. 2.7b).

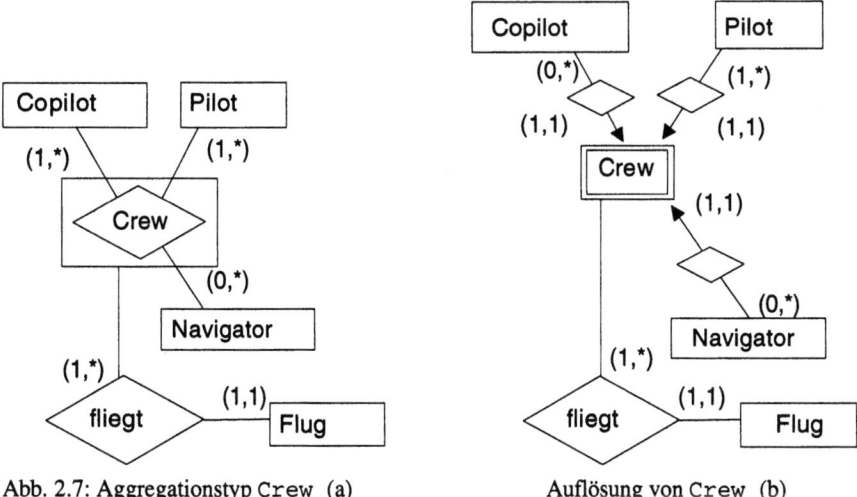

Abb. 2.7: Aggregationstyp Crew (a)   Auflösung von Crew (b)

Diese Art der Auflösung (Abb. 2.8) ist prinzipiell für alle Aggregationstypen, alle Beziehungs-typen mit Grad > 2 und alle (m:n)-Beziehungstypen möglich [HTJ93, Hai92, JaS93]. Anstelle des Beziehungstyps wird ein Weak-Entity-Typ eingeführt, der mittels (n:1)-Beziehungstypen mit den am Beziehungstyp beteiligten Entity-Typen verknüpft wird. Der Weak-Entity-Typ ist von den am Primärbeziehungsidentifikator beteiligten Entity-Typen identifikationsabhängig und von allen anderen existenzabhängig.

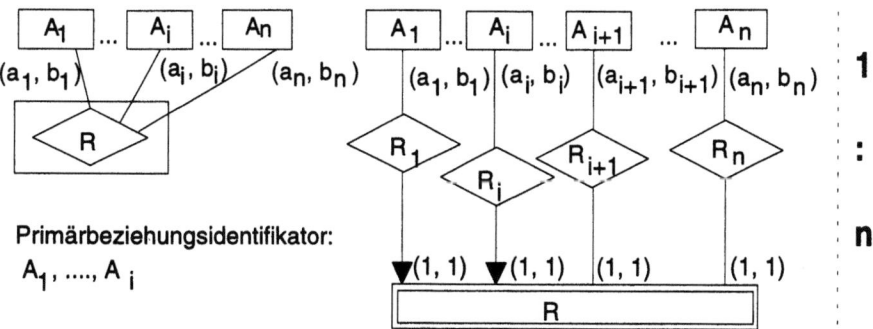

Abb. 2.8: Auflösung von Beziehungs- bzw. Aggregationstypen

Definition 2.15 - Aggregation:

Eine *Aggregation* r ist eine Beziehung r, die in der Realwelt auf einer höheren Abstraktionsebene als Objekt behandelt wird. Eine Aggregation kann selbst wieder an anderen Beziehungen und Aggregationen teilnehmen.

❏

Definition 2.16 - Aggregationstyp:

Ein *Aggregationstyp* R ist ein Beziehungstyp R, dessen Ausprägungen nicht nur Beziehungen, sondern auch Aggregationen sein können. Er kann seinerseits wieder an anderen Beziehungs- oder Aggregationstypen teilnehmen.

part(R) ist die Menge der an einem Aggregations- bzw. Beziehungstyp teilnehmenden Entity- *und* Aggregationstypen mit dem jeweiligen Rollennamen.

❏

Definition 2.17 - Aggregationsidentifikator:

Jeder Beziehungsidentifikator des dem Aggregationstyp zugrundeliegenden Beziehungstyps ist auch ein *Aggregationsidentifikator* und umgekehrt. Der Primärbeziehungsidentifikator ist auch Primäraggregationsidentifikator.

❏

Der wesentliche Unterschied zwischen Beziehungs- und Aggregationstypen nach den hier verwendeten Definitionen ist, daß Aggregationstypen wiederum an Beziehungstypen teilnehmen können. Im folgenden wird daher nicht immer explizit zwischen Aggregations- und Beziehungstypen unterschieden.

2.2.2 Generalisierung/Spezialisierung

In [SmS77] wird zusätzlich zur Aggregation die Generalisierung eingeführt. Entity-Typen mit gemeinsamen Merkmalen - Attribute, Beziehungstypen - können in einem generischen Entity-Typ zusammengefaßt werden, für den die gemeinsamen Merkmale spezifiziert werden. [ScS79, SNF79, SSW79] übertragen auch dieses Konzept auf das Entity-Relationship-Modell.

In Abb. 2.9 werden Generalisierung bzw. Spezialisierung dargestellt. Mitarbeiter ist die Verallgemeinerung oder Generalisierung von Bodenpersonal, Flugpersonal und

Verwaltungspersonal. Umgekehrt betrachtet, sind Bodenpersonal, Flugperso-nal und Verwaltungspersonal Spezialisierungen von Mitarbeiter.

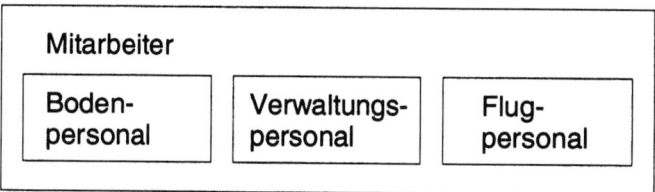

Abb. 2.9: Generalisierung Mitarbeiter

Die Attribute und die Beziehungstypen des übergeordneten Entity-Typs - *Supertyp* - werden an die untergeordneten Entity-Typen - *Subtypen* - weitervererbt. In den untergeordneten Entity-Typen können jeweils spezifische Attribute hinzugefügt werden. Für Flugpersonal kann beispielsweise zusätzlich das Attribut kumulierte Flugstunden eingeführt werden. Dagegen sind die Attribute Name, Vorname, Geburtsdatum und Personal-nummer gemeinsame Eigenschaftsmerkmale und werden von Mitarbeiter an Boden-personal, Flugpersonal und Verwaltungspersonal weitervererbt. Analog dazu werden die Beziehungstypen, an denen alle Subtypen teilnehmen können, auf der Ebene des Supertyps definiert und alle Beziehungstypen, an denen nur bestimmte Subtypen teilnehmen dürfen, werden für diese Subtypen definiert. Generalisierung und Spezialisierung realisieren so die aus der objektorientierten Programmierung bekannten Vererbungshierarchien. Diese Hierarchien können auch mehrstufig sein.

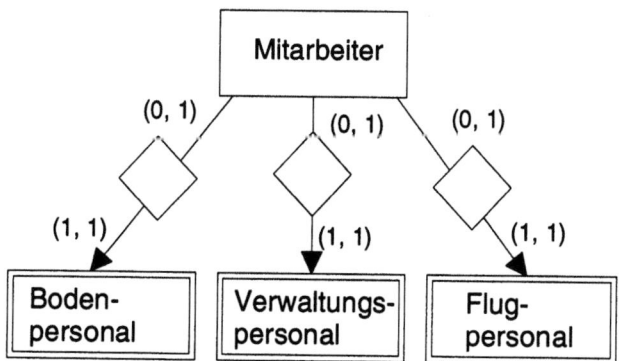

Abb. 2.10: Auflösung der Generalisierung Mitarbeiter

Es besteht die Möglichkeit, die Generalisierung im bisherigen Entity-Relationship-Modell durch Weak-Entity-Typen zu realisieren (Abb. 2.10). Die gemeinsamen Attribute werden auch hier für den übergeordneten Entity-Typ Mitarbeiter definiert und die spezifischen Attribute für den jeweiligen Weak-Entity-Typ. Die Bewertung von Mitarbeiter mit den Kardinalitäten (0,1) hinsichtlich der verknüpfenden Beziehungstypen bedeutet, daß allein der Identifikator von Mitarbeiter ausreicht, um ein Entity der Typen Bodenpersonal, Flugpersonal und Verwaltungspersonal zu identifizieren.

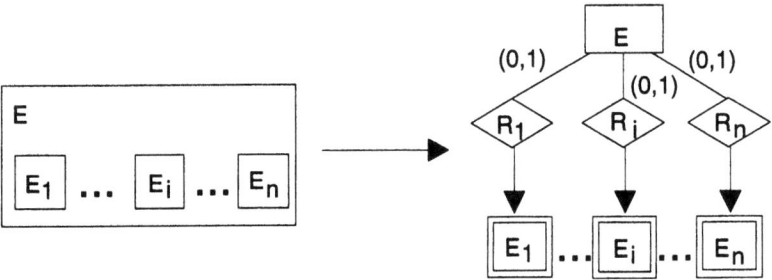

Abb. 2.11: Auflösung einer Generalisierungshierarchie

In Abb. 2.11 ist die allgemeine Regel zur Auflösung von Generalisierungshierarchien angegeben. Für jeden Subtyp wird ein vom Supertyp existenz- und identifikationsabhängiger Weak-Entity-Typ definiert, der mittels eines (1:1)-Beziehungstyps mit dem Supertyp verknüpft wird.

[Wag88] verwendet totale und partielle sowie disjunkte und überlappende Generalisierungshierarchien. [Dam87, DaB89] machen noch weitergehende Aussagen über Integritätsbedingungen hinsichtlich der Subtypen. In Anlehnung an diese Erweiterungen wird im folgenden der Ansatz aus [Wag88] zugrunde gelegt (Abb. 2.12). Durch die Bewertung des Supertyps kann zwischen verschiedenen Spezialfällen der Generalisierung bzw. Spezialisierung differenziert werden.

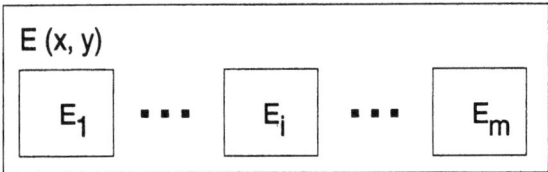

Abb. 2.12: Generalisierung / Spezialisierung

Definition 2.18 - Generalisierung/Spezialisierung, Sub-/Supertyp[5]:

Gegeben seien die Entity-Typen E, E_1, E_2, ..., E_m.

- E heißt *Generalisierung* oder *Supertyp* von E_1, E_2, ..., E_m und E_1, E_2, ..., E_m heißen *Spezialisierungen* oder *Subtypen* von E genau dann, wenn gilt: $\forall t$: $(\forall i \in \{1, 2, ..., m\}: e \in E_i{}^t \Rightarrow e \in E^t)$.

- $sub(E) = \{E_1, E_2, ..., E_m\}$ ist die Menge aller unmittelbaren Subtypen von E; $sub(E) = \varnothing$, wenn E kein Supertyp ist.

- Die Generalisierung kann mit (x, y) bewertet werden:

  $x = $ *N(on-overlapping)*, d. h. die Subtypen sind disjunkt:

  $\forall t$: $(\forall i, j \in \{1, 2, ..., m\}, i \neq j: E_i{}^t \cap E_j{}^t = \varnothing)$.

  $x = $ *O(verlapping)*, d. h. die Subtypen müssen nicht disjunkt sein.

  $y = $ *T(otal)*, d. h. es gilt: $\forall t$: $(\forall e \in E^t: (\exists E_i{}^t, E_i \in sub(E): e \in E_i{}^t))$.

  $y = $ *P(artial)*, d. h. es kann zu einem Zeitpunkt t ein $e \in E^t$ geben, so daß es kein $E_i{}^t$ gibt, mit $E_i \in sub(E)$ und $e \in E_i{}^t$.

$\square$

Lemma 2.19 - Vererbung von Attributen:

Gegeben sei der Entity-Typ E mit $sub(E) = \{E_1, E_2, ..., E_m\}$; dann gilt

$\forall t$: $(\forall i \in \{1, 2, ..., m\}: e \in E_i{}^t \Rightarrow e \in E^t)$, daraus folgt

$\forall i \in \{1, 2, ..., m\}$: $attr(E) \subseteq attr(E_i)$,

d. h. die Attribute des Supertyps werden vom Subtyp geerbt.

$\square$

Analoge Überlegungen gelten auch für Beziehungen bzw. Beziehungstypen. Jedes Entity eines Subtyps kann an Beziehungen teilnehmen, deren Beziehungstyp für seinen Supertyp spezifiziert ist. Entsprechend sind dann auch Identifikatoren, die für einen Supertyp definiert sind, für seine Subtypen identifizierend.

---

[5] Im Gegensatz zu anderen Ansätzen ist es hier nicht möglich, daß ein Entity-Typ Supertyp in mehreren unterschiedlichen Generalisierungshierarchien ist. Dies läßt sich in diesem Ansatz durch die Einführung zusätzlicher Hierarchiebenen modellieren, die es ermöglichen, daß zwei unterschiedliche Hierarchien in einer einzigen zusammengeführt werden.

2.2.3 Gruppierung

Trotz der eingeführten Erweiterungen läßt sich nicht die gesamte Realwelt direkt modellieren. Werden in einer Crew mehrere Mitarbeiter des Flugpersonals eingesetzt und variiert die Anzahl der Besatzungsmitglieder in Abhängigkeit vom eingesetzten Flugzeugtyp, so ist eine Crew nicht mehr als eigenständiges Objekt darstellbar. Es ist also ein zusätzliches Konstrukt erforderlich, mit dem mehrere Entities zu einer Gruppe oder Menge zusammengefaßt werden. Diese Gruppe oder Menge wird dann wie eine Aggregation als Objekt einer höheren Abstraktionsebene betrachtet und als *Gruppierung* [FuN86] bezeichnet. Eine Gruppierung oder genauer ein Gruppierungstyp wird in Abb. 2.13 verwendet, um diesen Sachverhalt darzustellen.

[Bro81] führt die Gruppierung unter der Bezeichnung *Association* ein und stellt diese durch (m:n)-Beziehungstypen dar (siehe Abb. 2.13a). Jeder Crew gehören ein oder mehrere Mitarbeiter an; ein Mitarbeiter des Flugpersonals kann einer oder mehreren Crews zugeordnet sein. [LiN86] verwenden eigene Symbole (siehe Abb. 2.13b).

Abb. 2.13: Gruppierungstyp Crew
(a) Darstellung nach [Bro81]   (b) Darstellung nach [LiN86]

Die Darstellung in Abb. 2.13a kommt ohne zusätzliche Symbole aus, aber der graphischen Darstellung ist nicht zu entnehmen, welcher der beiden Entity-Typen der Gruppierungstyp ist. Für die Gruppierung und für die Informationen, welche die gesamte Gruppierung betreffen, steht ein zusätzliches Entity zur Verfügung. Der Zugriff auf einzelne Elemente einer Gruppierung und zugehörige Informationen erfolgt über die Association-Beziehung.

[LiN86] setzen zwei verschiedene Arten von Gruppierungstypen ein. Einerseits wird die Gruppierung als ungeordnete Menge in Abb. 2.14a eingeführt, diese läßt sich alternativ auch durch einen Beziehungstyp wie in Abb. 2.14b darstellen. Andererseits führen [LiN86]

Gruppierungstypen ein, die es ermöglichen, geordnete Mengen, sogenannte Listen, zu modellieren (Abb. 2.14c). Auch diese lassen sich durch einen konventionellen Beziehungstyp darstellen. Der Beziehungstyp erhält jedoch zusätzlich das Beziehungsattribut Pos. Dieses gibt an, an welcher Position sich ein Entity innerhalb einer Liste befindet (Abb. 2.14d).

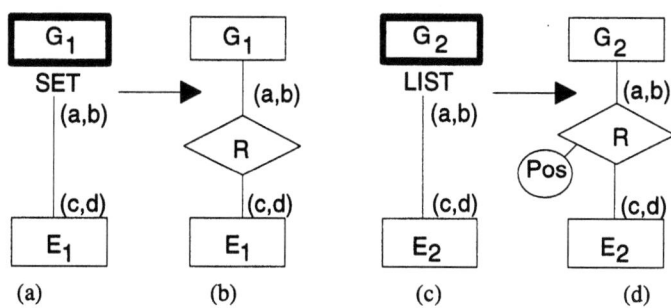

| (a) | (b) | (c) | (d) |

Abb. 2.14: Darstellung und Auflösung von Gruppierungstypen

Die Darstellung kann um die Möglichkeit erweitert werden, (min, max)-Kardinalitäten anzugeben (Abb. 2.14):

$a = 0 \Rightarrow$ Es sind auch Gruppierungen möglich, an denen keine Entities teilnehmen, d. h. leere Gruppierungen.

$a > 0 \Rightarrow$ a gibt an, aus wie vielen Entities sich eine Gruppierung dieses Typs minimal zusammensetzt.

$b > 1 \Rightarrow$ b gibt an, aus wie vielen Entities sich eine Gruppierung dieses Typs maximal zusammensetzt.

$c \geq 0 \Rightarrow$ c gibt an, an wie vielen Gruppierungen dieses Typs ein Entity mindestens teilnehmen muß.

$d = 1 \Rightarrow$ Ein Entity darf nur an einer bestimmten Gruppierung dieses Typs teilnehmen.

$d > 1 \Rightarrow$ d gibt an, an wie vielen Gruppierungen dieses Typs ein Entity maximal teilnehmen darf.

Die Gruppierung wird im folgenden nicht als eigenständiges Konstrukt definiert, sondern stets mit "konventionellen" Beziehungstypen modelliert. Es wird auf Gruppierungstypen verzichtet, um zu vermeiden, daß ein und derselbe Sachverhalt der Realwelt durch unterschiedliche Konstrukte modelliert werden kann.

2.3 Vergleich verschiedener Entity-Relationship-Modelle

Es gibt unterschiedliche Varianten von Entity-Relationship-Modellen. In der Literatur [SNF79, ScS79, SSW79, EWH85, TYF86] werden verschiedene erweiterte Entity-Relationship-Modell-Ansätze eingeführt. Die meisten CASE-Tools wie IEF, IEW, ADW und Oracle CASE, die das Information Engineering-[Mar89, Mar90a/b] zugrunde legen, verwenden einen binären Entity-Relationship-Modell-Ansatz [Bar90a, Mar83, Sin87], während andere Tools andere Varianten unterstützen.

2.3.1 Definition eines Entity-Relationship-Schemas

In der vorliegenden Arbeit werden nicht unterschiedliche Entity-Relationship-Modelle definiert, sondern verschiedene Schemaklassen, die den unterschiedlichen Entity-Relationship-Modellen entsprechen. Im folgenden werden zunächst verschiedene Schemadefinitionen vorgestellt und anschließend die Einsatzmöglichkeiten der Varianten diskutiert.

Es werden die folgenden Varianten von Entity-Relationship-Schema-Definitionen eingeführt:

* Entity-Relationship-Schema,
  wie es im Ansatz in [Che76] eingeführt wurde
* erweitertes Entity-Relationship-Schema,
  mit Generalisierung und Aggregation
* erweitertes binäres Entity-Relationship-Schema,
  ohne Beziehungsattribute und (m:n)-Beziehungstypen, mit Generalisierung
* eingeschränktes binäres Entity-Relationship-Schema,
  ohne Beziehungsattribute und (m:n)-Beziehungstypen

Definition 2.20 - Entity-Relationship-Schema nach Chen:
Ein *Entity-Relationship-Schema* gemäß [Che76] b:<$\mathcal{E}$, $\mathcal{R}$> ist definiert durch
$\mathcal{E}$ die Menge der Entity-Typen und
$\mathcal{R}$ die Menge der Relationship-Typen (Beziehungstypen).

Es gelten die folgenden Bedingungen:

* $\forall$ E $\in$ $\mathcal{E}$: sub(E) = $\varnothing$,   Generalisierung wird nicht unterstützt.

* $\forall$ R $\in$ $\mathcal{R}$: ($\forall$ T/N $\in$ $part$(R): T $\in$ $\mathcal{E}$).   Es sind nur Entity-Typen als Teilnehmer
                                        von Beziehungstypen zugelassen. ❏

Definition 2.21 - erweitertes Entity-Relationship-Schema:
Ein *erweitertes Entity-Relationship-Schema* b:<$\mathcal{E}$, $\mathcal{R}$> ist definiert durch
$\mathcal{E}$ die Menge der Entity-Typen und
$\mathcal{R}$ die Menge der Relationship-Typen (Beziehungstypen).

Es gelten die folgenden Bedingungen:

- $\forall$ E, E' $\in$ $\mathcal{E}$, E $\neq$ E': Für jeden Entity-Typ ist maximal
  $sub(E) \cap sub(E') = \emptyset$, ein Supertyp möglich.

- $\forall$ R $\in$ $\mathcal{R}$: ($\forall$ T/N $\in$ $part(R)$: T $\in$ $\mathcal{E} \cup \mathcal{R}$). Es sind Entity- und Aggregationstypen
  als Teilnehmer von Beziehungstypen
  zugelassen.
  ❏

Definition 2.22 - erweitertes binäres Entity-Relationship-Schema:
Ein *erweitertes binäres Entity-Relationship-Schema* b:<$\mathcal{E}$, $\mathcal{R}$> ist definiert durch
$\mathcal{E}$ die Menge der Entity-Typen und
$\mathcal{R}$ die Menge der Relationship-Typen (Beziehungstypen).

Es gelten die folgenden Bedingungen:

- $\forall$ E, E' $\in$ $\mathcal{E}$, E $\neq$ E': Für jeden Entity-Typ ist maximal
  $sub(E) \cap sub(E') = \emptyset$. ein Supertyp möglich.

- $\forall$ R $\in$ $\mathcal{R}$:
  ($\forall$ T/N $\in$ $part(R)$: T $\in$ $\mathcal{E}$), Es sind nur Entity-Typen als Teilnehmer
  von Beziehungstypen zugelassen.

  $grad(R) = 2$, Es sind nur binäre Beziehungstypen zugelassen.

  $attr(R) = \emptyset$, Beziehungsattribute sind nicht zugelassen.

  ($\exists$ T/N $\in$ $part(R)$: max(T/N, R) = 1). (m:n)-Beziehungstypen sind nicht zugelassen.
  ❏

Definition 2.23 - eingeschränktes binäres Entity-Relationship-Schema:
Ein *eingeschränktes binäres Entity-Relationship-Schema* b:<$\mathcal{E}$, $\mathcal{R}$> ist definiert durch
$\mathcal{E}$ die Menge der Entity-Typen und
$\mathcal{R}$ die Menge der Relationship-Typen (Beziehungstypen).

Es gelten die folgenden Bedingungen:

- $\forall$ E $\in$ $\mathcal{E}$: sub(E) = $\emptyset$.   Generalisierung wird nicht unterstützt.

- $\forall$ R $\in$ $\mathcal{R}$:

  ($\forall$ T/N $\in$ $part$(R): T $\in$ $\mathcal{E}$),   Es sind nur Entity-Typen als Teilnehmer

              von Beziehungstypen zugelassen.

  $grad$(R) = 2,   Es sind nur binäre Beziehungstypen zuge-

              lassen.

  $attr$(R) = $\emptyset$,   Beziehungsattribute sind nicht zuge-

              lassen.

  ($\exists$ T/N $\in$ $part$(R): max(T/N, R) = 1).   (m:n)-Beziehungstypen sind nicht zuge-

              lassen.

                                                        ❑

Weitere Schemadefinitionen sind denkbar. Beispielsweise können in binären Entity-Relationship-Schemata auch (m:n)-Beziehungstypen oder Beziehungsattribute zugelassen werden.

Definition 2.24 - Entity-Relationship-Diagramm:

   Ein *Entity-Relationship-Diagramm* ist die graphische Darstellung eines Entity-Relationship-Schemas als ganzes oder eines Schemaausschnitts.

                                                        ❑

2.3.2 Einsatzmöglichkeiten für unterschiedliche Entity-Relationship-Modell-Ansätze

Der Daten(bank)entwurf beginnt auf der Ebene des *konzeptuellen* und des *logischen Schemas* (Abb. 2.15). Sowohl im konzeptuellen als auch im logischen Schema wird der gesamte relevante Ausschnitt der Realwelt modelliert. Das konzeptuelle Schema beschreibt den Ausschnitt an der Realwelt orientiert, während im logischen Schema bereits Aspekte des eingesetzten Datenbanksystems und der Implementierung sowie andere DV-Gesichtspunkte berücksichtigt werden. Das *interne Schema* beschreibt die physische Datenorganisation: die Anordnung in Files, die Verteilung auf Festplatten und andere Speichermedien sowie die Festlegung von Indexen. Das *externe Schema* bzw. im allgemeinen mehrere externe Schemata beschreiben die Daten aus der Sicht der Endanwender. Ergänzend zu [ScS83] wird hier auch auf der externen Ebene zwischen konzeptuellem externen und logischem externen Schema unterschieden, da auch hier die Trennung in realwelt-orientiertes und DV-orientiertes Schema sinnvoll ist.

Der relationale Datenbankentwurf wird normalerweise in drei Phasen durchgeführt:

① Modellierung des konzeptuellen Schemas

② Umsetzung des konzeptuellen Schemas in ein relationales Datenbankschema (logisches Schema) und Normalisierung des relationalen Datenbankschemas

③ Physischer Datenbankentwurf zur Erstellung des internen Schemas

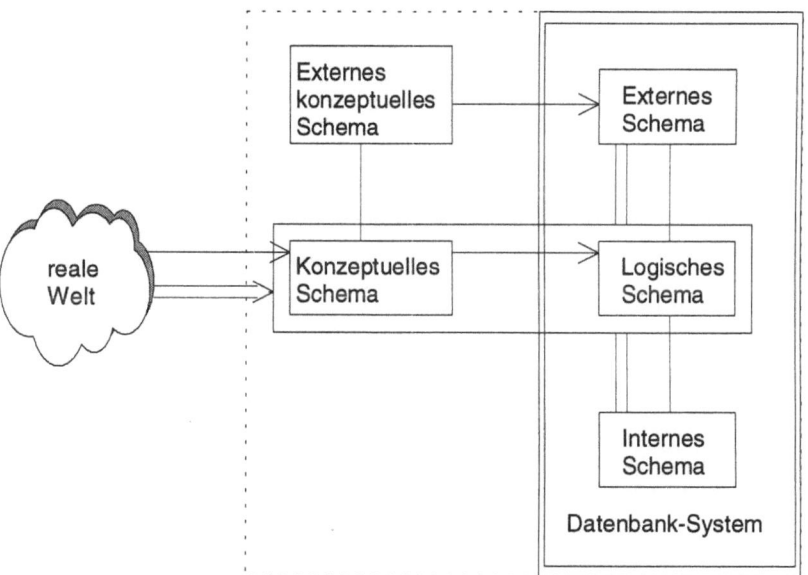

Abb. 2.15: Aufbau eines Datenbanksystems in drei Ebenen (vgl. [ScS83; S.43])

Es wird häufig die Frage gestellt, welches der *richtige* Entity-Relationship-Modell-Ansatz ist: Eine einfache *binäre* Variante mit wenigen unterschiedlichen Konzepten oder eines der *erweiterten* Entity-Relationship-Modelle mit semantisch vielfältigen Konstrukten.

Im folgenden wird keine Entscheidung getroffen, welcher Ansatz der bessere ist. Es werden vielmehr Tendenzen aufgezeigt, unter welchen Rahmenbedingungen ein bestimmter Ansatz geeigneter ist als ein anderer:

- Ein *erweitertes* Entity-Relationship-Modell eignet sich eher, um die Komplexität der Realwelt unter Berücksichtigung komplex strukturierter Objekte wieder zu geben. Eine Voraussetzung für den erfolgreichen Einsatz ist, daß es von erfahrenen Anwendern verwendet wird, die sich nicht durch die Vielfalt der Konstrukte als solcher und dem Umstand irritieren lassen, daß sich der gleiche Sachverhalt der Realwelt unterschiedlich und auch mit unterschiedlichen Konstrukten modellieren läßt.

• Im Gegensatz dazu eignet sich der einfachere binäre Ansatz, wenn die Mitglieder der Projektgruppe sich erstmals oder nur selten mit solchen Modellierungstechniken auseinandersetzen. Häufig können die eingesetzten Techniken in Projektsitzungen, in deren Rahmen die Modellierungsergebnisse vor (Fachbereichs-)Publikum präsentiert, überprüft und diskutiert werden, nur kurz erläutert werden. In diesem Fall ist es besser, viele unterschiedliche Konstrukte zu vermeiden und möglichst wenige, klar und einfach unterscheidbare Konzepte zu verwenden.

Der Einsatz der binären Ansätze ist eher auf der *logischen* als auf der *konzeptuellen* Ebene anzusiedeln. Zum einen besteht die Gefahr, daß lediglich ein graphischer Tabellenentwurf durchgeführt wird, zum anderen läßt sich ein binärer Ansatz gerade deshalb auch als direkte Grundlage für die Unterstützung der Realisierung einsetzen.

Die unterschiedlichen Varianten lassen sich in einem mehrstufigen Übergang von der konzeptuellen über die logische Ebene zum relationalen Datenbankschema anordnen. Die unterschiedlichen Stufen stehen nicht unbedingt im Wettbewerb miteinander, sondern können auch als unterschiedliche Ebenen im Entwurfsprozeß interpretiert werden.

① Erweitertes Entity-Relationship-Modell mit Aggregation, Gruppierung und Generalisierung:
   Dieses läßt sich für die konzeptuelle Modellierung und insbesondere für die Modellierung *konzeptueller externer Sichten* einsetzen.

② Erweitertes Entity-Relationship-Modell ohne Gruppierung:
   Gruppierungstypen werden, wie oben beschrieben, eliminiert. Einerseits wird dadurch die Normalisierung[6] vorbereitet, andererseits werden strukturelle Inkompatibilitäten während der Integration von Views oder ganzen Schemata vermieden.

---

6 Die Normalisierung [Cod70, Cod72] wurde ursprünglich auf Relationen durchgeführt. Ziel der Normalisierung ist es, eine Relation in mehrere kleinere Relationen zu zerlegen, um das Schema ohne Informationsverlust übersichtlicher und einfacher zu machen [ScS83]. Außerdem wird die Anzahl der Redundanzen verringert und damit auch vermieden, daß es zu Inkonsistenzen in der Datenbank kommt. Zusätzlich wird eine höhere Flexibilität in Bezug auf nachträgliche Änderungen und Erweiterungen des Schemas erreicht. [CNC81, Lin85a/b] übertragen die Normalformtheorie auf das Entity-Relationship-Modell.

③ Normalisiertes erweitertes Entity-Relationship-Modell:
Der Synthesealgorithmus von [Ber76] wird in [JaS93] auf das Entity-Relationship-Modell übertragen und läßt sich für die lokale Normalisierung auf erweiterte Entity-Relationship-Schemata ohne Gruppierungstypen anwenden.

④ Binäres Entity-Relationship-Modell mit Generalisierung:
Das normalisierte erweiterte Entity-Relationship-Schema wird in ein binäres Entity-Relationship-Schema transformiert. Aggregations- und Beziehungstypen mit Grad > 2 sowie (m:n)-Beziehungstypen sind umzuwandeln.

⑤ Denormalisiertes binäres Entity-Relationship-Modell mit Generalisierung:
Es wird eine gezielte Denormalisierung[7] auf Entity-Relationship-Modell-Ebene unter Berücksichtigung logischer Zugriffspfade durchgeführt.

⑥ Relationales Datenbankschema:
Das binäre Entity-Relationship-Schema läßt sich direkt in ein relationales Datenbankschema umsetzen.

Unter Umständen kann es sinnvoll sein, innerhalb eines Projekts mehrere Entity-Relationship-Modell-Ansätze zu verwenden, falls das eingesetzte Tool eine automatische bzw. halbautomatische Transformation anbietet:

- Aufgrund der automatischen Umwandlung der Konstrukte ist es möglich, die Darstellung den Fähigkeiten, dem Wissensstand und der Vorbildung des Personenkreises anzupassen, dem das Schema zu präsentieren ist.

- Insbesondere lassen sich die Unterschiede zwischen dem konzeptuellen und dem logischen Schema herausarbeiten.

- In allen Phasen wird eine homogene Darstellungsform verwendet: ein Entity-Relationship-Modell-Ansatz.

- Die erste Ebene eignet sich insbesondere dazu, anwenderspezifische Sichten zu modellieren.

- Die Ebene ② eignet sich zu View- und Schema-Integration[8] [BaL83, BaL84, BLN86]. Zur Vermeidung weiterer struktureller Inkompatibilitäten ist es eventuell sinnvoll, eine solche Integration auf Ebene ④ durchzuführen.

---

[7] Im Rahmen der Denormalisierung werden zur Performance-Steigerung in das relationale Datenbankschema gezielt Redundanzen aufgenommen, und eventuell werden unterschiedliche Relationen in einer Relation zusammengefaßt. Auch dieser Begriff entstammt der relationalen Datenbanktheorie.

- Ein binäres Entity-Relationship-Diagramm kann direkt in ein relationales Datenbank-schema umgesetzt werden. In diesem Fall kann es als graphische Darstellungsform des logischen Schemas interpretiert werden, die sowohl die Anwendungsentwicklung als auch die Formulierung von Adhoc-Anfragen unterstützt. Ein binäres Entity-Relation-ship-Diagramm kann auch Modulspezifikationen zugrunde gelegt werden.

- Entwurfsfehler können einfacher festgestellt werden, da der gleiche Sachverhalt unter-schiedlich dargestellt wird und dadurch Widersprüche erkannt werden können.

- Database Reengineering - z.B. die Integration weiterer Schemata - kann auf der jeweils geeigneten Ebene durchgeführt werden.

- Database Reverse Engineering - z.B. die Umwandlung eines Netzwerkdatenbank-schemas oder eines hierarchischen Datenbankschemas - läßt sich bottom-up, begin-nend mit einem binären Entity-Relationship-Modell-Ansatz, durchführen.

Eine umfangreiche Literatur befaßt sich mit der Umsetzung von Entity-Relationship-Schema-ta sowohl in relationale und hierarchische Datenbankschemata als auch in Netzwerkdaten-bankschemata, sowie mit dem Reverse Engineering [AzP86, BCN92, BDH87, BHH85, Bra85, CaQ81, Che76, DaA87, DoC81, DuA81, EmL89, Hsu85, JoK89, KoL87, MaS89, MeZ79, MMR86, NaA87, NaC83, Sak79, Sak80, Sak83a, SpC88, Teo90, TYF86, WoK79]. Zudem können die Konzepte der relationalen Datenbanktheorie [vgl. Standardliteratur Dat90, Mai83, PDG89, ScS83, Vos94] wie funktionale und mehrwertige Abhängigkeiten und Normalformen auf das Entity-Relationship-Modell übertragen werden [CNC81, Lin85a/b, JaS93].

2.4 Grundlagen der Petri-Netz-Modellierung

Für die Beschreibung der dynamischen Aspekte werden in zunehmendem Maße Petri-Netze [Bau90, Pet62, Pet81, Rei86, RoW91, Sta90] verwendet, welche die Darstellung sequentiel-ler, paralleler, unabhängiger und alternativer Abläufe ermöglichen. Auch hier sind wie bei den Entity-Relationship-Modellen unterschiedliche Klassen entstanden, um die Modellierung von

---

[8] Im Rahmen der View- und Schemaintegration werden unterschiedliche Schemata zu einem einzigen Schema zusammengefaßt. Häufig auftretende Probleme bei der Integration sind Homonyme - gleiche Begriffe für unterschiedliche Sachverhalte -, Synonyme - unterschiedliche Begriffe für denselben Sachverhalt - und strukturelle Inkompatibilitäten - der gleiche Sachverhalt wird mit unterschiedlichen Konstrukten modelliert.

Abläufen aus unterschiedlichen Problemkreisen in einer jeweils übersichtlichen Form zu ermöglichen: Bedingungs/Ereignis-Netze, Stellen/Transitionen- und Prädikate/Transitionen-Netze. Letztere bieten die Möglichkeit, *alle* relevanten Verhaltensaspekte in einem einheitlichen formalen Rahmen und in kompakter Form zu beschreiben. Formale Definitionen sind in [Bau90, Rei86, Sta90, BRR87] zu finden. Für die formale Definition von Prädikate/Transitionen-Netzen wird insbesondere auf [GeL81, Gen87, Lau87, Rei87] verwiesen. Die Beispiele sind teilweise [PRO95a, ScN92] entnommen.

Im Rahmen der Ablaufmodellierung wird ein zu modellierender Realweltausschnitt zunächst in aktive Komponenten - graphisch als Rechtecke dargestellt - und in passive Komponenten - graphisch als Kreise dargestellt - unterteilt. Die aktiven Elemente werden als *Transitionen* bezeichnet und modellieren Aktivitäten, Vorgänge und Ereignisse. Diese verbrauchen, erzeugen, verändern und transportieren *Objekte*, die in den passiven Elementen, den sogenannten *Stellen* abgelegt werden. Diese lassen sich zur Modellierung von Zuständen, Bedingungen, Materiallagern und Datenspeichern einsetzen. Transitionen und Stellen werden durch Kanten verbunden, die zeigen, wie auf die in den Stellen abgelegten Objekte zugegriffen wird (Abb. 2.16):

(a) Die Transition entfernt Objekte aus der Stelle.

Die Stelle wird hinsichtlich dieser Transition als *Eingabestelle* (Input-Stelle), die Kante als Eingabekante (Input-Kante) bezeichnet.

(b) Die Transition legt Objekte in der Stelle ab.

Die Stelle wird hinsichtlich dieser Transition als *Ausgabestelle* (Output-Stelle), die Kante als Ausgabekante (Output-Kante) bezeichnet.

(c) Die Transition modifiziert Objekte in der Stelle.

Die Stelle wird hinsichtlich dieser Transition als *Ein-/Ausgabestelle* (Input/Output-Stelle, I/O-Stelle), die Kante als Ein-/Ausgabekante (Input/Output-Kante, Update-Kante, I/O-Kante) bezeichnet.

(d) Die Transition liest Objekte in der Stelle.

Die Stelle wird hinsichtlich dieser Transition als *Lesestelle* (Read-Stelle) bezeichnet, die Kante als Lesekante (Read-Kante).

(e) Sogenannte Schlingen (Abb. 2.16e) werden in der vorliegenden Arbeit nicht zugelassen; auf die Auflösung von Read- und Update-Kanten wird am Ende von Kapitel 2.4.3 eingegangen.

Abb. 2.16: Zugriffsmöglichkeiten von Transitionen auf Stellen

2.4.1 Bedingungs/Ereignis-Netze

In der einfachsten Form der Petri-Netze, den sogenannten *Bedingungs/Ereignis-Netzen*, werden die aktiven Elemente als *Ereignisse* und die passiven Elemente als *Bedingungen* oder *Zustände* interpretiert. Eine solche Bedingung gilt als erfüllt, wenn in ihr ein anonymes Objekt - eine sogenannte *Marke* - vorliegt. In einer Bedingung kann *maximal eine* Marke abgelegt werden, d. h. eine Bedingung ist entweder erfüllt oder nicht (Abb. 2.17).

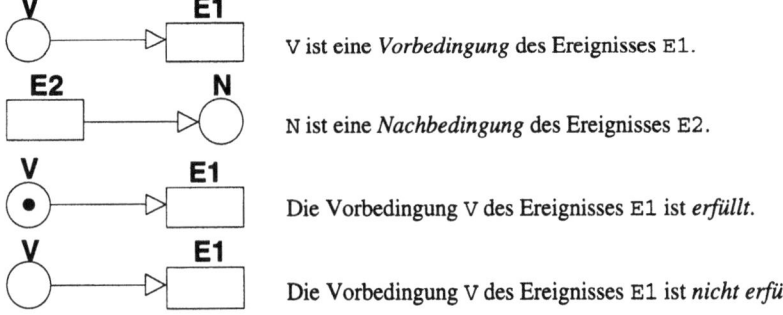

V ist eine *Vorbedingung* des Ereignisses E1.

N ist eine *Nachbedingung* des Ereignisses E2.

Die Vorbedingung V des Ereignisses E1 ist *erfüllt*.

Die Vorbedingung V des Ereignisses E1 ist *nicht erfüllt*.

Abb. 2.17: Interpretation der Elemente in Bedingungs/Ereignis-Netzen

Definition 2.25 - Schaltregel für Bedingungs/Ereignis-Netze:

Ein Ereignis ist *aktiviert*, wenn

- alle Vorbedingungen *erfüllt* sind und
- alle Nachbedingungen *nicht erfüllt* sind.

Ein aktiviertes Ereignis *kann* eintreten, muß jedoch nicht eintreten. Ein solches Eintreten wird als *Schalten* bezeichnet. Tritt ein Ereignis ein, dann werden

- alle (vorher erfüllten) Vorbedingungen unerfüllt und
- alle (vorher unerfüllten) Nachbedingungen erfüllt.

❑

Die Transition in Abb. 2.18 ist zunächst aktiviert, da beide Vorbedingungen erfüllt und alle Nachbedingungen nicht erfüllt sind. Beim Schalten werden die Marken aus *allen* Vorbedingungen entfernt, und in *jede* Nachbedingung wird eine Marke eingefügt.

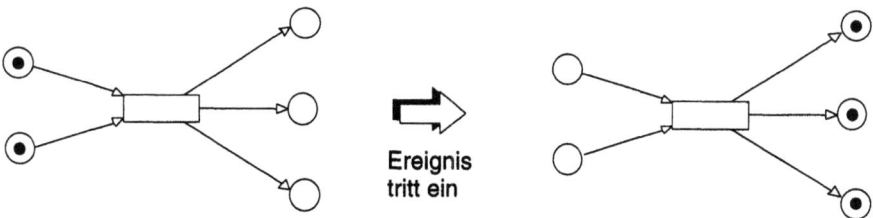

Ereignis tritt ein

Abb. 2.18: Schaltregel für Bedingungs/Ereignis-Netze

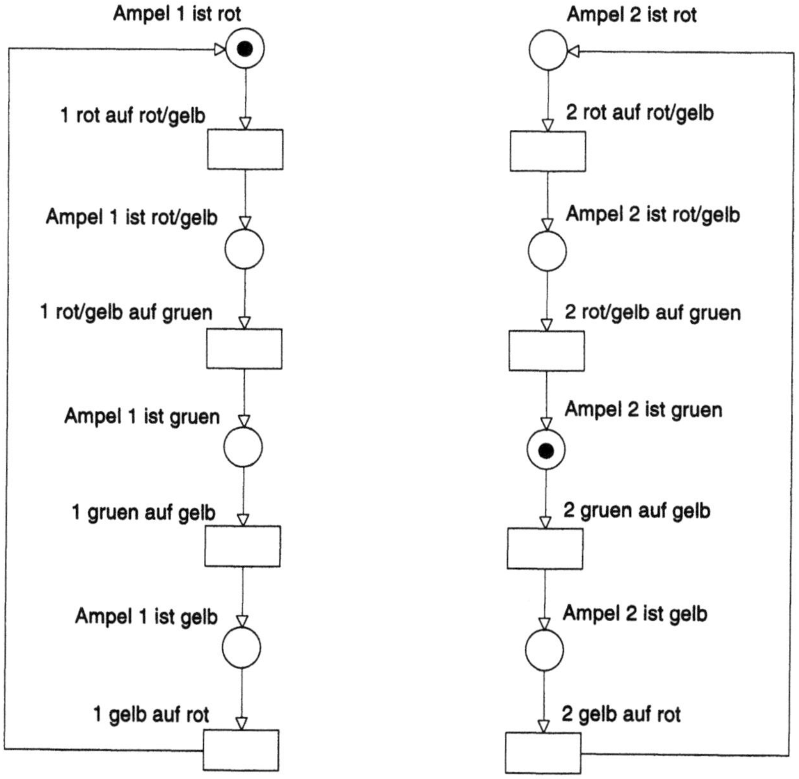

Ampel 1 ist rot   Ampel 2 ist rot

1 rot auf rot/gelb   2 rot auf rot/gelb

Ampel 1 ist rot/gelb   Ampel 2 ist rot/gelb

1 rot/gelb auf gruen   2 rot/gelb auf gruen

Ampel 1 ist gruen   Ampel 2 ist gruen

1 gruen auf gelb   2 gruen auf gelb

Ampel 1 ist gelb   Ampel 2 ist gelb

1 gelb auf rot   2 gelb auf rot

Abb. 2.19: Steuerung zweier unabhängiger Ampeln

Das Bedingungs/Ereignis-Netz aus Abb. 2.19, in dem die Steuerung zweier Ampeln an einer Straßenkreuzung modelliert ist, befindet sich in einem Zustand, in dem die Ampel 1 von Ampel 1 ist rot auf den Zustand Ampel 1 ist rot/gelb und die Ampel 2 von Ampel 2 ist gruen auf Ampel 2 ist gelb wechseln kann. Alle anderen Ereignisse können nicht eintreten, da entweder Nachbedingungen erfüllt bzw. Vorbedingungen nicht erfüllt sind.

Die beiden Ampeln in Abb. 2.19 können unabhängig voneinander schalten, d. h. daß beispielsweise im schlimmsten Fall beide Ampeln gleichzeitig auf grün stehen können. Hingegen sind in Abb. 2.20 die beiden Ampeln miteinander synchronisiert: Die Ampeln können bei der eingetragenen Anfangsbelegung der Bedingungen nur noch wechselseitig auf grün gestellt werden, und es ist sichergestellt, daß sie ihre Schaltzyklen abwechselnd durchlaufen.

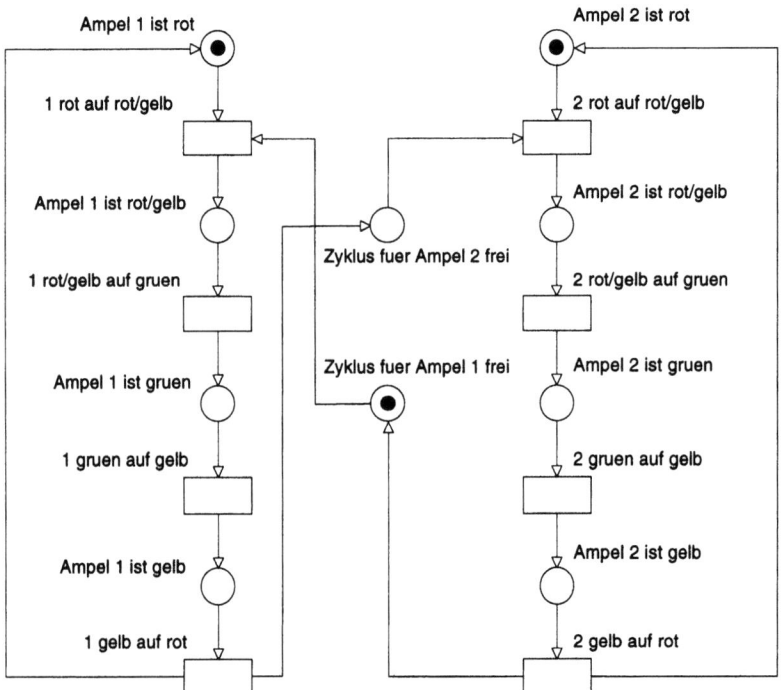

Abb. 2.20: Steuerung zweier synchronisierter Ampeln

Definition 2.26 - Markierung:

Die Belegung bzw. Nichtbelegung aller Stellen eines Petri-Netzes zu einem bestimmten Zeitpunkt wird als *Markierung* des Netzes bezeichnet und beschreibt den Zustand des modellierten Prozesses zu diesem Zeitpunkt.

❏

In Abhängigkeit von Markierungen können sowohl Kontaktsituationen als auch Konfliktsituationen entstehen. In Kontaktsituationen kann ein Ereignis nicht eintreten, weil es aufgrund einer erfüllten Nachbedingung blockiert wird. In Konfliktsituationen sind zwei oder mehr Transitionen aktiviert, jedoch kann nur eine schalten.

Definition 2.27 - Kontakt:

In der Umgebung eines Ereignisses besteht ein *Kontakt* (oder eine *Kontaktsituation*), wenn

- alle Vorbedingungen und
- mindestens eine Nachbedingung

erfüllt sind.

❏

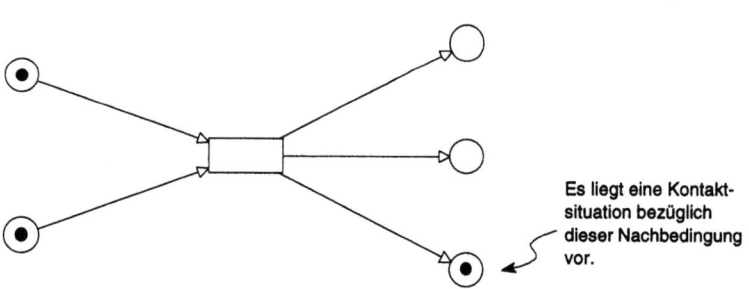

Es liegt eine Kontaktsituation bezüglich dieser Nachbedingung vor.

Abb. 2.21: Kontaktsituation in Bedingungs/Ereignis-Netzen

In Abb. 2.21 ist eine Kontaktsituation hinsichtlich einer Nachbedingung dargestellt, daher ist die Transition nicht aktiviert.

In der Ampelsteuerung aus Abb. 2.22 liegt hinsichtlich des Ereignisses 1 gelb auf rot und der Bedingung Zyklus fuer Ampel 2 frei eine Kontaktsituationen vor; das Ereignis 1 gelb auf rot kann also nicht eintreten, da die Nachbedingung Zyklus fuer Ampel 2 frei bereits erfüllt ist.

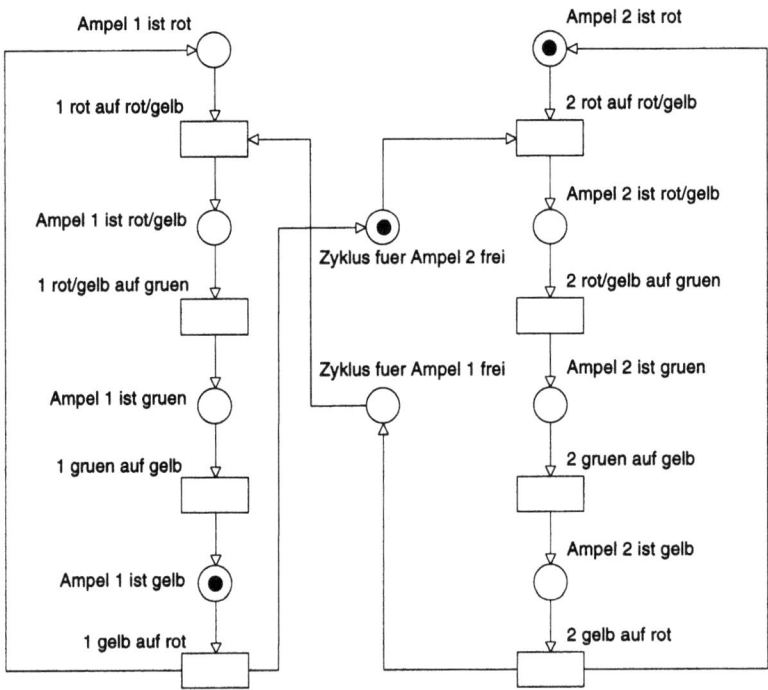

Abb. 2.22: Kontaktsituation in der Ampelsteuerung

Während sich Kontaktsituationen auf eine Transition und ihre Umgebung (verbundene Stellen) beziehen, können in Konfliktsituationen mehrere Transitionen betroffen sein.

Definition 2.28 - Konflikt:

Zwei Ereignisse stehen miteinander in *Konflikt* (auch *Konfliktsituation*), wenn

- beide aktiviert sind und
- durch den Eintritt des einen Ereignisses das andere nicht mehr aktiviert ist.

Zwei Ereignisse können miteinander in Konflikt stehen, wenn sie

- mindestens eine gemeinsame Vorbedingung oder
- mindestens eine gemeinsame Nachbedingung besitzen.   ❑

Konflikte entstehen nicht allein dadurch, daß Ereignisse gemeinsame Vor- oder Nachbedingungen besitzen. Diese sind lediglich eine notwendige Voraussetzung für eventuelle Konflikte. Unter dieser Voraussetzung können in Abhängigkeit von der aktuellen Markierung des Netzes Konfliktsituationen entstehen. Konkurrieren zwei Transitionen um eine erfüllte Vorbedingung (Abb. 2.23a), so spricht man von einem *Verzweigungskonflikt*, konkurrieren zwei Transitionen um eine unerfüllte Nachbedingung (Abb. 2.23b), so handelt es sich um einen *Wettbewerbskonflikt*.

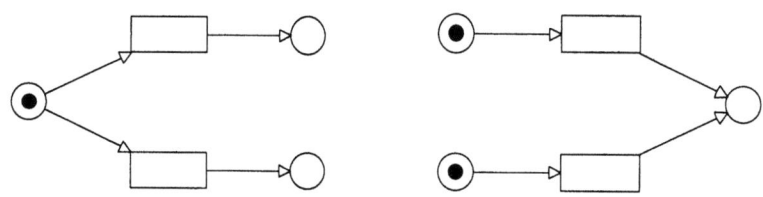

Abb. 2.23: Konflikte in Bedingungs/Ereignis-Netzen

     (a) Verzweigungskonflikt   (b) Wettbewerbskonflikt

2.4.2 Stellen/Transitionen-Netze

Um die Abläufe komplexer Prozesse darzustellen, reicht die Interpretation von Stellen und Transitionen als Bedingungen und Ereignisse nicht aus, da die entstehenden Netze zu umfang-reich werden. In den sogenannten *Stellen/Transitionen-Netzen* wird eine allgemeinere Inter-pretation der Transitionen und Stellen zugrunde gelegt. Eine Stelle kann jetzt mehrere Marken aufnehmen, dabei wird jede Marke als eigenständiges, wenn auch anonymes Objekt interpretiert. Für jede Stelle wird über die *Kapazität* K definiert, wie viele Marken maximal in einer Stelle abgelegt werden können. Für eine Kante kann durch ein *Kantengewicht* (Multiplikator) festgelegt werden, wie viele Marken bei einmaligem Schalten der adjazenten Transition in der Stelle eingefügt bzw. wie viele aus ihr entnommen werden. Falls keine Kapazität angegeben ist, können beliebig viele Marken in einer Stelle abgelegt werden. Wenn kein Kantengewicht festgelegt wird, so ist das Kantengewicht 1.

In das F l a s c h e n l a g e r in Abb. 2.24 lassen sich maximal 500 Flaschen einlagern. Es wird eine Flaschenlieferung aus dem Wareneingang - bestehend aus 100 Flaschen - entnommen und die darin enthaltenen 100 Flaschen werden eingelagert. Die Flaschen werden danach einzeln aus dem Lager entnommen und in die Zuführung gestellt, dabei kann in der Zuführung maximal eine Flasche stehen (K = 1). Wenn die Abfüllposition frei ist, kann die Flasche zuge-führt und abgefüllt werden. Die Abfüllposition wird freigegeben, sobald die Flasche voll ist.

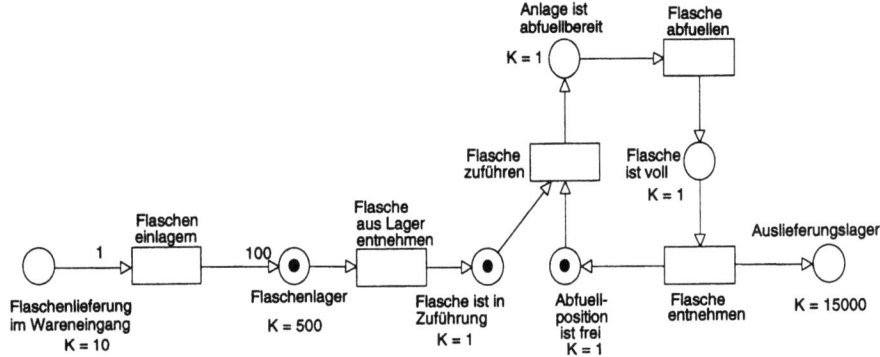

Abb. 2.24: Einsatz von Kapazitäten und Kantengewichten [ScN92]

Definition 2.29 - Schaltregel für Stellen/Transitionen-Netze:

Eine Transition ist *aktiviert*, wenn

- in allen Stellen, aus denen die Transition Marken entnimmt, die Anzahl der Marken größer oder gleich dem jeweiligen Kantengewicht ist und

- in allen Stellen, in denen die Transition Marken ablegt, die Anzahl der Marken plus dem jeweiligen Kantengewicht kleiner oder gleich der Speicherkapazität ist.

Schaltet eine Transition, dann werden

- aus allen Eingabestellen so viele Marken entnommen, wie durch das Gewicht an der jeweiligen Kante von der Stelle zur Transition angegeben ist und

- in allen Ausgabestellen so viele Marken abgelegt, wie durch das Gewicht der jeweiligen Kante von der Transition zur Stelle angegeben ist.   □

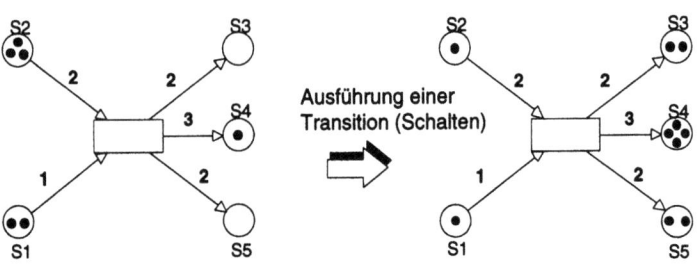

Abb. 2.25: Schaltregel für Stellen/Transitionen-Netze mit Kantengewichten

In Abb. 2.25 werden aus S2 zwei Marken und aus S1 eine Marke entnommen, entsprechend werden in S3 zwei Marken, in S4 drei Marken und in S5 zwei Marken eingefügt.

Die Definitionen für *Kontakt- und Konfliktsituationen* des Abschnitts 2.4.1 gelten hier entsprechend. In Abb. 2.26 werden beide Situationen exemplarisch dargestellt.

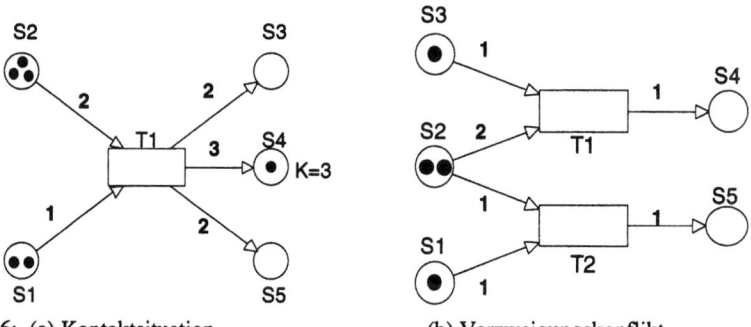

Abb. 2.26: (a) Kontaktsituation   (b) Verzweigungskonflikt
           in Stellen/Transitionen-Netzen

In allen Eingabestellen sind genügend Objekte vorhanden, um die Transitionen zu aktivieren. In Abb. 2.26a besteht eine Kontaktsituation, da es nicht möglich ist, in S4 drei Marken einzufügen, ohne die Kapazitätsgrenze K=3 zu überschreiten. Im Falle des Verzweigungskonflikts in Abb. 2.26b sind beide Transitionen aktiviert und konkurrieren um die Marken in S2. Hierbei ist zu beachten, daß kein Konflikt vorliegt, wenn in S2 nur eine Marke liegt, da dann T1 nicht aktiviert ist.

2.4.3 Prädikate/Transitionen-Netze

Mit Bedingungs/Ereignis- und Stellen/Transitionen-Netzen können einfache Prozeßabläufe bzw. komplexe Prozeßabläufe aus übergeordneten Sichten modelliert werden. Die vollständige und detaillierte Modellierung komplexer Abläufe ist prinzipiell möglich, führt jedoch zu umfangreichen, komplexen und schlecht überschaubaren Netzen, da insbesondere auch Eigenschaftsmerkmale der Objekte im Ablauf in der Netzstruktur dargestellt werden.

Sollen komplexe Abläufe detailliert und in kompakter Form beschrieben werden, müssen sowohl die Eigenschaftsmerkmale der zu verarbeitenden Objekte definierbar als auch die einzelnen Objekte identifizierbar sein. Für die Eigenschaftsmerkmale können objektabhängig unterschiedliche Werte vorliegen. Basierend auf diesen Eigenschaften lassen sich die zugrunde liegenden Business Rules objektbezogen formulieren, d. h. die Bedingungen für die Ausführung von Transitionen können abhängig von konkreten Ausprägungen definiert werden, und die Transformationen von eingehenden Objekten in ausgehende Objekte lassen sich spezifizieren. Alle Regeln, die für eine Transition spezifiziert sind, werden zusammen als die Transitionsformel der Transition bezeichnet.

Ohne Objekte, für die sich konkrete Eigenschaften definieren lassen, kann die Einlagerung unterschiedlicher Flaschentypen in einem Stellen/Transitionen-Netz, wie in Abb. 2.27 dargestellt, modelliert werden. Da die Transitionen Einlagern und Entnehmen für die verschiedenen Flaschentypen unterschiedlich durchgeführt werden, muß der Prozeß in spezifische Vorgänge und Speicher aufgeteilt werden. In der Struktur von Stellen/Transitionen-Netzen spiegeln sich deshalb häufig Objekteigenschaften wieder. Ist die Unterscheidung zwischen Bier-, Saft- und Wasserflaschen für den weiteren Ablauf relevant, so ist es in einem Stellen/Transitionen-Netz nicht möglich, alle Flaschenarten in einer Stelle (einem einheitlichen Flaschenlager) abzulegen. Die Strukturen von Stellen/Transitionen-Netzen sind nur eingeschränkt als stabil zu betrachten, da Änderungen der Objekteigenschaften Änderungen der Netzstruktur nach sich ziehen können. Werden weitere Flaschenarten eingeführt oder existieren unterschiedliche Flaschengrößen, so muß das Netz restrukturiert bzw. entsprechend erweitert werden.

FLASCHENLAGER

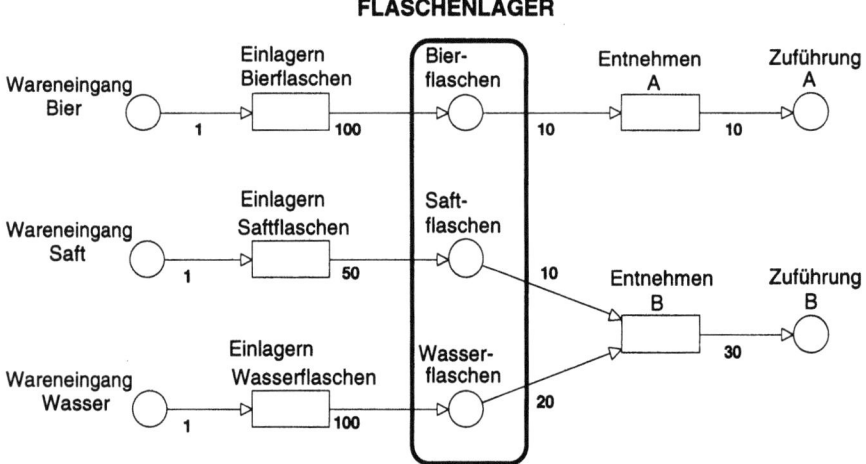

Abb. 2.27: Einlagerung unterschiedlicher Flaschentypen: Stellen/Transitionen-Netz

In Abb. 2.28 werden Objekte, die durch Eigenschaften beschrieben werden, im Rahmen von sogenannten *Prädikate/Transitionen-Netzen* verwendet. Die Kanten werden mit *Variablen* beschriftet, die sich zur Formulierung von Transitionsformeln einsetzen lassen. Unter Umständen lassen sich daher mehrere Stellen zu einer einzigen zusammenfassen. Ähnliche

Überlegungen können auch auf Transitionen übertragen werden. Es gibt Aspekte, die sich entweder in der Netzstruktur als solcher oder durch entsprechende Objekteigenschaften und Transitionsformeln darstellen lassen. In Abb. 2.28 läßt sich beispielsweise die Unterscheidung zwischen den verschiedenen Flaschenarten und deren jeweils andere Weiterverarbeitung im Ablauf im Gegensatz zu Abb. 2.27 nicht mehr unmittelbar an der Netzstruktur ablesen. Ein Vorteil dieser Modellierung kann sein, daß sich das Schema flexibel modifizieren läßt, indem nicht die Struktur des Petri-Netzes als solches verändert wird, sondern die Ausprägungen der in den Stellen abgelegten Objekte - die Startmarkierung des Netzes - modifiziert werden. Sollen beispielsweise unterschiedliche Flaschengrößen verarbeitet werden, so ist die Objektbeschreibung um diese Eigenschaft zu erweitern und die Transitionsformeln sind entsprechend anzupassen. Dies führt nicht unbedingt zu einer Erweiterung oder Veränderung der Netzstruktur.

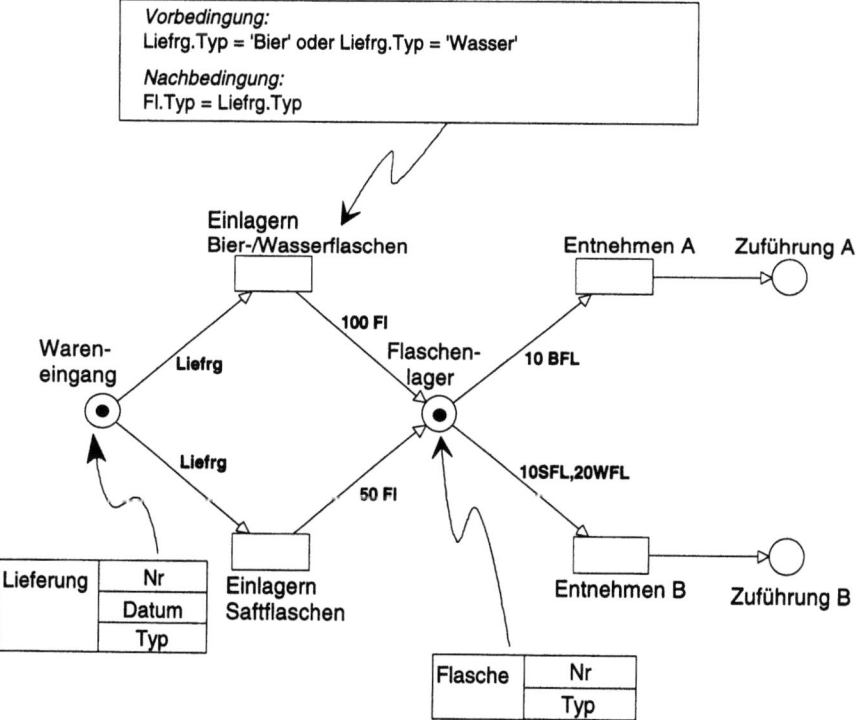

Abb. 2.28: Einlagerung unterschiedlicher Flaschentypen: Prädikate/Transitionen-Netz

Die *Vorbedingung* von Einlagern Bier-/Wasserflaschen in Abb. 2.28 hat zur Folge, daß nur Lieferungen von Bier- und Wasserflaschen entgegengenommen werden. Die *Nachbedingung* stellt sicher, daß den eingelagerten Flaschen der korrekte Typ zugeordnet wird, d. h. die Erzeugung - im Sinne der Petri-Netze - der Flaschen aus der eingehenden Lieferung wird beschrieben. Die Entnahme der Saft- und Wasserflaschen erfolgt immer gleichzeitig: Eine Kante mit zwei *Variablen* und entsprechenden Kantengewichten führt von Flaschenlager zur Transition Entnehmen B, d. h. es werden 10 Saft- und 20 Wasserflaschen aus dem Flaschenlager entnommen und der Abfüllanlage zugeführt.

Zur vereinfachten Darstellung von Modifikationen und Leseoperationen können Ein-/Ausgabe-Kanten und Lesekanten verwendet werden. Netze mit diesen Kantentypen lassen sich durch Hinzufügen zusätzlicher Stellen und Transitionen auf Netze zurückführen (Abb. 2.29), die nur aus Kanten mit einer Pfeilspitze bestehen. Ein-/Ausgabe-Kanten repräsentieren ein Entfernen und Hinzufügen von Objekten in einer Stelle. Das neue Objekt Obj-neu steht jedoch erst dann für ein erneutes Schalten der Transition T zur Verfügung, wenn auch die Transition T' geschaltet hat. Diese Konvention ermöglicht im Gegensatz dazu, wenn keine Transition T' eingeführt wird, auch ein Schalten von Transitionen, die Ein-/Ausgabestellen mit Kapazität 1 aufweisen. Wird die Transition T' nicht verwendet, so kann eine Transition nie aktiviert werden, wenn die Kapazität der entsprechenden Stelle auf K=1 gesetzt wird. T wird in diesem Spezialfall entweder nicht aktiviert, weil in der Stelle entweder kein Objekt oder kein Platz für die zu erzeugenden Objekte vorhanden ist. Diese Überlegungen lassen sich analog auf andere Kapazitäten und Kantengewichte übertragen.

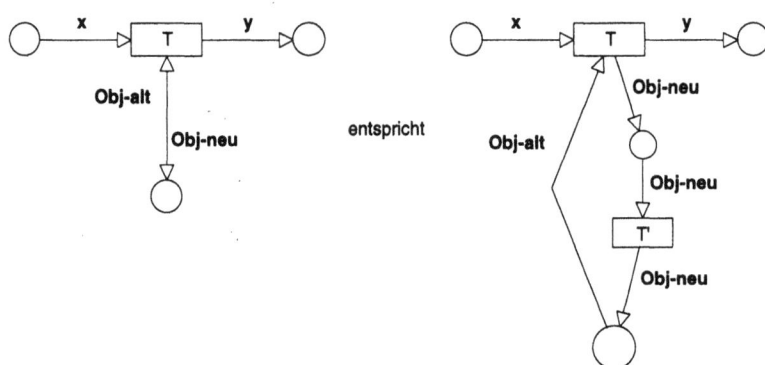

Abb. 2.29: Darstellung von Update-Kanten

Wird ein Objekt beim Schalten der Transition unverändert wieder zurückgelegt - d. h. auf den Objektspeicher wird nur lesend zugegriffen -, wird auf die Pfeilspitzen ganz verzichtet (Abb. 2.30).

Abb. 2.30: Darstellung von Read-Kanten

Werden für Ein-/Ausgabe-Kanten Variablen definiert, so muß zwischen drei Typen von Variablen unterschieden werden.

- Input-Variable: Variable für das Pfeilende, das auf die Transition zeigt.
- Output-Variable: Variable für das Pfeilende, das auf die Stelle zeigt.
- Read-Variable: Variable für beide Pfeilenden.

Durch Objektspezifikationen und Variablendefinitionen können objektbezogene Business Rules definiert werden. Für jede Transition lassen sich Regeln für ihre Aktivierung in Abhängigkeit der Objekte in den adjazenten Stellen definieren. Erfüllen die Objekte in der Umgebung der Transition die Regeln, so ist die Transition aktiviert.

Definition 2.30 - Schaltregel für Prädikate/Transitionen-Netze:

Eine Transition ist *aktiviert*, wenn

- in den Eingabestellen so viele Objekte die Transitionsformel erfüllen, wie in den jeweiligen Kantengewichten angegeben ist und
- für jede Ausgabestelle der Transition die Summe aus der Anzahl der Objekte in der Stelle und der Kantengewichten der Ausgabevariablen für die Stelle kleiner oder gleich der Stellenkapazität ist.

Schaltet eine aktivierte Transition,

- so entnimmt sie aus jeder ihrer Eingabestellen die erforderlichen Objekte, welche die Transitionsformel erfüllen und
- legt sie in jeder ihrer Ausgabestellen die Objekte ab, die sich entsprechend der Ausgabevariablen ergeben.

❏

Ein und dieselbe Transition kann für unterschiedliche Variablenbelegungen zum gleichem Zeitpunkt *mehrfach aktiviert* sein. Dies bedeutet, daß sie für unterschiedliche Belegungen mehrfach parallel schalten kann. So kann beispielsweise die Transition Stanzen in Abb. 2.31 *mehrfach schalten*, d. h. beide Bleche aus der Stelle Blechlager können gleichzeitig gestanzt werden. Indem eine zusätzliche Stelle mit der Kapazität K=1 verwendet wird (Abb. 2.32), läßt sich dies verhindern.

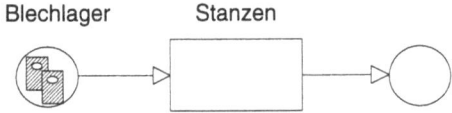

Abb. 2.31: Mehrfachschaltung

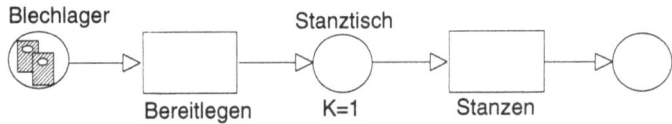

Abb. 2.32: Verhinderung der Mehrfachschaltung

Für den Kapazitätsbegriff existieren in Prädikate/Transitionen-Netzen zwei verschiedene Interpretationen:

- Die *Kapazität* schränkt die Gesamtzahl der maximal abzulegenden *Tupel* in einer Stelle ein.
- Die *Kapazität* schränkt die Gesamtzahl der maximal abzulegenden *Kopien* eines Tupels in einer Stelle ein, d. h. für die Anzahl unterschiedlicher Tupel gibt es keine Obergrenze, lediglich die Anzahl gleicher Tupel wird eingeschränkt.

Im folgenden wird, soweit nicht explizit anders angegeben, die zuerst genannte Interpretation verwendet. In verschiedenen vom Verfasser durchgeführten Projekten hat sich gezeigt, daß beide Interpretationen unabhängig voneinander benötigt werden.

Auch in Abb. 2.33 wird die Mehrfachschaltung verhindert. Dieses Netz läßt sich darüber hinaus äußerst flexibel für Ressourcen-Betrachtungen einsetzen. So läßt sich die Anzahl der verfügbaren Stanzmaschinen durch eine entsprechende Anzahl von Objekten in der Stelle Stanzmaschine festlegen, ohne daß die Struktur des Netzes verändert werden muß.

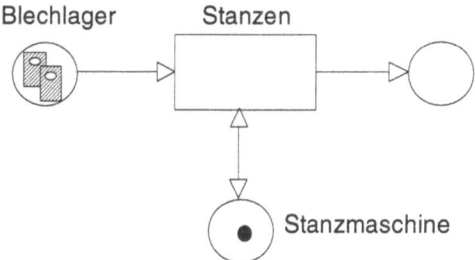

Abb. 2.33: Ressourcen-Betrachtung

2.4.4 Hierarchiebildung

Die Hierarchiebildung ist ein Mittel zur Reduzierung der Komplexität von Ablaufschemata. Petri-Netze erlauben die Verfeinerung von Transitionen und Stellen. Transitionen werden zusammen mit ihren *Umgebungen* (adjazente Kanten und verbundene Stellen) durch neue Netze *verfeinert* (Abb. 2.34). Die Umkehrung dieses Top-Down-Vorgehens wird als *Vergröberung* bezeichnet. Es gibt verschiedene Varianten zur Hierarchiebildung [Feh92, Jen92, Lau87].

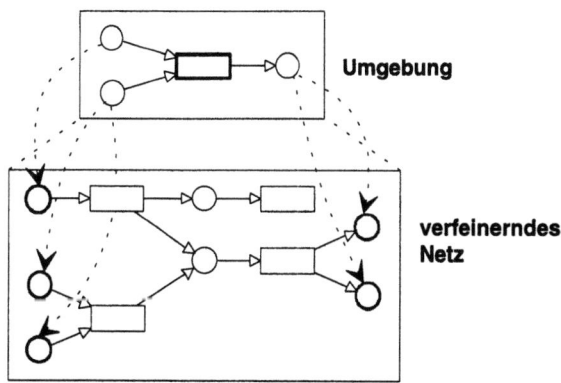

Abb. 2.34: Hierarchiebildung

Im folgenden werden Transitionen im Kontext der sie umgebenden Stellen verfeinert. Transitionen, die verfeinert sind, werden durch ein fett gedrucktes Rechteck dargestellt. Stellen, die Verfeinerungen von Stellen des übergeordneten Netzes darstellen, sind im untergeordneten Netz fett gezeichnet. Wie das nachfolgende Beispiel (Abb. 2.35) zeigt, geben weiter verfeinerte Transitionen und ihre Umgebungen im allgemeinen nicht das vollständige

Schaltverhalten des Systems wieder, sondern bieten lediglich einen Überblick an. Die Regeln für die Verfeinerung von Transitionen werden in Abb. 2.37 tabellarisch dargestellt. Insbesondere müssen für jede der umgebenden Stellen eine oder mehrere Stellen im untergeordneten Netz existieren.

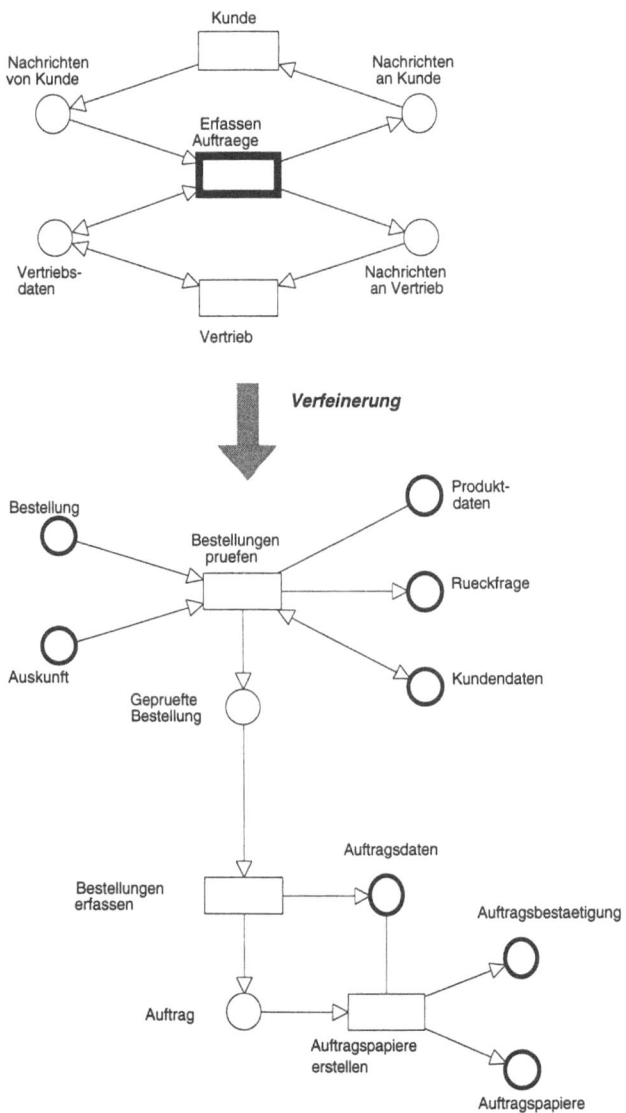

Abb. 2.35: Hierarchiebildung zur Modellierung einer Auftragserfassung

Die Abläufe bei der Auftragserfassung lassen sich in einer Petri-Netz-Hierarchie wie in Abb. 2.35 darstellen. In der Verfeinerung wird die Erfassung der Aufträge im Detail beschrieben. Wie zuvor erwähnt, wird in übergeordneten Netzen häufig kein vollständiges Schaltverhalten abgebildet, d. h. die Anwendung der formalen Schaltregel entspricht nicht dem in der Realität beobachteten Ablauf. In Abb. 2.35 müßte im oberen Netz eine Nachricht vom Kunden sowie Vertriebsdaten zu diesem Kunden vorliegen, um eine Aktivierung der Transition Erfassen Auftraege zu ermöglichen.

Auch in der Verfeinerung gibt die Umgebung der Transition Bestellungen pruefen noch nicht das korrekte Schaltverhalten wieder: Um eine Prüfung vornehmen zu können, müßten stets Auskünfte vorliegen; es würden stets Rückfragen unabhängig vom Ergebnis der Prüfung erfolgen. Da dies aus fachlicher Sicht keinen Sinn macht, ist entweder eine Restrukturierung des Netzes oder eine weitere Verfeinerung erforderlich.

Wie das Beispiel zeigt, werden nicht nur die Transitionen, sondern auch die Stellen verfeinert. Abb. 2.36 gibt die Zuordnung zwischen den Stellen des übergeordneten Netzes und den Stellen des verfeinernden Netzes wieder.

Stelle im übergeordneten Netz	Verfeinerung der Stelle im untergeordneten Netz
Nachrichten von Kunde	Bestellung Auskunft
Nachrichten an Kunde	Rückfrage Auftragsbestätigung
Vertriebsdaten	Produktdaten Kundendaten Auftragsdaten
Nachrichten an Vertrieb	Auftragspapiere

Abb. 2.36: Stellenzuordnung zwischen verfeinertem Netz und verfeinerndem Netz

Für die Verfeinerung von Stellen bzw. Kanten gelten bestimmte Regeln (Abb. 2.37). So dürfen etwa einer Input-Kante in der verfeinerten Umgebung nur Input-Stellen im untergeordneten Netz zugewiesen werden.

Typ der Kante im übergeord-neten Netz	Typ der Kanten im untergeordneten Netz			
	Input	Output	I/O	Read
Input ☐◁──○	X			
Output ☐──▷○		X		
I/O ☐◁─▷○	X	X	X	X
Read ☐──○	X	X		X

Abb. 2.37: Regeln für die Verfeinerung von Stellen bzw. Kanten

3 Anwendung und Unterstützung der Techniken

Im folgenden werden die Anwendung der zuvor vorgestellten Techniken sowie deren Integration und Unterstützung im Rahmen kommerziell verfügbarer Tools untersucht. Bei der betrachteten integrierten CASE-Umgebung handelt es sich um Oracle CASE und INCOME. Die Grundkonzepte von INCOME wurden am Institut für Angewandte Informatik und Formale Beschreibungsverfahren der Universität Karlsruhe zwischen 1985 und 1990 [LNO89] entwickelt. Die kommerzielle Entwicklung erfolgte bei der PROMATIS Informatik. Es wurden nicht alle INCOME-Konzepte selbst implementiert, sondern ein bereits am Markt existierendes CASE-Tool - Oracle CASE - um die fehlende Funktionalität ergänzt.

3.1 Grundlagen der INCOME/Methode

Mit der oben genannten Umgebung können sowohl *geschäftsprozeßorientierte* als auch *informationsorientierte* Ansätze zur Unternehmensmodellierung umgesetzt werden. Die erstellten Schemata lassen sich unmittelbar als Grundlage zur *Anwendungsentwicklung* einsetzen.

Es werden die *geschäftsprozeßorientierte* INCOME/Methode [PRO94, PRO95a/b/c] und die Verwendung der Ergebnisse im Rahmen der Oracle CASE-Methode [Bar90a/b, BaL92] vorgestellt, da gerade die Reorganisation der Geschäftsprozesse als Ausgangsbasis für eine Effizienzsteigerung wichtig ist. In der Industrie, bei Dienstleistungsunternehmen und in der öffentlichen Verwaltung sind Geschäftsprozesse zu analysieren, zu planen, zu optimieren und zu dokumentieren. Insbesondere wenn ein Geschäfts- oder Produktionsprozeß DV-technisch unterstützt werden soll, ist es notwendig, ihn zu überdenken und zu verbessern. Oft ist es sogar unumgänglich, den Geschäftsprozeß völlig neu zu gestalten, um eine unter betriebswirtschaftlichen Gesichtspunkten sinnvolle DV-Unterstützung zu ermöglichen. Die informationsorientierten Ansätze werden dieser Problemstellung oft nicht bzw. nur unzureichend gerecht, da zwar die Daten und Funktionen als solche umfassend modelliert, die Abläufe jedoch unverändert bzw. nur modifiziert unterstützt werden. Für eine unter dem Gesichtspunkt der Wirtschaftlichkeit optimale DV-Unterstützung ist eine Überarbeitung der Abläufe im allgemeinen notwendig und sinnvoll. Die INCOME/Methode läßt sich in den in der Einführung genannten Bereichen einsetzen: Business Process Reengineering, Qualitätssicherung, strategische Informationssystemplanung, Anwendungsentwicklung, Einführung von Standardsoftware, Prozeßoptimierung, Machbarkeitsuntersuchungen. Die primäre Zielsetzung der INCOME/Methode ist die Erstellung eines integrierten Geschäftsprozeßschemas, in dem die für den Geschäftsprozeß *relevanten* Aspekte des Unternehmens(bereichs) modelliert werden.

Das so erstellte Geschäftsprozeßschema läßt sich zu einem vollständigen Unternehmens-schema erweitern bzw. als Grundlage für Anforderungsanalysen in bestimmten Anwendungs-bereichen verwenden. Die Ergebnisse der INCOME/Methode lassen sich als Ausgangspunkt für den Einsatz der Oracle CASE-Methode zur Anwendungsentwicklung verwenden.

Der Grundgedanke dieses integrierten Ansatzes läßt sich - mit anderen Schwerpunkten - auch als Basis für einen *informationsorientierten* Ansatz verwenden, bei dem das Informations-schema im Vordergrund steht. Dieses bildet die Grundlage für das Unternehmensschema und für die Entwicklung von Anwendungen. Ein solcher informationsorientierter Ansatz liegt beispielsweise der Oracle CASE-Methode zugrunde, wenn ihr nicht die INCOME/Methode vorangestellt wird.

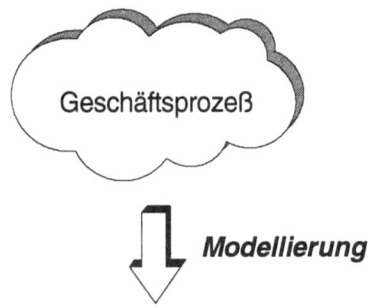

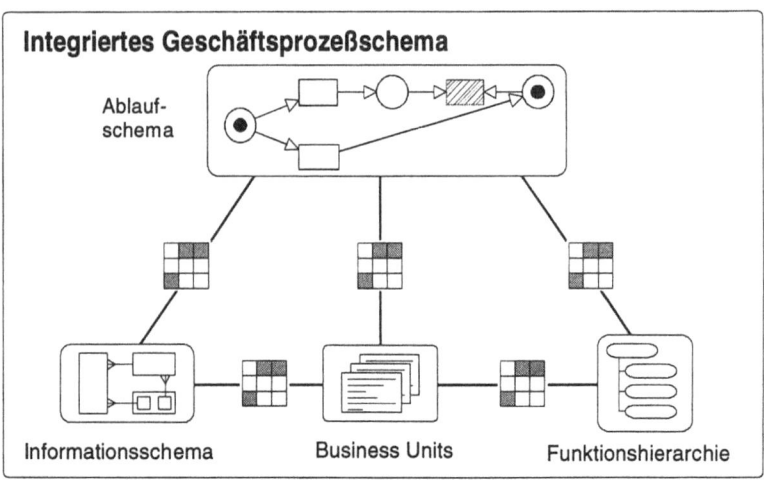

Abb. 3.1: Geschäftsprozeß- und Unternehmensmodellierung mit INCOME

Die umfassende Modellierung eines Geschäftsprozesses setzt, wie in Kapitel 1 bereits beschrieben, die Berücksichtigung verschiedener Aspekte voraus. Bei der INCOME/Methode handelt es sich um einen integrierten Ansatz, der die unterschiedlichen Aspekte in drei verschiedenen Teilschemata - Ablaufschema, Informationsschema, Organisationsschema (Business Units, Funktionshierarchie) - darstellt, die zusammen zunächst das *integrierte Geschäftsprozeßschema* (Abb. 3.1) und später das *integrierte Unternehmensschema* bilden. Die Teilschemata werden integriert, indem die Objekte der einzelnen Teilschemata über Zuordnungsmatrizen zueinander in bezug gesetzt werden.

• *Ablaufschema*:

Zentraler Bezugspunkt des Unternehmensschemas ist im Falle der geschäftsprozeßorien-tierten Ansätze das *Ablaufschema*, das bei INCOME mittels höherer Petri-Netze doku-mentiert wird. Im Ablaufschema sind die Regeln für die Durchführung der Aktivitäten des Geschäftsprozesses definiert. Neben den bereits in Kapitel 2 vorgestellten Konzepten ist es möglich, Restriktionen zu definieren, um unzulässige Zustände zu modellieren, und zeitliche Bedingungen, wie Termine und Fristen, festzulegen.

• *Organisationsstruktur*

Die Aufbauorganisation des Unternehmens wird mit Hilfe von sogenannten *Business Units* und in der *Funktionshierarchie* festgelegt[1]. Zur Verknüpfung des Ablaufschemas mit der Aufbauorganisation stehen verschiedene Zuordnungsmatrizen zur Verfügung. Die Aktivitäten des Ablaufschemas können direkt mit den Business Units in Beziehung gesetzt werden, die mit ihrer Durchführung betraut sind. In diesem Fall wird auf eine Strukturierung der Aufgaben durch die Funktionshierarchie verzichtet. Als Alternative können die Aktivität/Funktion- und die Business Unit/Funktion-Matrix verwendet werden. Die Verknüpfung von Business Units mit Aktivitäten bzw. Funktionen kann als Stellenbildung interpretiert werden.

---

[1] In der vorliegenden Arbeit werden die Begriffe so verwendet, wie sie in den Tools bzw. in den zugehöri-gen CASE-Methoden [Bar90a/b, BaL92] eingeführt werden. Die Funktionshierarchie ist das Ergebnis der organisatorischen Aufgabenanalyse [Wöh86; S158], in der die betrieblichen Aufgaben (im folgenden Geschäftsfunktionen) strukturiert werden. Die Business Units werden zur Stellenbildung [Wöh86; S. 158] eingesetzt. Auf Basis der Stellen wird dann letztendlich die Aufbauorganisation festgelegt.

- *Informationsschema*:
  In den informationsorientierten Ansätzen liegt der Schwerpunkt zunächst auf der Informationsmodellierung. Als zugrunde liegende Technik wird ein binäres Entity-Relationship-Modell verwendet [Bar90a].

  Im Rahmen der geschäftsprozeßorientierten Ansätze werden lediglich die Objekte, die der Geschäftsprozeß erzeugt und manipuliert, und deren für den Prozeß relevante Eigenschaften in einem Informationsschema beschrieben und den Komponenten des Ablaufschemas zugeordnet.

  Im Ablaufschema werden die Durchführungsregeln[2] für die Aktivitäten aufgrund zeitlicher Bedingungen und in Abhängigkeit von der Durchführung anderer Aktivitäten definiert.

  In vielen Fällen werden Aktivitäten aber nur für ganz bestimmte Objekte durchgeführt. Die Auswahl der durchzuführenden Aktivitäten wird durch die Objekteigenschaften bestimmt, oder die Art der Durchführung richtet sich nach der Ausprägung der zu verarbeitenden Objekte. In diesem Fall wird von *objektbezogenen Business Rules* gesprochen. Zur Definition dieser objektbezogenen Business Rules müssen jedoch die Attribute und die Beziehungen der Objekte untereinander bekannt sein. Diese Angaben sind im *Informationsschema* hinterlegt und werden über die Zuordnungsmatrizen vom Ablaufschema referenziert.

Die INCOME/Methode unterscheidet die Begriffe Geschäftsprozeß, Geschäftsvorfall und (Geschäfts-)Funktion.

- Ein *Geschäftsprozeß* besteht aus einer Menge von Aktivitäten [HaC94, Var94], die eine oder mehrere unterschiedliche Eingaben benötigen und die gegebenenfalls verschiedene Ausgaben erzeugen. Kennzeichnend für einen Geschäftsprozeß ist sein wertschöpfender Charakter, d. h. für den "Prozeßkunden" wird ein Ergebnis von Wert erzeugt. Dabei ist zu beachten, daß der Prozeßkunde nicht unbedingt ein unternehmensexterner Kunde sein muß, wie dies etwa bei einem Geschäftsprozeß "Verkauf" der Fall ist, sondern auch eine andere Abteilung oder ein anderer Unternehmensbereich sein kann.

- Ein *Geschäftsvorfall* ist ein Teilschema eines Geschäftsprozesses, der einen Teilaspekt des Geschäftsprozesses darstellt. Ein Geschäftsvorfall wird meist durch ein einzelnes oder mehrere ähnliche Ereignisse ausgelöst.

---

[2] Diese werden im folgenden auch als *Business Rules* bezeichnet (vgl. Kapitel 1).

- Der Begriff *Geschäftsfunktion* (kurz *Funktion*) ist vor allem im Rahmen von CASE-Methoden gebräuchlich [Mar89, Bar90b, BaL92]. Eine Funktion besteht wie ein Geschäftsprozeß ebenfalls aus einer Menge von Aktivitäten, die hier jedoch nicht vor dem Hintergrund der Wertschöpfung, sondern nach rein organisatorischen Gesichtspunkten zusammengefaßt sind. Dies bedeutet, daß die Funktionsstruktur die Grundlage für die *Aufbauorganisation* eines Unternehmens ist, da sie der Stellenbildung zugrunde gelegt wird.

Das Geschäftsprozeßschema bildet die Grundlage für das spätere *Unternehmensschema*. Zur Erstellung des integrierten Geschäftsprozeßschemas werden im Informationsschema nur die für den Ablauf und für die Entscheidungen während des Ablaufs (Business Rules) relevanten Aspekte modelliert. Im allgemeinen muß im Rahmen der vollständigen Unternehmensmodellierung das Informationsschema des Geschäftsprozeßschemas um Attribute und Beziehungstypen ergänzt werden. Ziel dieser Erweiterung ist das Unternehmensinformationsschema bzw. das Informationsschema eines Unternehmensbereichs als Bestandteil des Unternehmensschemas.

Im folgenden wird zunächst gezeigt, in welcher Form die in Kapitel 2 vorgestellten Konzepte durch diese Tools unterstützt werden. Anschließend wird eine Übersicht über die verschiedenen Varianten der INCOME/Methode gegeben und der Einsatz einer Variante anhand eines Beispiels vorgestellt. Auf das Ergebnis dieses Beispiels wird die Oracle CASE-Methode zur Entwicklung eines Informationssystems angewendet. Sowohl der Einsatz der Methoden als auch der Tools wird kritisch beurteilt und Verbesserungsmöglichkeiten werden aufgezeigt.

3.2 Unterstützte Konzepte

3.2.1 Entity-Relationship-Modellierung

Oracle CASE [Bar90a] unterstützt ein Entity-Relationship-Modell, welches das Kardinalitätenkonzept verwendet. Dabei handelt es sich um ein Entity-Relationship-Modell (siehe Kapitel 2), das nur binäre Beziehungstypen ohne Beziehungsattribute zur Verfügung stellt. In Abbildung 3.2 wird die grafische Darstellung des Kardinalitätenkonzepts in der durch das Tool verwendeten Krähenfuß-Notation dargestellt.

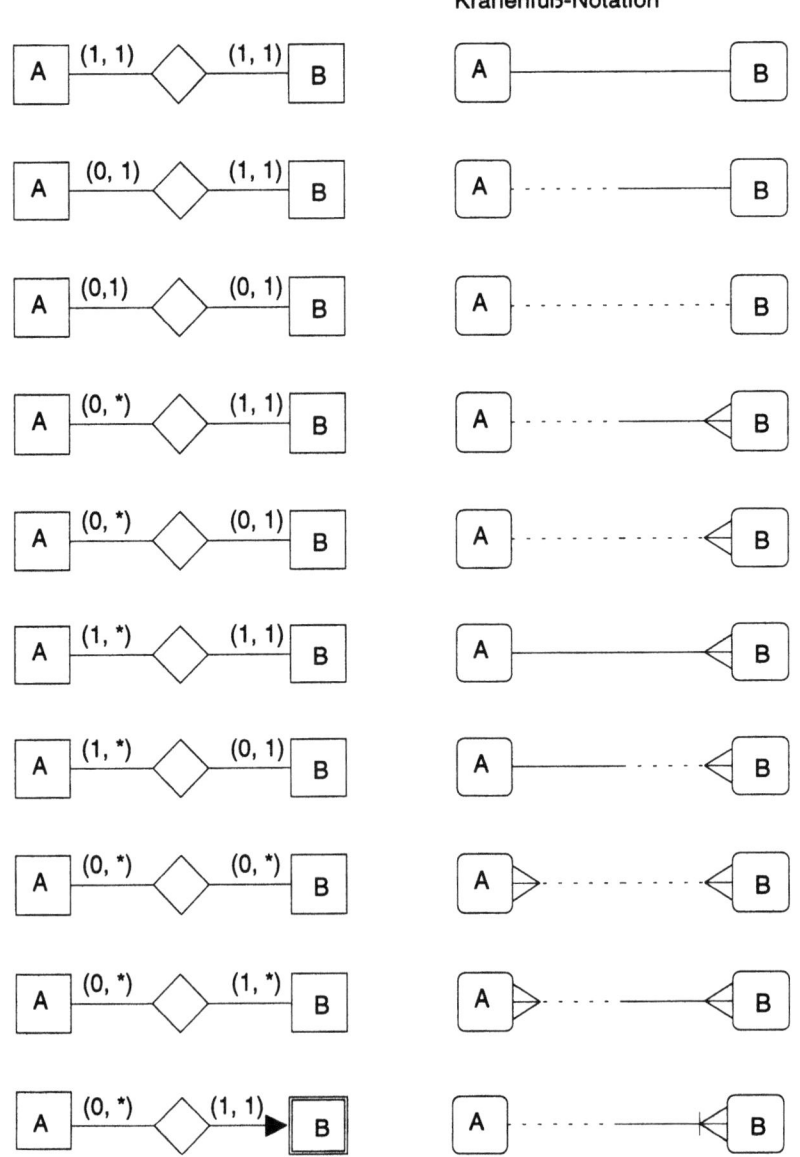

Abb. 3.2: Darstellung des Kardinalitätenkonzepts in der Krähenfuß-Notation

Beziehungstypen werden in diesem Entity-Relationship-Modell-Ansatz nicht als eigenstän-
dige, benannte Objekttypen interpretiert, sondern stellen lediglich den Bezug zu einem ande-

ren Objekttyp dar. Sie werden jeweils an beiden Enden beschriftet. Die Beschriftung läßt sich direkt in einen natürlichsprachlichen Satz umsetzen.

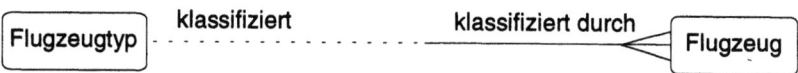

Abb. 3.3: (1:n)-Beziehungstyp in der Krähenfuß-Notation

- Ein Flugzeugtyp *kann ein oder mehrere* Flugzeuge klassifizieren.
  Ein Flugzeug *muß* durch *genau einen* Flugzeugtyp klassifiziert werden.

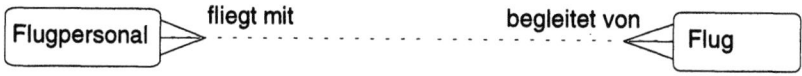

Abb. 3.4: (m:n)-Beziehungstyp in der Krähenfuß-Notation

- Ein Mitarbeiter des Flugpersonals *kann* auf *einem oder mehreren* Flügen mitfliegen.
  Ein Flug *kann* von *einem oder mehreren* Mitarbeitern des Flugpersonals begleitet werden.

In diesem Beispiel kann nicht ausgedrückt werden, daß ein Mitarbeiter des Flugpersonals als Pilot, Copilot, Navigator oder Kabinenpersonal mitfliegt, da keine Beziehungsattribute zugelassen sind. Um dies darzustellen muß ein sogenannter *assoziativer* Entity-Typ eingefügt werden; d. h. der (m:n)-Beziehungstyp wird aufgelöst und durch einen Entity-Typ ersetzt. In Abb. 3.5 kann die Aufgabe des Mitarbeiters als Attribut des Entity-Typs Flugteilnahme modelliert werden.

Abb. 3.5: Aufgelöster (m:n)-Beziehungstyp in der Krähenfuß-Notation

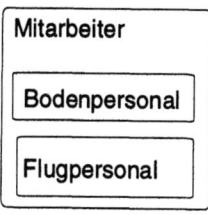

Abb. 3.6: Sub-/Supertypen

Das hier verwendete binäre Entity-Relationship-Modell unterstützt die Generalisierung durch Supertypen mit disjunkten Subtypen (Abb. 3.6). Mitarbeiter der Fluggesellschaft sind *entweder* dem Bodenpersonal *oder* dem Flugpersonal zugeordnet.

Eine Erweiterung des ursprünglichen Entity-Relationship-Modells nach [Chen76], welche über die in Kapitel 2 aufgeführten Erweiterungen hinausgeht, ist das von Oracle CASE unterstützte Konzept der sogenannten Arcs. Mit *Arcs* wird die Exklusivität von Beziehungstypen modelliert. In Abb. 3.7 wird dargestellt, daß ein Mitarbeiter *entweder* auf einem Flughafen *oder* in einer Zentralabteilung arbeitet.

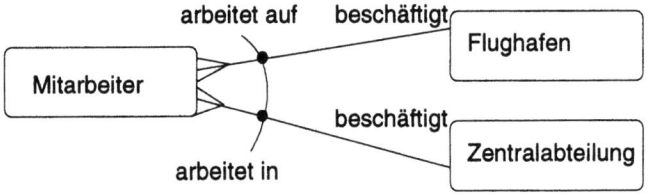

Abb. 3.7: Arc

Abb. 3.8 zeigt das vereinfachte Metaschema des verwendeten binären Entity-Relationship-Modells ohne Arcs. Ein Entity-Typ kann durch ein oder mehrere Attribute beschrieben werden, hingegen ist jedes Attribut genau einem Entity-Typ zugeordnet. Ein Entity-Typ kann Subtyp eines und nur eines anderen Entity-Typs sein bzw. ein Entity-Typ kann Supertyp eines oder mehrerer Entity-Typen sein. Ein Entity-Typ kann an ein oder mehreren Beziehungstypen teilnehmen. An einem Beziehungstyp nehmen immer zwei Entity-Typen teil.

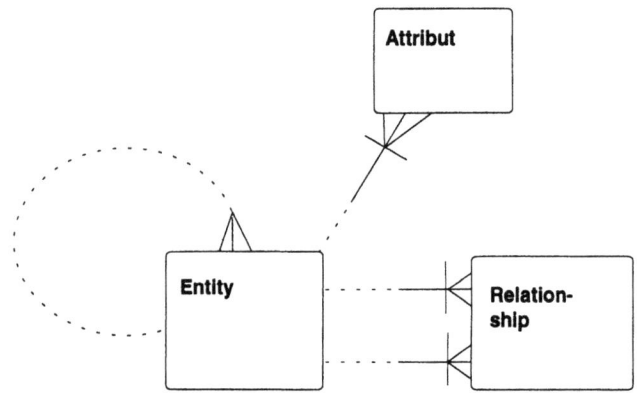

Abb. 3.8: Vereinfachtes Metaschema des verwendeten ER-Modells ohne Arcs

3.2.2 Organisationsmodellierung

Die Geschäftsfunktionen und Aufgaben der Aufbauorganisation werden durch eine Funktionshierarchie und der Verknüpfung der einzelnen Funktionen mit Business Units dargestellt. Business Units können als ausführende Stellen interpretiert werden. Der hier verwendete Begriff der Stelle ist nicht mit dem Begriff der Stelle aus den zur Ablaufmodellierung eingesetzten Petri-Netzen zu verwechseln. Aus diesem Grund wird auch weiterhin der Begriff der Business Unit verwendet.

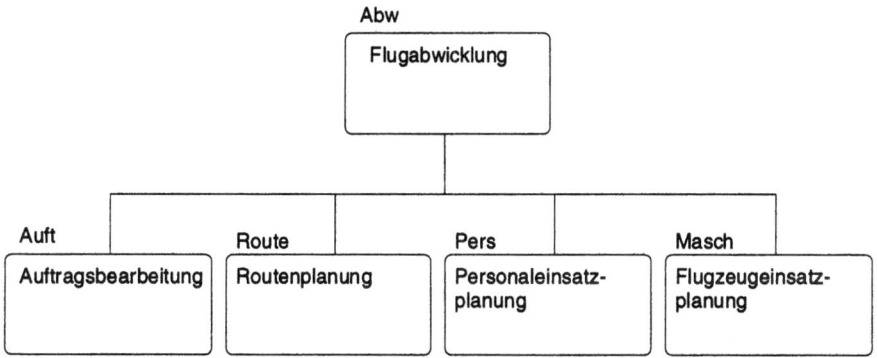

Abb. 3.9: Ausschnitt aus der Funktionshierarchie einer Fluggesellschaft

Die Funktionen können hierarchisch verfeinert werden (Abb. 3.9); für jede Funktion wird eine Bezeichnung und ein Kurzzeichen angegeben. Hierbei sollte die Zerlegung einer Funktion stets *vollständig* sein, d. h. eine übergeordnete Funktion sollte durch ihre Zerlegung vollständig beschrieben werden. Nur unter dieser Voraussetzung kann geprüft werden, ob die Funktionshierarchie der Realwelt entspricht. Ist die Zerlegung unvollständig, so sind weitere untergeordnete Funktionen einzuführen. Die Aufgaben in der Flugabwicklung lassen sich vollständig durch die vier angegeben Komponenten beschreiben.

Das vereinfachte Metaschema der Aufbauorganisation ist in Abb. 3.10 dargestellt. Eine Funktion kann in eine oder mehrere Teilfunktionen zerlegt werden; eine untergeordnete Funktion ist Teilfunktion genau einer übergeordneten Funktion. Eine Business Unit kann für die Ausführung einer oder mehrerer Geschäftsfunktionen verantwortlich sein; eine Geschäftsfunktion kann in den Verantwortungsbereich unterschiedlicher Business Units fallen.

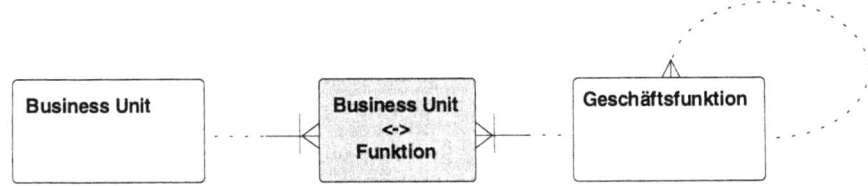

Abb. 3.10: Vereinfachtes Metaschema der Organisationsstruktur

3.2.3 Ablaufmodellierung

Von INCOME werden Prädikate/Transitionen-Netze unterstützt. Sie bieten die Möglichkeit, die relevanten Verhaltensaspekte in einem einheitlichen und formalen Rahmen zu beschreiben. Darüber hinaus läßt sich die Simulation der zu analysierenden Geschäftsprozesse zur Visualisierung und Überprüfung komplexer dynamischer Zusammenhänge verwenden. Insbesondere komplexe Business Rules können nur mittels Simulation validiert werden, da sich nur so ihre Auswirkungen aufzeigen lassen.

Abbildung 3.11 zeigt die Komponenten eines Prädikate/Transitionen-Netzes in der Form, in der sie von INCOME unterstützt werden. Die aktiven Komponenten eines Systems werden im Netz durch *Transitionen* (Rechtecke) repräsentiert, die in Abhängigkeit von gewissen Bedingungen schalten können. Die als Kreise dargestellten passiven Komponenten - die *Prädikate* bzw. *Prädikatsstellen* - entsprechen Objektspeichern oder Puffern, über die Teilprozesse entkoppelt werden. Prädikate werden zur Aufnahme von *Marken* bzw. Objekten verwendet, die in der Abbildung vereinfacht als Punkte dargestellt sind.

Das Schalten einer Transition bewirkt, daß Marken aus *allen* Vorgängerprädikaten (Input-Prädikaten) entfernt und in *allen* Nachfolgerprädikaten (Output-Prädikaten) abgelegt werden. Kanten mit Pfeilspitzen an beiden Enden stellen eine graphische Vereinfachung für das Entfernen und Hinzufügen von Marken in Prädikatsstellen dar. Werden die Marken unverändert zurückgelegt, wird auf die Pfeilspitzen ganz verzichtet. Als Voraussetzung für das Schalten einer Transition müssen in den Vorgängerprädikaten ausreichend Marken vorhanden sein, und die Kapazität der Nachfolgerprädikate muß zur Aufnahme der zusätzlichen Marken ausreichen.

Diese *Schaltregel* läßt sich in Prädikate/Transitionen-Netzen durch zusätzliche Bedingungen ergänzen. Die Marken werden als konkrete Objekte betrachtet, die von einem bestimmten Typ und identifizierbar sind. Den Transitionen können logische Bedingungen zugeordnet werden. In diesen Bedingungen lassen sich die *Variablen*, mit denen die Kanten beschriftet sind, dazu verwenden, die konsumierten und die erzeugten Objekte zu referenzieren. Auf diese Weise läßt sich das Schalten einer Transition in Abhängigkeit von konkreten Ausprägungen der konsumierten Objekte definieren und die Erzeugung der neu entstehenden Objekte aus den konsumierten Objekten beschreiben.

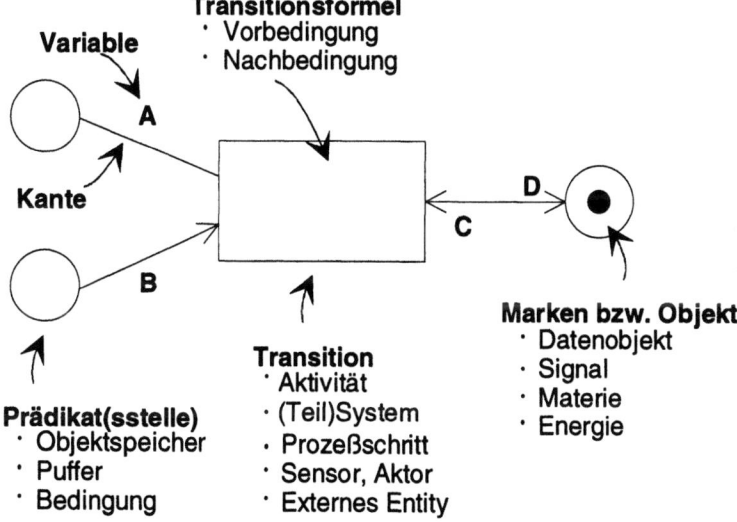

Abb. 3.11: Komponenten eines Prädikate/Transitionen-Netzes

Abbildung 3.12 zeigt ein Netz, in dem die Abläufe bei der Flugabwicklung einer Fluggesellschaft dargestellt sind: Für einen Flug werden Datum und Zeit der Durchführung festgelegt, die Crew wird zusammengestellt, dabei wird den Mitarbeitern eine entsprechende Aufgabe zugewiesen. Ein Mitarbeiter kann erst dann einem neuen Flug zugeordnet werden, wenn er nach dem Abschluß des vorhergehenden Fluges wieder freigegeben wurde.

Im Ablaufnetz konkurrieren die Transitionen Crew bilden und fliegen um die Objekte in Flugdurchführung. Diese Konfliktsituation kann durch die zusätzliche Beschriftung der Transitionen gelöst werden: Das eigentliche Fliegen kann erst beginnen, wenn drei Crewmitglieder zugeordnet sind, und der Crew können nur solange Mitarbeiter zugeordnet werden, solange die Crew nicht vollständig ist. Den Prädikatsstellen werden Entity-Typen und Attribute zugeordnet, um die darin abgelegten Objekte zu beschreiben.

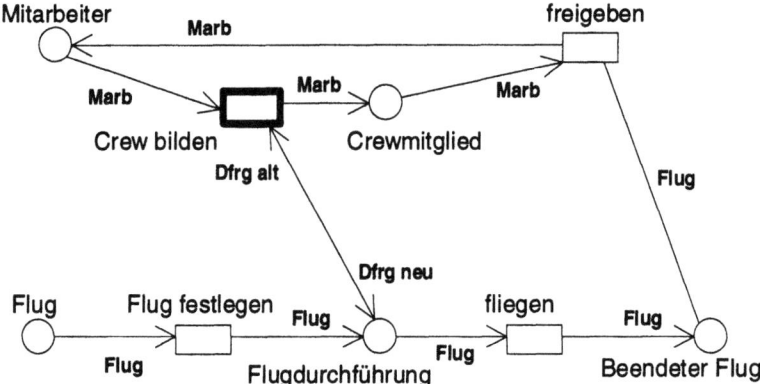

Abb. 3.12: Ablaufnetz Flugabwicklung

Für die Darstellung komplexer Geschäftsprozesse können Petri-Netz-Hierarchien verwendet werden. Beispielsweise wird die in Abb. 3.12 fett gezeichnete Transition Crew bilden durch das Netz in Abb. 3.13 detailliert beschrieben. Die Verknüpfungsstellen zum übergeordneten Netz sind fett gezeichnet.

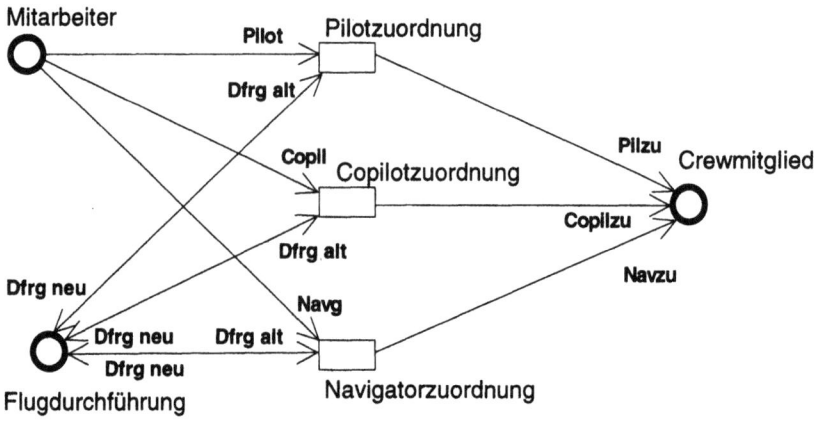

Abb. 3.13: Verfeinerndes Netz für die Transition Crew bilden

Abb. 3.14 zeigt ein vereinfachtes Metaschema für Petri-Netze ohne Berücksichtigung der möglichen Hierarchiebildung. Transitionen und Stellen können mit Kanten verbunden werden. Eine Kante kann nur eine Stelle mit einer Transition oder umgekehrt verbinden. Einer Kante können ein oder mehrere Variablen zugeordnet werden. Eine Variable muß genau einer Kante zugeordnet werden.

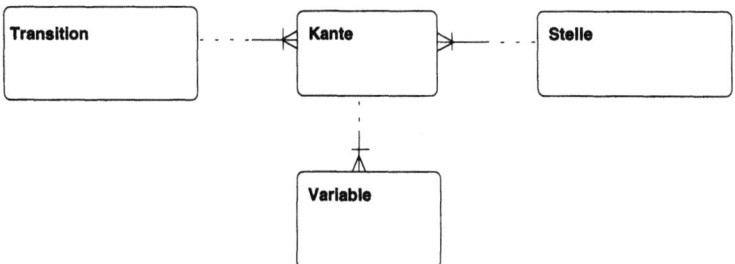

Abb. 3.14: Vereinfachtes Metaschema für Petri-Netze

3.3 Einführung in die INCOME/Methode

Die INCOME/Methode [PRO94, PRO95a/b] legt eine Vorgehensweise für die Geschäftsprozeßmodellierung fest. Diese Vorgehensweise ist flexibel gestaltet, um die Anwendbarkeit in
unterschiedlichen Projekttypen und in Kombination mit anderen Methoden und Vorgehens-
modellen zu ermöglichen. Die INCOME/Methode ist die Basis für einen *geschäftsprozeßorientierten* Ansatz zur Unternehmensmodellierung. Die Geschäfts- und Produktionsprozesse sollten stets vollständig und
abteilungsübergreifend - d. h. unabhängig von der bestehenden Organisationsstruktur - und
bei Bedarf auch unternehmensübergreifend betrachtet werden. Das Ziel der Methode ist die
Erstellung eines umfassenden Ablaufschemas und die möglichst vollständige Definition der
Durchführungsregeln für die Aktivitäten des Prozesses. Dabei wird die Unterstützung des
Ablaufs durch die Organisationsstruktur des Unternehmens berücksichtigt.

Drei unterschiedliche Varianten der INCOME/Methode zur Geschäftsprozeßmodellierung
werden vorgestellt: die *geschäftsvorfallbezogene*, die *vorgangbezogene* und die *stellenbezogene* Variante.

3.3.1 Geschäftsvorfallbezogene Geschäftsprozeßmodellierung

In Abb. 3.15 sind die Aktivitäten der *geschäftsvorfallbezogenen* INCOME/Methode
dargestellt. Je nach Projektzielsetzung können einzelne Aktivitäten der Methode auch vollständig entfallen. Diese Variante läßt sich anwenden, wenn als Ausgangspunkt der Modellierung Geschäftsvorfälle zugrunde gelegt werden, die Reaktionen auf bestimmte, zumeist
externe Ereignisse sind.

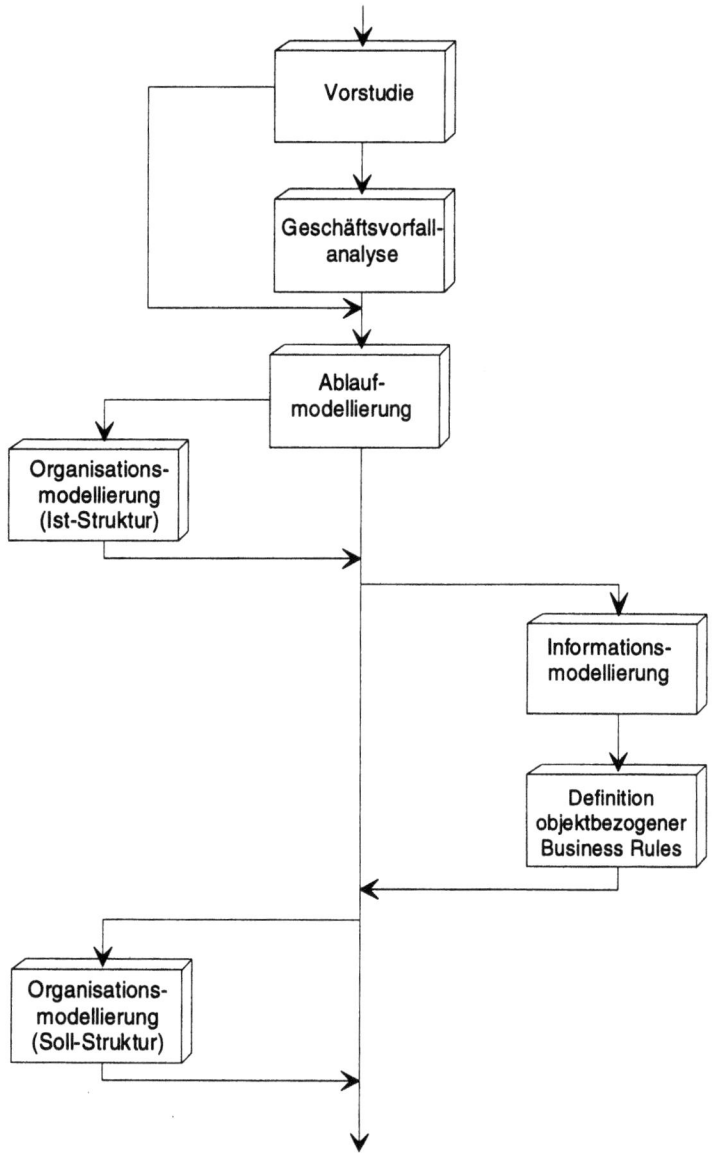

Abb. 3.15: Vorgehen bei der geschäftsvorfallbezogenen Geschäftsprozeßmodellierung

Vorstudie

In der Vorstudie sind die strategische Zielsetzung des Projekts und die Rahmenbedingungen festzulegen. Außerdem werden die zu untersuchenden Geschäftsprozesse identifiziert. Hierbei ist festzustellen, ob die Zielsetzung durch Verbesserung der bestehenden Prozesse erreicht werden kann oder ob die Prozesse einem Reengineering zu unterziehen sind, d. h. von Grund auf neu gestaltet werden müssen. Basierend auf diesen Überlegungen werden die auszuführenden Aktivitäten und die einzusetzende Variante der INCOME/Methode bestimmt.

Zusätzlich müssen die für den Geschäftsprozeß relevanten strategischen Unternehmensziele bestimmt und prozeßspezifisch quantifizierbar gemacht werden. Beispielsweise kann das strategische Unternehmensziel QUALITÄT in einem Geschäftsprozeß durch die Anzahl der Reklamationen, die den Auslieferungszeitraum betreffen, und in einem anderen Geschäftsprozeß durch den Prozentsatz an Ausschußware quantifiziert werden. Darüber hinaus muß im Falle einer Geschäftsprozeßoptimierung bzw. -neugestaltung auch das Projektziel quantifiziert werden. Beispielsweise kann gefordert werden, daß die Anzahl der Reklamationen um 50% zu senken ist.

Geschäftsvorfallanalyse

Ein Geschäftsprozeß beinhaltet im allgemeinen mehrere *Geschäftsvorfälle*, die jeweils durch ein bestimmtes Ereignis oder mehrere ähnliche Ereignisse ausgelöst werden. Für jeden Geschäftsvorfall werden Aktivitäten zur Behandlung der Ereignisse definiert. Aktivitäten transformieren Eingabeobjekte in Ausgabeobjekte, wobei diese wiederum Eingabeobjekte anderer Aktivitäten sein können. Manchmal fungieren sie auch als Auslöser weiterer Geschäftsvorfälle oder stellen bereits eine Wertschöpfung im Rahmen des Geschäftsprozesses dar.

Zur Modellierung der Geschäftsvorfälle werden Petri-Netze eingesetzt, die sich mittels Simulation analysieren und validieren lassen.

Ablaufmodellierung

Das Ablaufschema entsteht durch die Integration der verschiedenen Geschäftsvorfälle zum Ablaufschema des gesamten Geschäftsprozesses. Es enthält somit alle Aktivitäten des Geschäftsprozesses und zeigt deren kausale Abhängigkeiten untereinander auf.

Das Ablaufschema des Geschäftsprozesses wird durch eine Hierarchie von Petri-Netzen dargestellt. Mit Hilfe der Simulation können die dynamischen Aspekte des Prozesses überprüft, validiert und animiert werden.

Organisationsmodellierung (Ist-Struktur)

Das Schema der Organisationsstruktur wird durch die Funktionshierarchie und durch die Definition der zugehörigen Business Units beschrieben. Über die Transition/Funktion-Matrix werden die Querbeziehungen zwischen den Aktivitäten des Geschäftsprozesses und den Geschäftsfunktionen der bestehenden Aufbauorganisation hergestellt. Alternativ können Transitionen auch direkt den Business Units zugeordnet werden. Damit werden im Rahmen der Stellenbildung Aufgaben und Verantwortlichkeiten festgelegt. Diese Zuordnungsmatrizen erlauben es, aufgrund von Simulationsstudien die Fähigkeit der Organisationsstruktur zur effizienten Durchführung des Geschäftsprozesses auszuwerten.

Informationsmodellierung

Zur Definition objektbezogener Business Rules wird ein Informationsschema benötigt. Mit Hilfe von Entity-Relationship-Diagrammen werden Objekte, Beziehungen und Attribute beschrieben, auf die im Ablaufschema Bezug genommen werden kann. Die Informations-modellierung beschränkt sich im Rahmen der Geschäftsprozeßmodellierung auf die für die Business Rules *relevanten* Schemaelemente, d. h. für ein eventuell nachfolgendes CASE-Projekt muß das Informationsschema zumeist noch ergänzt werden.

Definition objektbezogener Business Rules

Die Regeln für die Durchführung einer Aktivität eines Geschäftsprozesses beinhalten sowohl kausale Abhängigkeiten zwischen Aktivitäten als auch zeitliche Bedingungen - wie die Dauer von Aktivitäten, Termine und Fristen - und objektbezogene Bedingungen. Beispielsweise läßt sich festlegen, daß Aktivitäten nur für "zueinander passende" Objekte durchgeführt werden können oder die Art der Durchführung und der Ergebnisse in Abhängigkeit von den verarbei-teten Objekten variiert.

Zur Definition objektbezogener Business Rules werden die Objekte des Ablaufschemas als Sichten auf das globale Informationsschema interpretiert. Das in dieser Weise erweiterte Ablaufschema kann wiederum mittels Simulation überprüft werden. Eine Überprüfung der modellierten Business Rules und damit auch eines detaillierten Ablaufschemas ist ohne Simu-lation nur schwer möglich. Außerdem unterstützt die Simulation eine Prozeßoptimierung, indem verschiedene alternative Abläufe bzw. Business Rules analysiert und miteinander verglichen werden können.

Organisationsmodellierung (Soll-Struktur)

Auch bei der Modellierung der Soll-Struktur wird das Schema der Organisationsstruktur durch die Funktionshierarchie und durch die Definition der zugehörigen Business Units sowie die Transition/Funktion-Matrix beschrieben. Im Gegensatz zur Ist-Struktur ist das Ziel jedoch die zukünftige, den Geschäftsprozeß optimal unterstützende Organisationsstruktur. Häufig wird in Abhängigkeit von der in der Vorstudie definierten Zielsetzung entweder nur die Ist-Struktur oder nur die Soll-Struktur modelliert.

Die geschäftsvorfallbezogene Variante der INCOME/Methode läßt sich in allen in Kapitel 1 genannten Einsatzgebieten verwenden.

3.3.2 Vorgangbezogene Geschäftsprozeßmodellierung

Im Bereich der öffentlichen Verwaltung, aber auch bei privatwirtschaftlichen Banken und Versicherungen wird der Begriff des (Geschäfts-)Vorgangs verwendet. Unter einem *Vorgang* wird eine organisatorische Einheit verstanden, welche die Bearbeitung eines logisch zusammenhängenden Sachverhalts regelt. Der Geschäftsvorgang wird angelegt und erhält im allgemeinen ein eindeutiges, beschreibendes Kennzeichen (Aktenzeichen, Buchungsnummer, ...). Die Lebensdauer eines Geschäftsvorgangs erstreckt sich vom Anlegen bis zum expliziten Abschluß (zu den Akten legen). Unter dem Abschluß eines Geschäftsvorgangs wird dessen Beendigung aus Sicht des Unternehmens verstanden; es ist jedoch möglich, daß ein Geschäftsvorgang auf Kundenwunsch - interner oder externer Kunde - wieder geöffnet wird, um weitere Bearbeitungsschritte durchzuführen oder bereits bestehende zu stornieren. Zur vollständigen Definition eines Geschäftsvorgangs gehören insbesondere auch die entsprechenden Dokumente, die von dem Vorgang betroffen sind.

In Abb. 3.16 sind die Aktivitäten der *vorgangbezogenen* INCOME/Methode dargestellt. Auch hier können, je nach Projektzielsetzung, einzelne Aktivitäten der Methode entfallen. Es werden im folgenden lediglich die Abweichungen zur geschäftsvorfallbezogenen Variante aufgezeigt.

Vorstudie

Bei der vorgangbezogenen Geschäftsprozeßmodellierung ist es im allgemeinen leichter, den zu analysierenden Geschäftsprozeß zu identifizieren, da ihm ein oder mehrere Arten von

Geschäftsvorgängen zugrunde liegen; d. h. es sind lediglich geeignete Gruppierungen festzulegen.

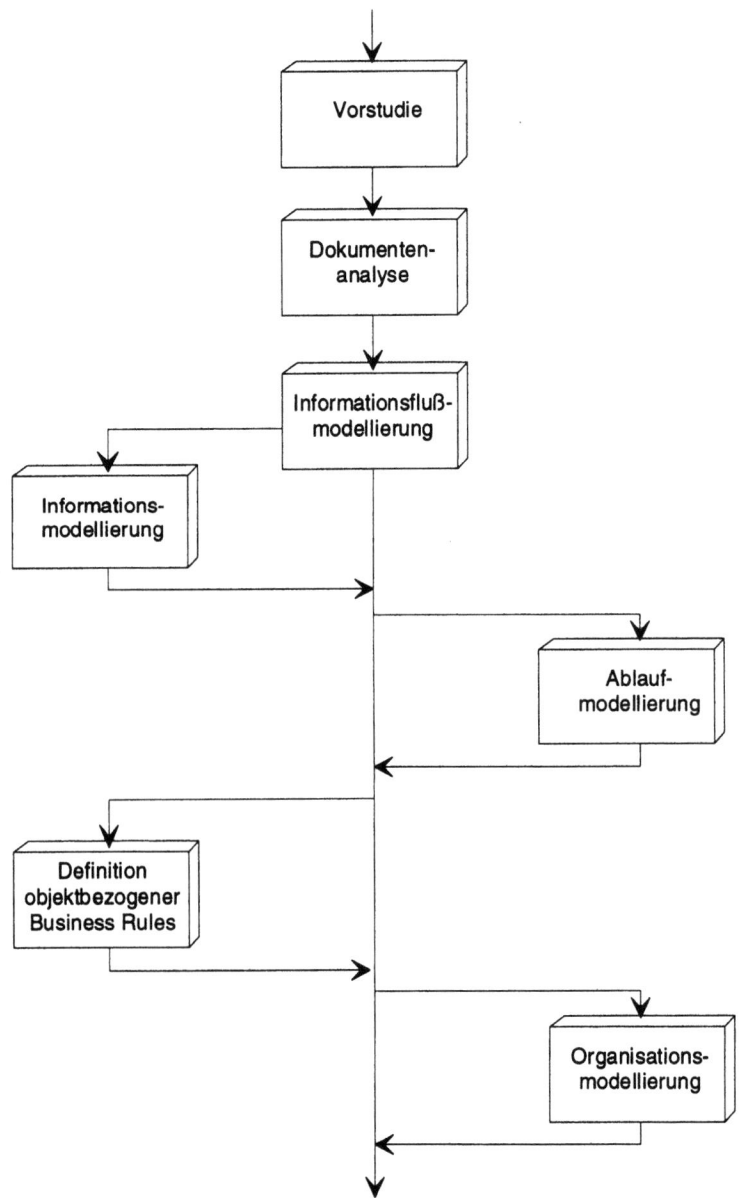

Abb. 3.16: Vorgehen bei der vorgangbezogenen Geschäftsprozeßmodellierung

Dokumentenanalyse

Ausgangsbasis der Dokumentenanalyse sind die Formulare und Dokumente, die für den Vorgang relevant sind (einschließlich derjenigen, die im Laufe der Vorgangsbearbeitung verwendet und erstellt werden). Für jedes Formular und Dokument wird ein Entity-Relationship-Schema erstellt. Wenn bereits ein vollständiges Informationsschema existiert, werden die Dokumente als Sichten auf dieses Schema dargestellt.

Informationsflußmodellierung

Es wird der Fluß der Dokumente modelliert, indem Vorgänger/Nachfolger-Beziehungen zwischen den Dokumenten ausgewertet werden. Insbesondere werden Voraussetzungen für einzelne Aktivitäten durch entsprechende Vorgänger dargestellt. Zusätzlich zu den Aktivitäten, die neue Dokumente erzeugen, werden auch solche berücksichtigt, die bereits bestehende lediglich modifizieren und ergänzen oder ihren Status verändern.

Informationsmodellierung

Im Rahmen der Informationsmodellierung werden die Schemata der einzelnen Dokumente zu einem Gesamtschema integriert, dabei müssen die üblicherweise auftretenden Probleme - Homonyme, Synonyme, inkompatible Strukturen - gelöst werden. Eventuell ist nur ein bereits existierendes Gesamtschema zu ergänzen.

Ablaufmodellierung

Um die Prozeßlogik darstellen zu können, werden im Rahmen der Ablaufmodellierung die Schemata der Informationsflußmodellierung um steuerungsrelevante Aspekte erweitert. Gegebenenfalls muß auch das Informationsschema entsprechend erweitert werden. Ergebnis der Ablaufmodellierung ist im allgemeinen auch hier eine detaillierte Petri-Netz-Hierarchie.

Organisationsmodellierung

Entweder wird die bestehende Organisationsstruktur modelliert, um die Möglichkeiten zur Unterstützung des Geschäftsprozesses zu analysieren, oder es wird direkt eine neue, den Ablauf optimal unterstützende Organisationsstruktur konzipiert.

Die geschäftsvorgangbezogene Variante der INCOME/Methode läßt sich in allen in Kapitel 1 genannten Einsatzgebieten verwenden. Soll im Rahmen eines Business Reengineering jedoch eine prinzipielle Restrukturierung der Abwicklung von Geschäftsvorgängen erfolgen oder sollen neue Geschäftsvorgangstypen konzipiert und alte Geschäftsvorgangstypen abgeschafft werden, so ist dies explizit in der Vorstudie festzulegen und in allen weiteren Aktivitäten zu berücksichtigen.

3.3.3 Stellenbezogene Geschäftsprozeßmodellierung

In Abb. 3.17 sind die Aktivitäten der *stellenbezogenen* INCOME/Methode dargestellt. Ausgangspunkt der stellenbezogenen Geschäftsprozeßmodellierung sind die Business Units und die Funktionshierarchie der Aufbauorganisation.

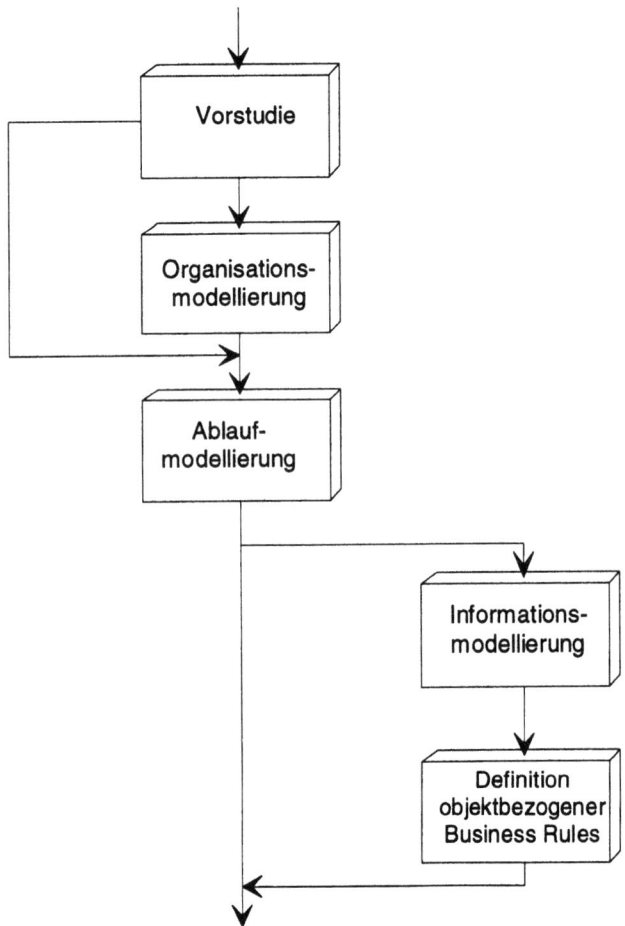

Abb. 3.17: Vorgehen bei der stellenbezogenen Geschäftsprozeßmodellierung

Im Rahmen der Ablaufmodellierung werden basierend auf der Funktionshierarchie und den Abhängigkeiten zwischen den Funktionen die Abläufe des Geschäftsprozesses modelliert, dabei werden insbesondere Restriktionen und zeitliche Abhängigkeiten berücksichtigt.

Obwohl sowohl die Modellierung der bestehenden als auch die Modellierung der zukünftigen Organisationsstruktur denkbar ist, eignet sich die stellenbezogene Variante eher zur Dokumentation bestehender Abläufe. Für die Neugestaltung von Geschäftsprozessen im Rahmen des Business Reengineering ist sie ungeeignet, da es bei dieser Modellierungsvariante schwer ist, überholte Strukturen zu erkennen und in Frage zu stellen.

3.4 Modellierung eines Geschäftsprozesses

Im folgenden werden auszugsweise Ergebnisse eines nach der geschäftsvorfallorientierten INCOME/Methode durchgeführten fiktiven Projekts dargestellt; dabei werden die Erkenntnisse aus tatsächlich durchgeführten Projekten zugrunde gelegt. Ausgehend davon werden auch die allgemeinen Konzepte der Methode eingeführt und erläutert. Es wurde ein fiktiver Realweltausschnitt gewählt, um einerseits einen überschaubaren, nicht mit Details überfrachteten Realweltausschnitt zu erhalten und um andererseits einige bestimmte spezifische Probleme darstellen zu können. Bei dem zugrunde gelegten fiktiven Unternehmen handelt es sich um eine Fluggesellschaft, die ihre Flugzeuge einschließlich Crew vermietet. Die Fluggesellschaft übernimmt die Flugroutenplanung, die Abwicklung des Genehmigungsprozesses, die Planung der Flugdurchführung sowie deren Abwicklung.

3.4.1 Vorstudie

Im Rahmen der Vorstudie müssen häufig die zu untersuchenden Geschäftsprozesse bestimmt werden. Dazu wird zunächst ein Kontext- bzw. Interaktionsdiagramm [FeS93b, FeS94] (Abb. 3.18) erstellt.

Im Mittelpunkt steht das zu untersuchende Unternehmen bzw. der zu untersuchende (Unternehmens-)Bereich. Für diesen werden zunächst die externen Entities wie beispielsweise die Geschäftspartner ermittelt. Je nach der Abgrenzung des zu analysierenden Problembereichs sind diese Geschäftspartner auch innerhalb des Unternehmens zu finden. So kann beispielsweise auch ein anderer (Unternehmens-)Bereich oder eine Abteilung als externes Entity auftreten.

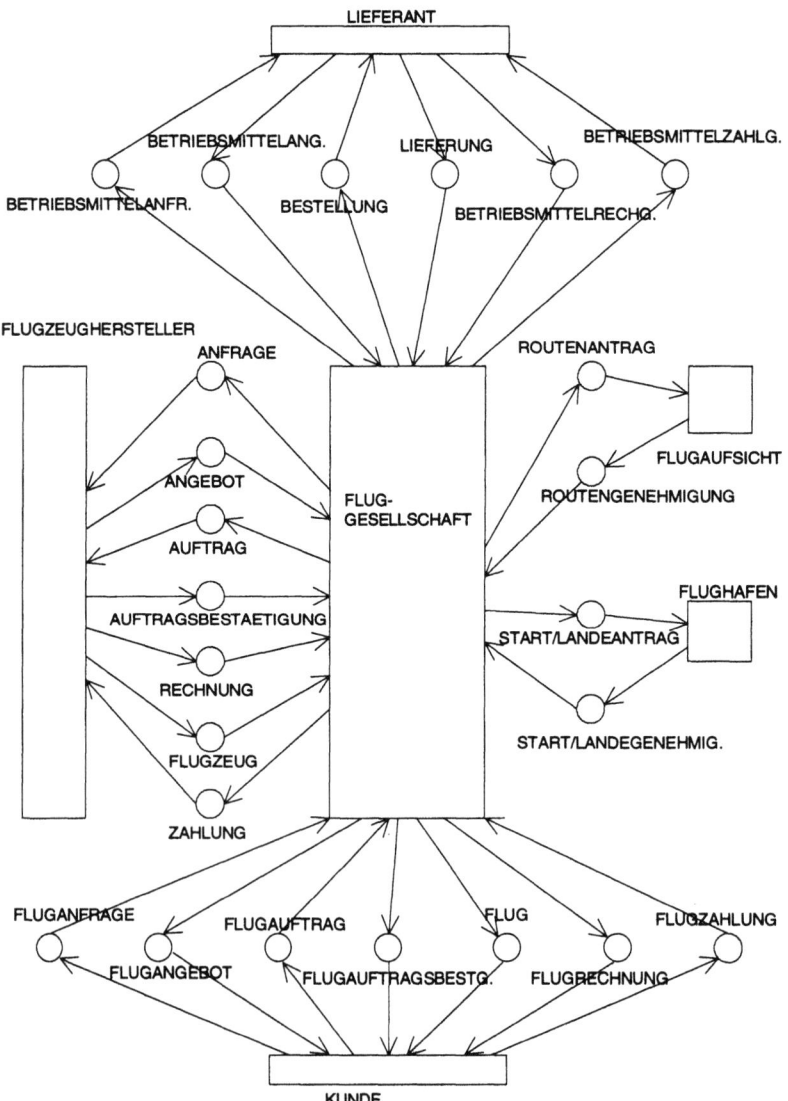

Abb. 3.18: Kontextdiagramm der Fluggesellschaft

Danach werden die wichtigsten Dokumente, Produkte und Leistungen bestimmt, die mit den einzelnen externen Entities ausgetauscht werden und sich im allgemeinen einer oder mehreren von drei Phasen [FeS93b] - Anbahnung, Vereinbarung, Durchführung - zuordnen lassen. Im folgenden werden den einzelnen Phasen exemplarisch Dokumente, Produkte und Leistungen zugeordnet. Häufig finden in allen Phasen beide Kommunikationsrichtungen Berücksichtigung:

Anbahnung:	Anfrage, Angebot
Vereinbarung:	Angebot, Auftrag, Auftragsbestätigung
Durchführung:	Leistung, leistungsbegleitende Dokumente,
	Gegenleistung (Zahlung)

Die Zuordnung von Dokumenten, Produkten und Leistungen zu mehreren Phasen ist möglich. Die Phasenbildung kann auf einer detaillierteren Ebene fortgeführt werden. Beispielsweise lassen sich innerhalb der Vereinbarungsphase der Auftrag wiederum als Vereinbarung, die Auftragsbestätigung als Durchführung und das Angebot als Anbahnung interpretieren.

Zur Bestimmung der Geschäftsprozesse wird in der vorliegenden Arbeit vorgeschlagen, die Ereignisse, die das Empfangen bzw. das Erzeugen der Objekte repräsentieren, in einer Matrix (Abb. 3.19) zueinander in bezug zu setzen, um die gegenseitigen Abhängigkeiten zu dokumentieren.

Die Matrix ist wie folgt zu lesen: Die links angeordneten Ereignisse sind mit dem eingetragenen Abhängigkeitsgrad Voraussetzung für die oben angeordneten Ereignisse. In der Matrix wird nicht nur das Vorhandensein einer Abhängigkeit, sondern es wird auch der Grad der Abhängigkeit bewertet. Wenn eine solche Matrix von verschiedenen Personen unabhängig voneinander ausgefüllt wird, können unterschiedliche Ergebnisse entstehen. Die Erstellung erfolgt daher sinnvollerweise im Team. Zur intuitiven und subjektiven Bewertung der gegenseitigen Abhängigkeiten werden im folgenden Beispiel die Werte 1-5 verwendet; dabei steht 1 für eine geringe Abhängigkeit und 5 für eine sehr starke Abhängigkeit (Abb. 3.19):

- Eine Bestellung von Betriebsmitteln ist unmittelbar notwendig, damit eine Lieferung erfolgen kann: 5
- Die Lieferung und die Betriebsmittelrechnung sind unmittelbar notwendig für die Betriebsmittelzahlung: 5
- Im Vergleich dazu ist die Bestellung für die eigentliche Betriebsmittelzahlung nur mittelbar relevant: 1
- Das Ergebnis einer Betriebsmittellieferung ist unmittelbar notwendige Voraussetzung für die Durchführung eines Flugs: 3
- Das Ergebnis einer Flugzeuglieferung ist eine indirekt notwendige Voraussetzung für die Durchführung eines Flugs: 3
- Die Rechnung und die Zahlung eines Flugzeugs gehen indirekt in ein Flugangebot ein, da sie zur Kalkulationsgrundlage gehören: 1

	BETRIEBSMITTELANFR.	BETRIEBSMITTELANG.	BESTELLUNG	LIEFERUNG	BETRIEBSMITTELRECHG.	BETRIEBSMITTELZAHLG.	ANFRAGE	ANGEBOT	AUFTRAG	AUFTRAGSBESTAETIGUNG	RECHNUNG	FLUGZEUG	ZAHLUNG	ROUTENANTRAG	ROUTENGENEHMIGUNG	START/LANDEANTRAG	START/LANDEGENEHMIG.	FLUGANFRAGE	FLUGANGEBOT	FLUGAUFTRAG	FLUGAUFTRAGSBESTG.	FLUG	FLUGRECHNUNG	FLUGZAHLUNG
BETRIEBSMITTELANFR.	5	4	2	2	2																			
BETRIEBSMITTELANG.		5	4	4	4																			
BESTELLUNG			5	4	4																			
LIEFERUNG				5	5																	3		
BETRIEBSMITTELRECHG.					5																		1	
BETRIEBSMITTELZAHLG.																								1
ANFRAGE							5	4	2	2	2	2												
ANGEBOT								5	4	4	4	4												
AUFTRAG									5	4	4	4												
AUFTRAGSBESTAETIGUNG										2	2	2												
RECHNUNG													5										1	
FLUGZEUG												5	5									3		
ZAHLUNG																								1
ROUTENANTRAG														5	5	5		2	5	4	5	2	2	
ROUTENGENEHMIGUNG															5	5		2	5	4	5	2	2	
START/LANDEANTRAG																5		2	5	4	5	2	2	
START/LANDEGENEHMIG.																		2	5	4	5	2	2	
FLUGANFRAGE														2	2	2	2	5	5	4	5	5	5	
FLUGANGEBOT																			5	4	5	5	5	
FLUGAUFTRAG	1																			5	5	5	5	
FLUGAUFTRAGSBESTG.																					2	2	2	
FLUG																						5	5	
FLUGRECHNUNG																							5	
FLUGZAHLUNG																								

Abb. 3.19: Abhängigkeitsmatrix

Die Skala ist willkürlich gewählt. Es sind auch andere Abhängigkeitsgrade denkbar. Zu betonen ist, daß es sich hier um ein Hilfsmittel zur Bestimmung der Geschäftsprozesse nach subjektiven Kriterien handelt. Die Ereignisse werden unter Berücksichtigung der Abhängigkeitsgrade möglichst disjunkt gruppiert. Die jeweils einem Geschäftsprozeß entsprechenden Gruppen sind in Abb. 3.19 grau hinterlegt.

In diesem Beispiel lassen sich drei unterschiedliche Geschäftsprozesse identifizieren:

- Betriebsmittelbeschaffung,
- Flugzeugbeschaffung und
- Flugabwicklung.

Der eigentlich wertschöpfende Prozeß ist die Flugabwicklung, die anderen Prozesse besitzen nur mittelbaren Einfluß auf die Wertschöpfung. Die Lieferung der Betriebsmittel sowie ein Flugzeug sind die notwendigen Ergebnisse der beiden anderen Prozesse für die Durchführung eines Flugs im Rahmen der Flugabwicklung. Die Kosten der Betriebsmittel müssen bei der Erstellung des Flugangebots und damit auch indirekt in die Rechnungsstellung eingehen. Hingegen sind die Kosten zur Beschaffung des Flugzeugs im Rahmen der Deckungsbeitragsrechnung irrelevant, sie sind jedoch bei der Kalkulation zukünftiger Investitionen zu berücksichtigen.

Die INCOME/Methode wird angewendet, um den Geschäftsprozeß Flugabwicklung neu zu gestalten. Daher wird auf die Modellierung der Ist-Struktur der Organisation verzichtet und nur die Soll-Struktur modelliert. Das erstellte Geschäftsprozeßschema kann als Ausgangspunkt für ein CASE-Projekt zur Entwicklung eines unterstützenden Informationssystems dienen. Das Ziel ist, die doppelte Verplanung von Personal zu vermeiden. Die Fehlerquote soll halbiert und auf unter 3,5% gesenkt werden.

3.4.2 Geschäftsvorfallanalyse

In der Geschäftsvorfallanalyse werden zunächst die Ereignisse ermittelt, die Geschäftsvorfälle auslösen oder die das Ergebnis von Geschäftsvorfällen sind. Für jede Stelle des Kontextdiagramms lassen sich ein oder mehrere solcher Ereignisse definieren, die das Eintreffen oder das Erzeugen der entsprechenden Objekte innerhalb des zu analysierenden Bereichs darstellen. Für jedes Ereignis bzw. für jede Gruppe ähnlicher Ereignisse werden die Geschäftsvorfälle modelliert. Dabei läßt sich ein Geschäftsvorfall als Initiator oder Folgegeschäftsvorfall für mehrere andere Geschäftsvorfälle interpretieren. Im Beispiel lassen sich unter anderem die folgenden fünf Geschäftsvorfälle bzw. Folgegeschäftsvorfälle identifizieren:

- Auftragseingang bearbeiten
- Flugroute genehmigen lassen
- Start und Landung genehmigen lassen
- Flugzeugeinsatz planen
- Personaleinsatz planen

Die Geschäftsvorfälle werden in Form von Petri-Netzen beschrieben. Zwei dieser Netze sind in den Abb. 3.20 und 3.21 dargestellt.

Das für die Personaleinsatzplanung erstellte Petri-Netz (Abb. 3.20) zeigt, ausgehend von der Stelle Flugabschnittszeitplan, eine sequentielle Aneinanderreihung von Aktivitäten. Aufgrund des Flugabschnittszeitplans und des eingesetzten Flugzeugs werden die zu besetzenden Aufgaben in der Crew bestimmt, und es lassen sich die entsprechenden Crewanforderungen erstellen. Basierend auf der Crewanforderung werden Crew-Kandidaten gemäß ihrer fachlichen Qualifikation ausgewählt. Diese Auswahl wird durchgeführt, um die Crewliste zusammenzustellen, den Personaleinsatzplan anzupassen und einen endgültigen Flugabschnittsplan zu erstellen. Bereits bei dieser sequentiellen Abfolge können einzelne Aktivitäten parallel zueinander ausgeführt werden, so kann während der Auswahl der Crew-Kandidaten bereits eine andere Crew angefordert werden.

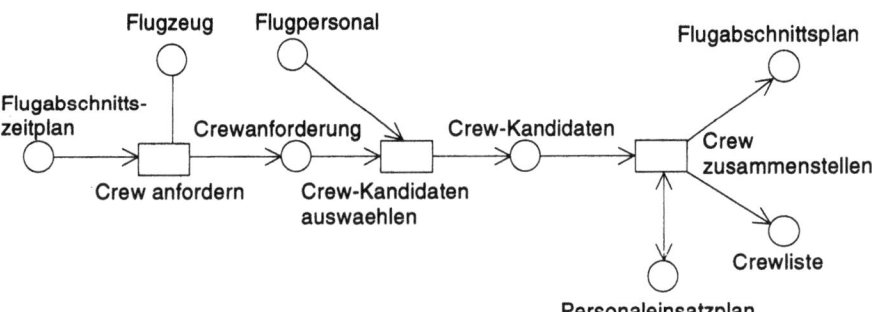

Abb. 3.20: Geschäftsvorfall Personaleinsatz planen

Abb. 3.21 zeigt einen etwas komplexeren Geschäftsvorfall, in dem Verzweigungskonflikte zu erkennen sind: Erfaßte Aufträge können mit dem Angebot abgeglichen, hinsichtlich der Bonität der Kunden geprüft oder entweder bestätigt oder abgelehnt werden. Durch die Verwendung von Doppelpfeilen ist eine Verarbeitung in mehreren Aktivitäten möglich. Es wird deutlich, daß die graphische Darstellung für eine vollständige Beschreibung der Business Rules nicht ausreicht.

Durch in den Aktivitäten hinterlegte Business Rules läßt sich festlegen, daß nur im Fall von Erstaufträgen die Bonität zu prüfen ist. Andererseits läßt sich über eine aktivitätenbezogene (transitionenbezogene) Prioritätenregel festlegen, daß, falls ein Angebotsabgleich durchgeführt werden kann, dieser auch als erstes durchgeführt wird. Alternativ lassen sich solche

Konflikte auch gemäß dem Zufallsprinzip lösen. Zu diesem Zweck können Wahrscheinlichkeiten und Wahrscheinlichkeitsverteilungen hinterlegt werden.

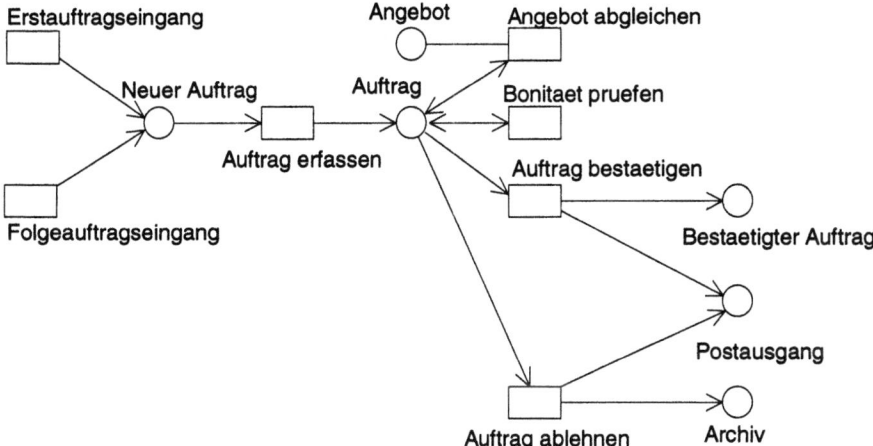

Abb. 3.21: Geschäftsvorfall `Auftragseingang bearbeiten`

3.4.3 Ablaufmodellierung

Bei der Ablaufmodellierung werden die für die Geschäftsvorfälle erstellten Netze miteinander verknüpft. Diese Verknüpfung erfolgt im allgemeinen bezüglich gleicher Stellen, teilweise auch bezüglich gleicher Transitionen. D.h. es werden zunächst die semantisch gleichen Stellen in den zu verknüpfenden Netzen bestimmt, diese werden dann zu einer Stelle zusammengefaßt. Alle Kanten der Netze, die mit den ursprünglichen Stellen verbunden waren, werden nun mit der neuen, zusammengefaßten Stelle verbunden. Dadurch wird es ermöglicht, die Abhängigkeiten zwischen den einzelnen Geschäftsvorfällen hinsichtlich Reihenfolge, Nebenläufigkeit, alternativen Abläufen und potentiellen Konflikten zu erkennen und zu untersuchen.

Abb. 3.22 zeigt einen Ausschnitt des Ablaufschemas für den Geschäftsprozeß `Flugabwicklung`. Innerhalb des Prozesses werden die endgültigen Genehmigungen für Route, Start und Landung beantragt. Das Ablaufschema ist jetzt durch eine Petri-Netz-Hierarchie gegeben, die sich, ausgehend vom dargestellten Übersichtsnetz `Flugabwicklung`, in den später dargestellten Netzen `Auftragseingang` (Abb. 3.28) und `Personaleinsatz planen` (Abb. 3.27) fortsetzt. Diese Netze sind Verfeinerungen der Transitionen `Auftragseingang` und `Personaleinsatz planen`. Graphisch wird eine Transition, für die eine Verfeinerung existiert, durch eine Fettdarstellung des Transitionssymbols angezeigt.

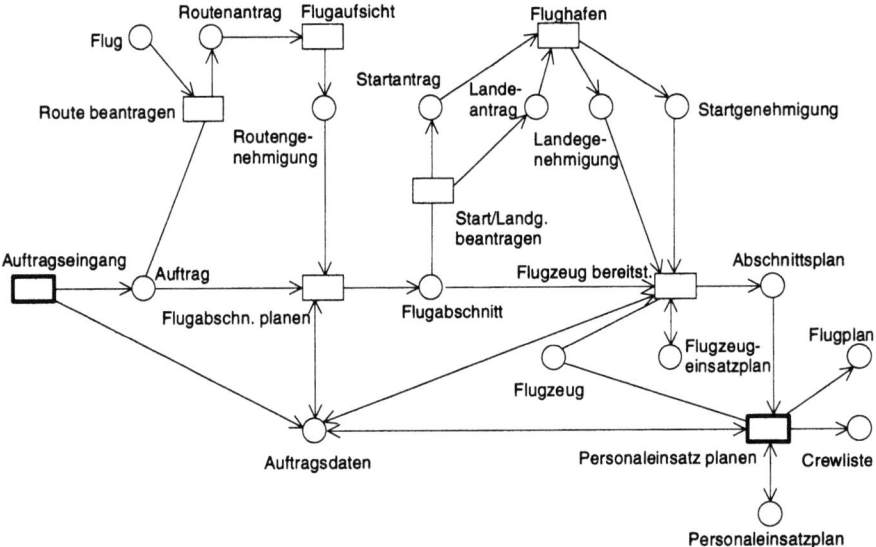

Abb. 3.22: Übersichtsnetz Flugabwicklung des Ablaufschemas

3.4.4 Informationsmodellierung

Die objektbezogenen Business Rules des Geschäftsprozesses werden auf der Basis des in Abb. 3.23 dargestellten Informationsschemas definiert. In dem dargestellten Informationsschema werden nur die für die Flugabwicklung im engeren Sinn relevanten Aspekte berücksichtigt; von der Darstellung der für die Auftragsabwicklung relevanten Entity-Typen wird in diesem Beispiel aus Komplexitätsgründen abgesehen.

Ein Flug besteht aus verschiedenen Flugabschnitten, die jeweils durch eine Start- und einen Zielflughafen beschrieben werden. Jeder Flug kann mehrfach zu unterschiedlichen Zeitpunkten durchgeführt werden, der gleiche Gedanke liegt der Flugabschnittsdurchführung zugrunde. Jede Flugabschnittsdurchführung erfolgt mit einem bestimmten Flugzeug. In Abhängigkeit des Flugzeugtyps sind innerhalb der Besatzung bestimmte Aufgaben zu erfüllen, dabei müssen die Crewmitglieder die entsprechende Qualifikation für den eingesetzten Flugzeugtyp vorweisen.

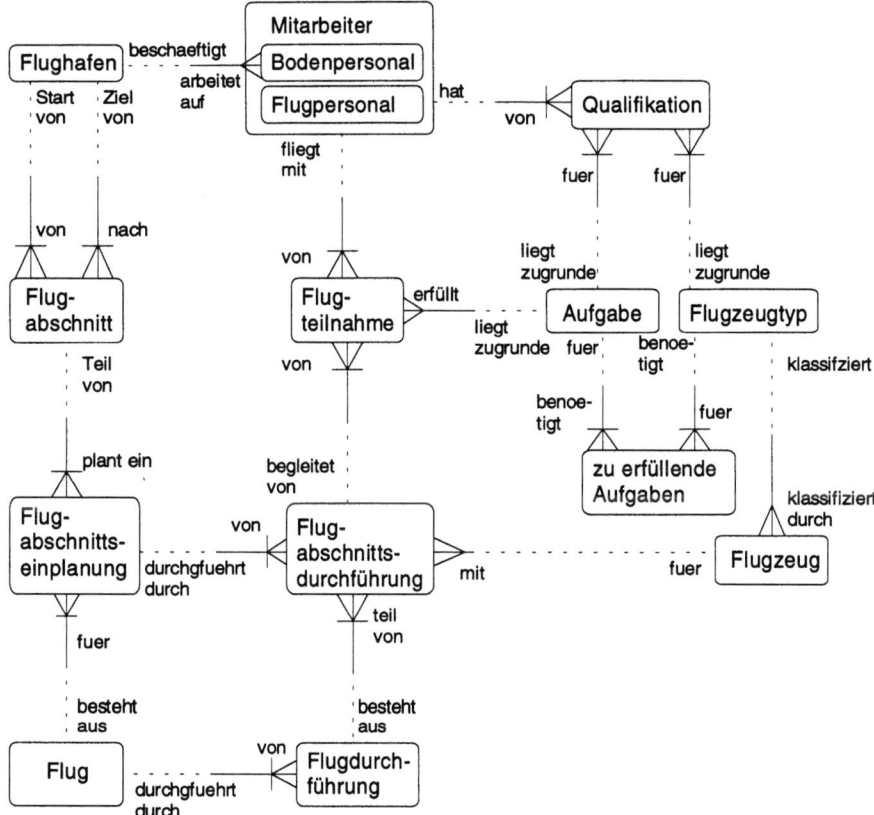

Abb. 3.23: Entity-Relationship-Diagramm des Informationsschemas

3.4.5 Definition objektbezogener Business Rules

Zur Definition objektbezogener Business Rules werden zunächst den Stellen Entity-Typen und Attribute zugeordnet. Außerdem werden die Netze im allgemeinen um zusätzliche Stellen erweitert, die zur Definition weiterer Abhängigkeiten zwischen Aktivitäten bislang nicht erforderlich waren, sondern lediglich zur Darstellung von Steuerungsaspekten benötigt werden.

Abb. 3.24 zeigt exemplarisch die Entity- und Attributzuordnungen für die Ein- und Ausgabestellen der Aktivität Crew-Kandidaten auswaehlen. Wenn nur ein Entity-Typ und kein Attribut aufgeführt ist, bedeutet dies, daß die Existenz eines entsprechenden Entities vorausgesetzt wird, jedoch kein Attributwert benötigt wird.

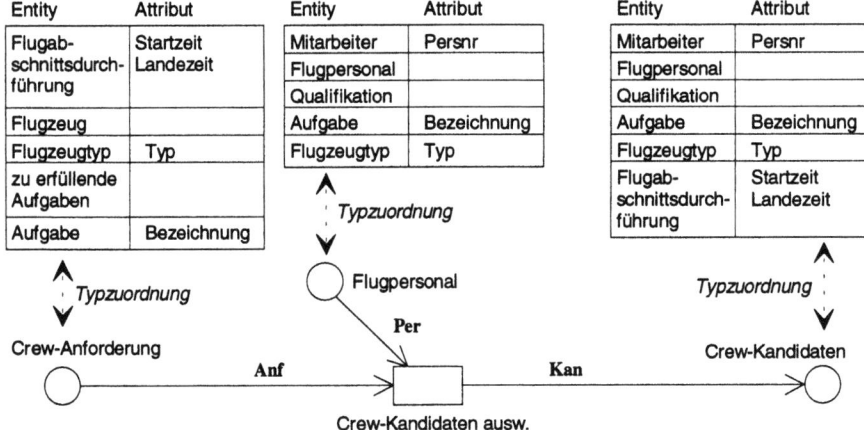

Abb. 3.24: Entity- und Attributzuordnungen für Stellen

Die Typzuordnungen in Form von Referenzen auf Entity-Typen und Attribute des Informationsschemas sind in Abb. 3.24 tabellarisch angegeben. Beispielsweise lassen sich aufgrund der Referenzen Vor- und Nachbedingungen so formlieren,

• daß aufgrund der Petri-Netz-Schaltregel die Aktivität Crew-Kandidaten ausw. nur ausgeführt wird, wenn eine Crew-Anforderung vorliegt und die Stellenkapazität für die Crew-Kandidaten ausreicht,

• daß nur entsprechend der Anforderung qualifiziertes Personal ausgewählt wird,

• daß außerdem mittels einer Zufallsauswahl die Realweltbeobachtung eingebracht wird, daß 17 % des Personals wegen Urlaub, Fortbildung oder Krankheit ausfallen.

Für ausführliche Erläuterungen zur Formulierung von Vor- und Nachbedingungen wird auf [PRO95a/b] verwiesen.

Das in Abb. 3.25 gezeigte vereinfachte Metaschema gibt einen Überblick über die in einem Geschäftsprozeßschema dokumentierten Informationen nach der Definition objektbezogener Business Rules. Den Stellen sind Entity-Typen und Attribute zur Beschreibung der jeweiligen Objektstrukturen zugeordnet; die Zuordnungsentity-Typen sind im Metaschema grau unterlegt dargestellt.

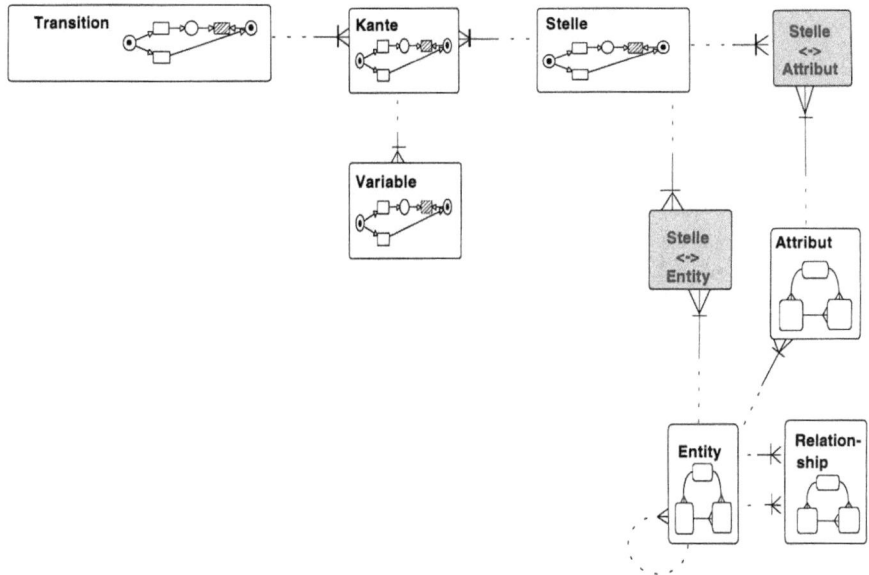

Abb. 3.25: Vereinfachtes Metaschema nach der Definition objektbezogener Business Rules

Das vollständige Ablaufschema des betrachteten Geschäftsprozesses besteht aus einem Übersichtsnetz (Abb. 3.26) und zwei verfeinernden Netzen (Abb. 3.27+3.28)). Durch die Verwendung von Icons für einzelne Stellen des Übersichtsnetzes wird der Ablauf anschaulicher. Icons
können für Stellen, Aktivitäten und Objekte verwendet werden.

Das Ablaufnetz der Abb. 3.27 ist die Verfeinerung der Transition Personaleinsatz
planen des Übersichtsnetzes aus Abb. 3.26, die Verknüpfungsstellen zum übergeordneten
Netz sind fett gezeichnet. Das Netz in Abb. 3.27 enthält die schraffiert dargestellte Transition
Doppeleinsatz. Es handelt sich dabei um eine *Restriktion*, eine sogenannte Fakttransition
[GeL78], die den Inhalt der verbundenen Stellen überprüft. Eine Restriktion darf in einem
zulässigen Ablauf nie aktiviert sein und schaltet nicht. Falls die Restriktion aktiviert ist, wird
dies als Verletzung der Restriktion und als Ausnahmesituation interpretiert. Bei Bedarf muß
diese Ausnahmesituation durch einen speziellen Mechanismus behandelt werden, der sich
ebenfalls in Form eines Petri-Netzes modellieren läßt.

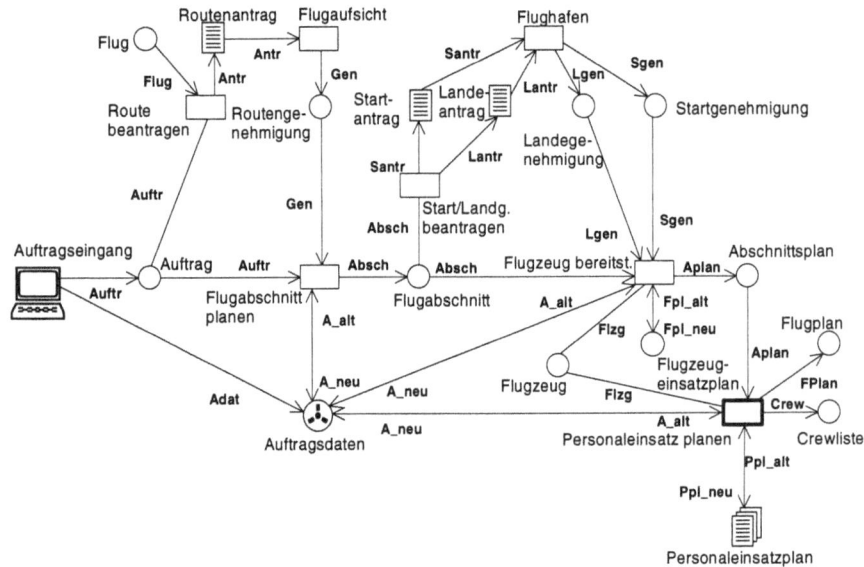

Abb. 3.26: Übersichtsnetz des Geschäftsprozesses F l u g a b w i c k l u n g

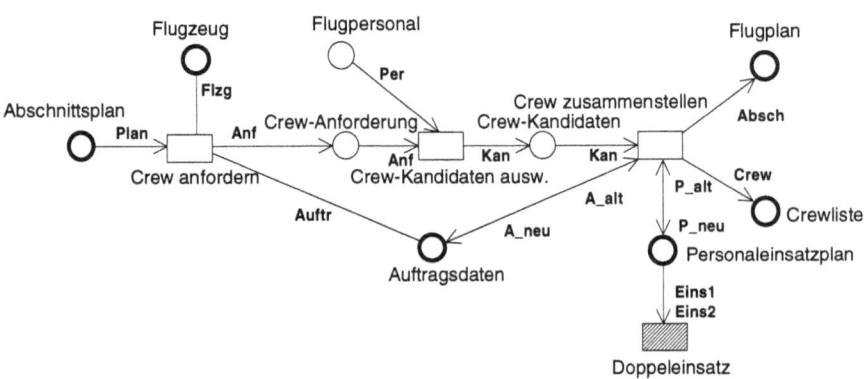

Abb. 3.27: Abläufe für P e r s o n a l e i n s a t z p l a n e n

Die Restriktion des dargestellten Netzes wird verletzt, wenn Mitarbeiter des Flugpersonals für sich zeitlich überlappende Flugabschnittsdurchführungen verplant sind. In einer Ausnahmebehandlung kann dann modelliert werden, wie der Personaleinsatzplan korrigiert werden kann.

Im Netz in Abb. 3.28 sind unter anderem auch die Aktivitäten - Erstauftragseingang, Folgeauftragseingang - zusammengefaßt, die neue Objekte in den Geschäftsprozeß einbringen. Diese Aktivitäten werden häufig als *Lastgeneratoren* bezeichnet. Lastgeneratoren können auf Datenbanken und Dateien zugreifen, d. h. die Simulation kann auf Echtdaten aufsetzen. Auf diese Art und Weise kann eine gemeinsame Basis für den Vergleich alternativ modellierter Abläufe und Business Rules geschaffen werden.

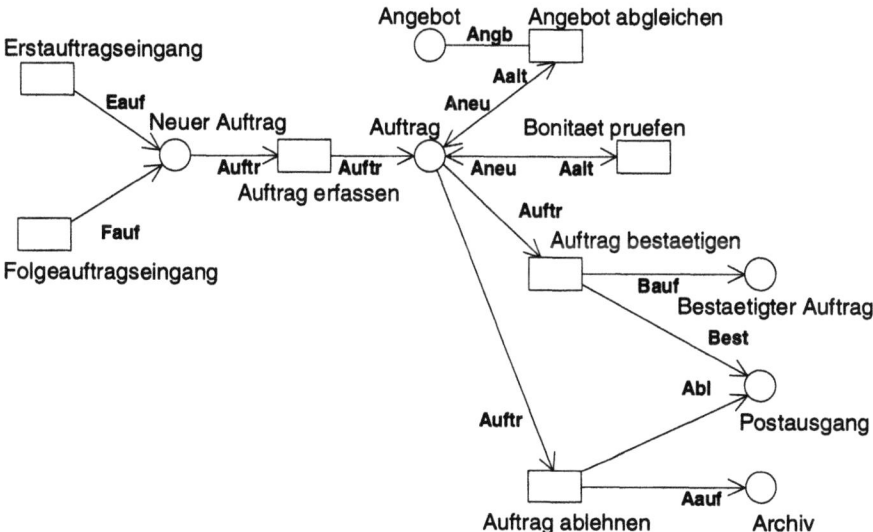

Abb. 3.28: Abläufe für den Auftragseingang

3.4.6 Organisationsmodellierung (Soll-Struktur)

Die für den Geschäftsprozeß Flugabwicklung relevante Aufbauorganisation wird über Geschäftsfunktionen und Business Units definiert. Abb. 3.29 zeigt die Hierarchie der Geschäftsfunktionen. Die angegebene Struktur orientiert sich an den identifizierten Geschäftsvorfällen, welche die Grundlage für die Ablaufmodellierung bilden. Dies bedeutet, daß die Prozeßstruktur nur geringfügig von der Funktionsstruktur abweicht. Bei Ist-Analysen ist dies im allgemeinen nicht der Fall, hingegen ist es beim Business Process Reengineering die Zielsetzung, eine solche ablauforientierte Aufbauorganisation zu erhalten.

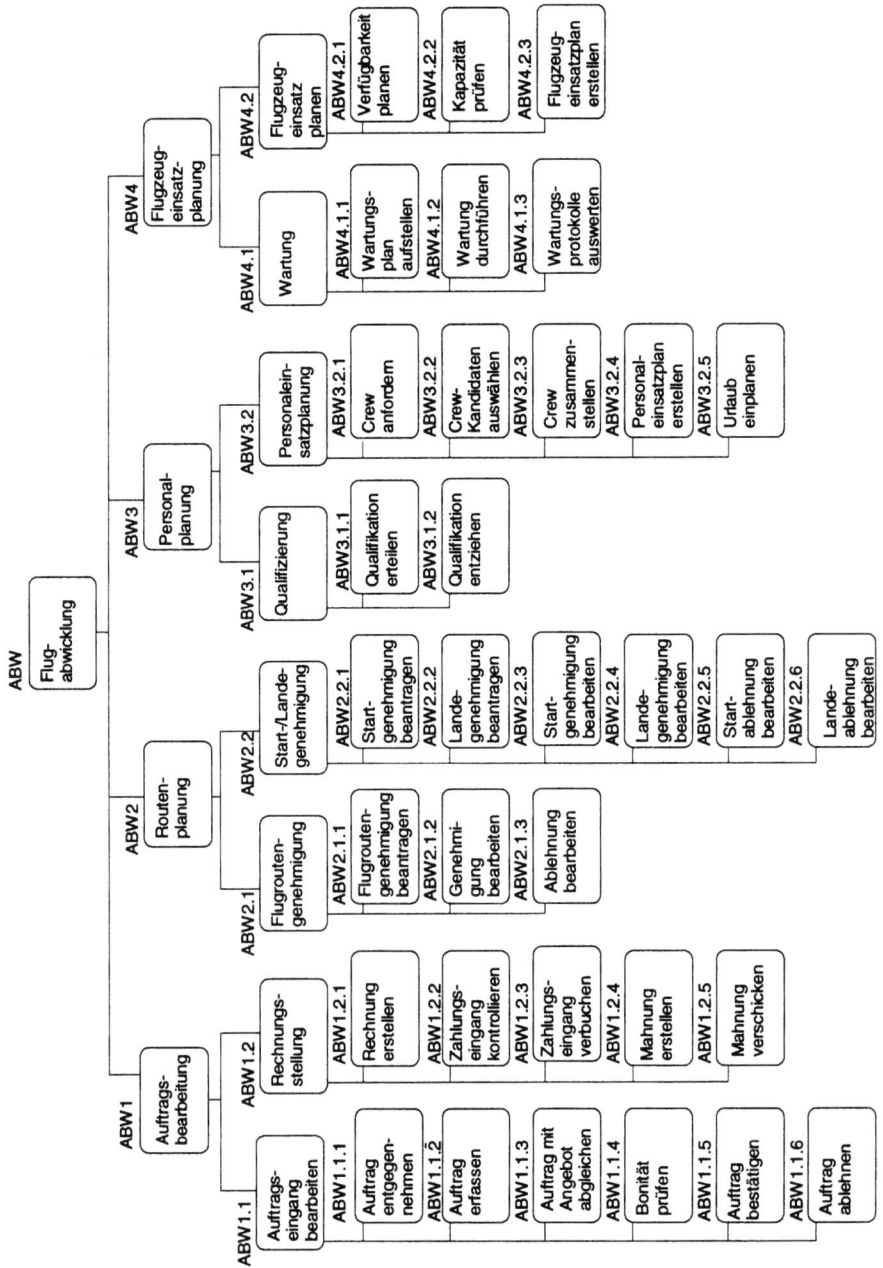

Abb. 3.29: Hierarchie der Geschäftsfunktionen

Den Geschäftsfunktionen werden verschiedene Business Units zugewiesen, denen kaufmännische Sachbearbeiter bzw. Wartungsingenieure zugeordnet sind. Über die Business Unit/Funktion-Matrix wird dargestellt, welche Geschäftsfunktionen durch welche Business Units ausgeführt werden.

Das vereinfachte Metaschema (Abb. 3.30) gibt einen Überblick über die in einem vollständigen Geschäftsprozeßschema zusammengestellten Informationen. Business Units können Datenobjekte, Geschäftsfunktionen und Transitionen zugeordnet werden. Normalerweise werden den Business Units entweder Transitionen oder Geschäftsfunktionen zugeordnet. Im letzteren Fall werden die Transitionen den Geschäftsfunktionen zugeordnet.

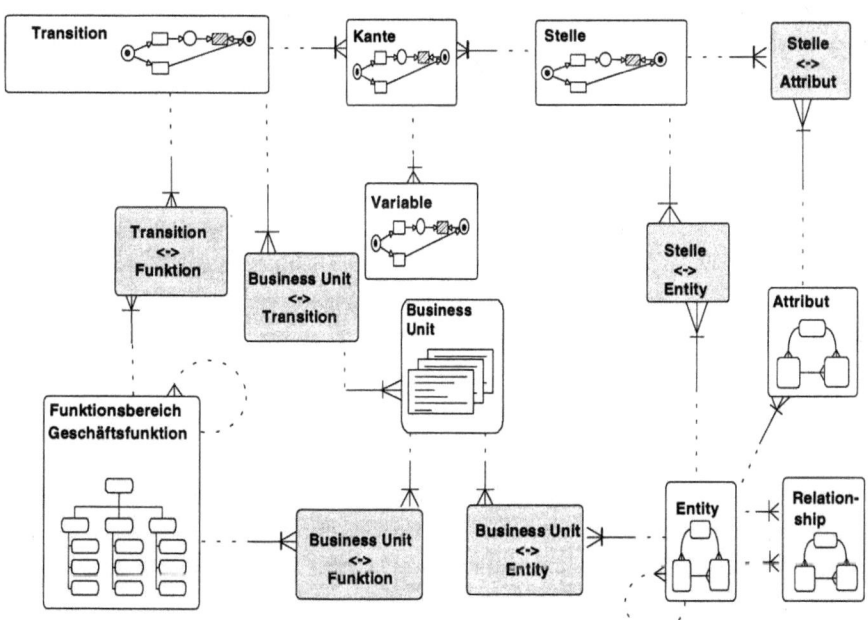

Abb. 3.30: Vereinfachtes Metaschema für ein Geschäftsprozeßschema

3.4.7 Analyse und Simulation von Geschäftsprozessen

Neben dem systematischen Vorgehen bei der Geschäftsprozeßmodellierung sind Analysen und Simulationsstudien wichtig für die Validierung des erstellten Schemas. Dadurch lassen sich viele Unvollständigkeiten und Fehler frühzeitig entdecken. Die Simulation unterstützt zum einen die Untersuchung der erstellten Prozeßschemata auf inhaltliche Mängel und zum anderen deren quantitative Beurteilung. Durch Simulationsstudien wird die Bewertung und Beurteilung von Geschäftsprozeßschemata unter Berücksichtigung von Zeit-, Kosten- und Ressourcenaspekten ermöglicht.

Analyse

Auf Petri-Netze lassen sich verschiedene Analyseverfahren anwenden, die es ermöglichen, das gesamte Geschäftsprozeßschema auf erwünschte bzw. unerwünschte Eigenschaften hin zu untersuchen.

Im Rahmen der *statischen Analyse* werden ausschließlich Netzstrukturen und Querverweise zu anderen Teilschemata ohne Berücksichtigung konkreter Markierungen betrachtet (siehe auch Abb. 3.30).

Bei der *dynamischen Analyse* werden neben der Netzstruktur auch Markierungen berücksichtigt. Ausgehend von einer für eine bestimmte Anwendung als relevant angesehenen Startmarkierung werden - unter Umständen *alle möglichen* - Aktivitätenfolgen sowie die daraus resultierenden Markierungen ermittelt und auf bestimmte Fragestellungen hin untersucht. Für praktische Anwendungen sind die dynamischen Analysen jedoch aufgrund ihrer Komplexität von geringer Relevanz und werden im allgemeinen durch Simulationsstudien ersetzt.

Simulation

Die obengenannten Analysen eignen sich zur Untersuchung der Geschäftsprozeßschemata auf syntaktische Fehler. Dagegen müssen inhaltliche Mängel in Zusammenarbeit mit dem Fachbereich aufgedeckt werden. Hier stellt die Simulation ein Hilfsmittel dar [GPA92]. Die Simulation ist ein Instrument der Qualitätssicherung und fördert die Kommunikation im Rahmen der Projektarbeit.

Bei der Simulation werden konkrete Objekte in das Prozeßmodell eingebracht. Diese Simulationsdaten können unter Anwendung gängiger Verteilungen generiert oder aber aus konkreten Datenbeständen (SQL-Datenbanken, ASCII-Dateien, Spreadsheets etc.) extrahiert werden. So können unterschiedlich modellierte Abläufe beispielsweise bei der Abarbeitung des letztjährigen Auftragsbestandes im 1. Quartal miteinander verglichen werden.

Die Simulation umfaßt verschiedene Funktionen: Die Anwendung der Business Rules, die Durchführung von Aktivitäten, die graphische Animation der Abläufe und die Auswertung von Simulationsläufen.

Ausgangspunkt der Simulation ist eine Startmarkierung, von der ausgehend durch Anwendung der Petri-Netz-Schaltregel Abläufe "durchgespielt" werden. Bei der *interaktiven Simulation* wählt der Benutzer in jedem Simulationsschritt aus den aktivierten Transitionen diejenigen aus, die zu schalten sind. Werden Konflikte gemeldet, erfolgt die Auflösung der Konflikte durch den Benutzer. Bei der *automatischen Simulation* werden Konflikte durch das Simulationswerkzeug aufgrund einer gegebenen Strategie - Kantenwahrscheinlichkeiten, Prioritätenregeln, Business Rules - eigenständig gelöst.

Animation

Zur Animation der ermittelten Abläufe werden aktuelle Markierungen und Aktivitätenfolgen visualisiert. Detaillierte Informationen zur Belegung der Stellen oder zum Status von Aktivitäten können bei Unterbrechung der Simulation ebenfalls abgefragt werden.

Die Verwendung anwendungsspezifischer Symbole für Transitionen, Stellen und Objekte kann bei der Animation das Verständnis für den modellierten Geschäftsprozeß erleichtern. Diesem Ziel trägt auch die Zuordnung von Aktionsbausteinen zu Transitionen Rechnung: Beim Ausführen einer Transition können bestehende Anwendungen, Prototypen oder Bilder aufgerufen werden.

Auswertung von Simulationsläufen

Zur flexiblen Auswertung von Simulationsläufen werden Markierungen und Aktivitäten aufgezeichnet.

Unter Berücksichtigung der Verfügbarkeit von Mitarbeiterressourcen lassen sich bei der Simulation Aktivitätsfolgen ermitteln, die zu den in Abb. 3.31 graphisch dargestellten Ergebnissen führen. Auswertungen dieser Art dienen zur Überprüfung der Qualität eines Geschäftsprozesses oder zum Vergleich verschiedener Optimierungsansätze.

Es gibt zahlreiche Fragestellungen, deren Untersuchung in graphischen und tabellarischen Auswertungen notwendig ist, um Schwachstellen zu analysieren bzw. Alternativen zu beurteilen und auszuwählen. Insbesondere sind Auswertungen im Bereich von Kosten- und Zeitaspekten und zur Auslastung von Ressourcen und Organisationseinheiten erforderlich.

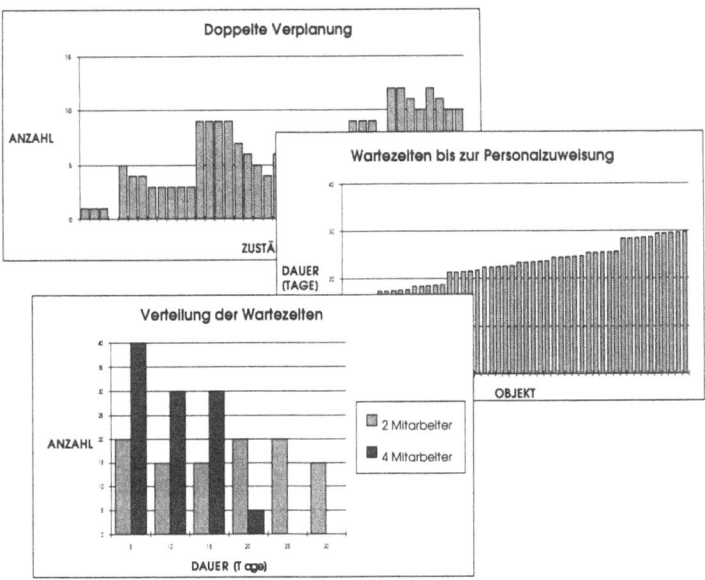

Abb. 3.31: Auswertungen von Simulationsläufen

Die Überwachung der Einhaltung von Terminen und Fristen sowie die Berücksichtigung während der Simulation und die anschließende Auswertung von Liege-, Vorbereitungs-, Durchführungs- und Umrüstzeiten ist erforderlich. Analog lassen sich Prozeßkosten überwachen und auswerten. Zeitdauern und Kostensätze können aktivitätenbezogen oder auch aktivitäten- und objektbezogen definiert werden. Erst die Möglichkeit, solche Auswertungen durchführen zu können, macht eine Analyse und Optimierung des erstellten Geschäftsprozeßschemas unter den Gesichtspunkten von Effizienz und Effektivität möglich. Die Ergebnisse lassen sich auch zur Ressourcenplanung und zur Prozeßkostenrechnung einsetzen.

Geschäftsprozeßoptimierung

Die Simulation ist ein wichtiges Instrument der Qualitätssicherung und fördert in hohem Maße die Kommunikation im Rahmen der Projektarbeit. Darüber hinaus kommt ihr bei der Geschäftsprozeßoptimierung zentrale Bedeutung zu. Die Modellierung und der Vergleich alternativer Abläufe und Business Rules unterstützt die Geschäftsprozeßoptimierung. Gerade in diesem Zusammenhang ist der Einsatz von Lastgeneratoren, die auf Anwendungsdatenbestände bzw. auf Dateien aufsetzen, sinnvoll, um die Simulation alternativer Abläufe auf eine gemeinsame Vergleichsbasis zu stellen. Im Normalfall wird nicht das gesamte Schema, sondern ein kritischer Ausschnitt untersucht. Der Teilprozeß wird dann in verschiedenen

Alternativen und mit verschiedenen Business Rules modelliert; die Simulationsläufe werden unter den Gesichtspunkten von Zeit- und Kostenaspekten sowie von knappen Ressourcen ausgewertet und verglichen.

Es ist jedoch zu betonen, daß die Aus- und Bewertung der Simulationsläufe äußert kritisch erfolgen muß. Die Interpretation der Ergebnisse ist zunächst nur in bezug auf das erstellte Geschäftsprozeßschema und nicht in bezug auf den modellierten Realweltausschnitt möglich. Die Übertragung der Ergebnisse läßt sich nur dann durchführen, wenn entweder die Übereinstimmung zwischen Schema und tatsächlicher bzw. zukünftiger Realwelt ausreichend validiert ist oder die Abweichungen von Schema und Realwelt berücksichtigt werden. Die Fehlerquelle liegt auch in diesem Fall beim Modellierer, d. h. bei den beteiligten Personen.

3.4.8 Kritik

Zum Verständnis der nachfolgenden Kritikpunkte ist es notwendig, die Begriffe *Applikation* und *CASE-Objekte* einzuführen. Zur logischen Gliederung des Dictionary-Inhalts werden sogenannte Applikationen - Anwendungen, Anwendungsbereiche - verwendet. Innerhalb dieser werden Entity-Relationship-Schemata, Funktionshierarchien und Petri-Netze abgelegt. Der Begriff "CASE-Objekt" wird im folgenden stellvertretend für Entity-Typen, Tabellenbeschreibungen, Business Units, Funktionen und Modulspezifikationen verwendet.

Im folgenden werden die Kritikpunkte an Methode und Tools jeweils kurz zusammengefaßt. Dabei erfolgt eine tendenzielle Einordnung der einzelnen Kritikpunkte durch die Symbole +, ± und -. Der Kritik werden für INCOME die Version 2.0 und für Oracle CASE die Version 5.0 zugrunde gelegt.

+ Petri-Netze können schrittweise verfeinert werden.
+ INCOME ermöglicht es, Ausnahmebehandlungen mit Hilfe von Zustandsrestriktionen zu modellieren.
+ Netze lassen sich in mehreren Applikationen verwenden; eine Applikation ist die Eigentümerin des Netzes, andere Applikationen können ein solches Netz in ihrer Netz-Hierarchie wiederverwenden, aber sie können es nicht modifizieren. Änderungen, die in der Eigentümerapplikation durchgeführt werden, sind sofort für alle anderen Applikationen gültig.
+ Die modellierten Geschäfts- und Produktionsprozesse lassen sich mit dem INCOME/Simulator simulieren, um ihre Vollständigkeit und ihre Korrektheit zu prüfen und zu validie-

ren. Die Kommunikation mit dem Anwender kann durch eine geeignete Animation der Simulationsläufe verbessert werden.

+ Umfangreiche Qualitätskontrollen zur Überprüfung des gesamten Ablaufschemas und seiner Zuordnung zu anderen Schemakomponenten werden von INCOME zum Zweck der statischen Analyse zur Verfügung gestellt.

+ Die interaktive Simulation läßt sich im Rahmen einer evolutionären Vorgehensweise beim Schemaentwurf einsetzen; insbesondere können jederzeit gezielt komplexe Business Rules *interpretativ* ausgetestet werden.

+ Die automatische Simulation eignet sich für die Geschäftsprozeßoptimierung, da sie die Verarbeitung größerer Mengen von Objekten ermöglicht und damit quantitative Aussagen zum Prozeßverhalten beim Vergleich alternativer Ablaufschemata erlaubt.

+ Bei der Simulation von Schemata mit sehr vielen Netzen müssen nicht alle Netze animiert werden. Es ist möglich, Netze während der Simulation auszublenden. Dies erhöht die Performance und erleichtert das gezielte Beobachten der Simulationsschritte.

+ Die Aufzeichnung von Simulationsläufen kann zum „Nachspielen" der Simulation benutzt werden, um so bestimmte Phasen eines Geschäftsprozesses gezielt zu untersuchen.

+ Falls Auswertungen nur für ganz bestimmte Teile des Ablaufschemas erforderlich sind, besteht für große Simulationsläufe die Möglichkeit, die Aufzeichnung auf die relevanten Netze, Stellen, Transitionen oder Restriktionen zu beschränken.

+ In den Transitionsformeln können komplexe Bedingungen und Bearbeitungsvorschriften zur Definition objektbezogener Business Rules hinterlegt werden.

± Die Auswertungen der Zeit- und Kostenaspekte müssen noch weiter ausgebaut werden.

± Die zur Verfügung stehenden Möglichkeiten zur Organisationsmodellierung sind teilweise zu eingeschränkt, da keine Strukturierung der Business Units möglich ist. (Ab Version 3.0 stehen von Oracle CASE unabhängige Konzepte zur Organisationsmodellierung zur Verfügung.)

- Prädikate/Transitionen-Netze bieten keine Möglichkeit, komplex strukturierte Objekte zu manipulieren, ohne sie zuvor in flache Sichten in 1. Normalform umzusetzen, wenn auch die Manipulation von Substrukturen oder gar die parallele Manipulation von Substrukturen möglich sein soll (vgl. dazu Kapitel 5).

- Der Syntax-Check der Business Rules muß schon während der Modellierung und nicht erst zum Simulationszeitpunkt durchgeführt werden.

3.5 Anwendungsentwicklung mit der Oracle CASE-Methode

Vorrangiges Ziel der INCOME/Methode ist die Erstellung des Schemas eines effizienten Geschäftsprozesses, das in sich konsistent ist und das möglichst alle relevanten Aspekte aus der Realwelt berücksichtigt. Die Umsetzung des Schemas erfolgt üblicherweise über ein Bündel organisatorischer Maßnahmen. In vielen Fällen ist auch die Neu- oder Weiterentwicklung unterstützender Anwendungssysteme erforderlich. Diese müssen exakt auf die Anforderungen des Geschäftsprozesses zugeschnitten sein.

Die mit INCOME erstellten Geschäftsprozeßschemata lassen sich aufgrund der eingesetzten Beschreibungstechniken in CASE-Projekten weiterverwenden. Im folgenden wird die Kombination der INCOME/Methode mit der Oracle CASE-Methode vorgestellt.

3.5.1 Überblick über die Oracle CASE-Methode

In Abb. 3.32 bildet das integrierte Geschäftsprozeßschema den Ausgangspunkt für die *Anforderungsanalyse*. Es werden zunächst die Teile des Geschäftsprozesses identifiziert, die durch Informationssysteme unterstützt bzw. für die Software-Systeme entwickelt werden sollen. Basierend auf den entsprechenden Ausschnitten des Geschäftsprozeßschemas werden die Schemata der Anwendungsbereiche erstellt.

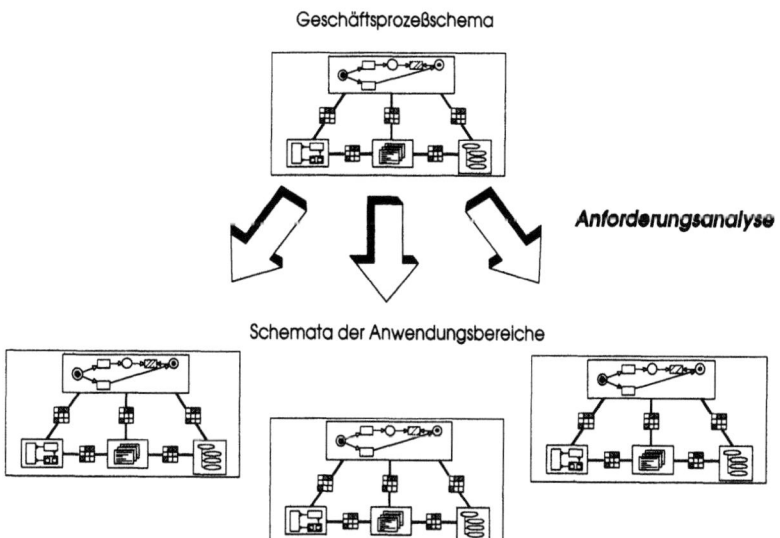

Abb. 3.32: Weiterverwendung der Geschäftsprozeßschemata in CASE-Projekten

Die Ausschnitte des Geschäftsprozeßschemas müssen gemäß der neuen Zielsetzung - vollständige Spezifikation einer Anwendung bzw. eines Anwendungsbereichs - ergänzt werden. Die Anforderungsanalyse und die folgenden Schritte der Anwendungsentwicklung werden gemäß dem gewählten CASE-Vorgehensmodell durchgeführt.

Die Phasen der Oracle CASE-Methode [BaL92, Bar90a/b] sind in Abb. 3.33 dargestellt und zeigen eine Parallelität zum Information Engineering [Mar89, Mar90a/b]. Dieses Vorgehen wird von der Tool-Kombination Oracle CASE und INCOME durchgehend unterstützt. Für jeden Phasenübergang stehen Utilities zur Verfügung, welche die Ergebnisse der vorhergehenden Phase umsetzen und für die weitere Bearbeitung aufbereiten. Mittels dieser Utilities kann jederzeit ein Top-Down-Reengineering durchgeführt werden: Die Angaben und Anforderungen auf der obersten Ebene werden verändert bzw. ergänzt und dann mit Hilfe der Utilities auf allen Ebenen nachgezogen.

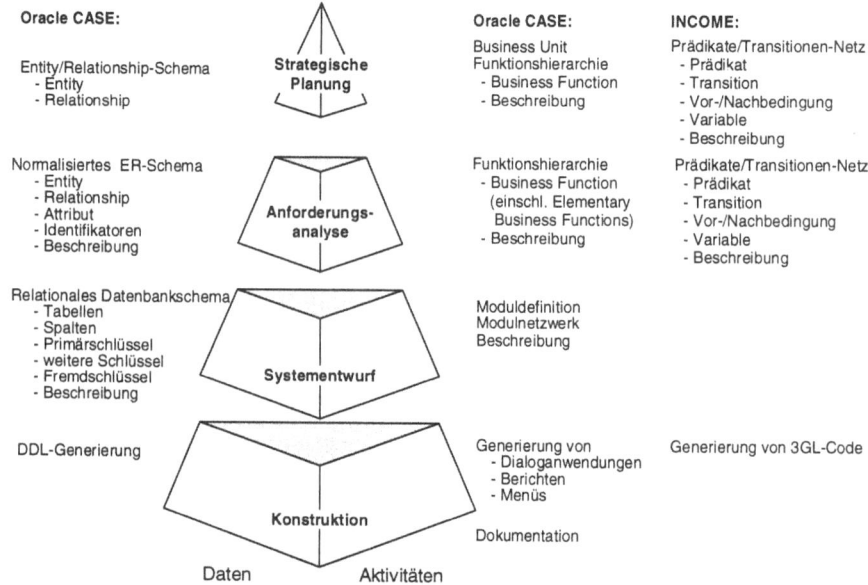

Abb. 3.33: Oracle CASE-Methode unterstützt durch Oracle CASE und INCOME

In der *strategischen Planung* der Oracle CASE-Methode werden die Unternehmensziele und die kritischen Erfolgsfaktoren bestimmt. Es wird untersucht, in welcher Weise auf Informationssystemen basierende Technologien eingesetzt werden können, um die Effizienz des Unternehmens und seine Wettbewerbsfähigkeit zu steigern. Es wird ein Überblick über die

Aufbauorganisation und den strategischen Informationsbedarf erstellt. Im Zuge der Integration mit der INCOME/Methode wird die Phase der strategischen Planung durch eine Variante der INCOME/Methode *ersetzt*.

In der *Anforderungsanalyse* werden die in der strategischen Planung festgelegten Bereiche untersucht. Sowohl die Funktionshierarchie als auch das Informationsschema werden detailliert ausgearbeitet. Für die exakte Beschreibung der Abläufe werden die bestehenden Prädikate/Transitionen-Netze eventuell weiter präzisiert.

Im *Systementwurf* wird das Entity-Relationship-Schema in ein relationales Datenbankschema überführt, während die Funktionen und Ablaufschemata in Modulspezifikationen umgesetzt werden.

Die Module lassen sich mit Hilfe von SQL*Forms, SQL*Reportwriter, SQL*Menu, SQL, PL/SQL oder Sprachen der dritten Generation während der *Konstruktionsphase* realisieren.

3.5.2 Strategische Planung

In der strategischen Planung werden die Unternehmensziele, Business Units, kritische Erfolgsfaktoren, Probleme und Randbedingungen identifiziert bzw. festgelegt. Vor diesem Hintergrund wird einerseits der strategische Informationsbedarf in einem groben Entity-Relationship-Diagramm ermittelt und werden andererseits die notwendigen Geschäftsfunktionen festgelegt. Die grundlegende Schwierigkeit besteht darin, daß es sich im Falle von Unternehmenszielen, Business Units, kritischen Erfolgsfaktoren, Problemen und Randbedingungen häufig um unstrukturierte oder rein textuell beschriebene Informationen handelt. Insofern sind automatische Analysen und Auswertungen schwierig; ein auf Hypertext basierender Ansatz könnte Abhilfe schaffen [NeO92].

Im Zuge des integrierten Einsatzes von INCOME und Oracle CASE wird die Phase der strategischen Planung durch eine Variante der INCOME/Methode ersetzt.

3.5.3 Anforderungsanalyse

In der Anforderungsanalyse werden die Anforderungen im Detail ermittelt. Das Informationsschema wird basierend auf Interviews, Datenbestands- und Formularanalysen verfeinert. Das erstellte Schema wird in die dritte Normalform [Cod70, Cod72] transformiert. Ein wichtiger Ansatzpunkt zur Qualitätssicherung ist die Definition eindeutiger Identifikatoren. Wenn sogenannte Surrogate - künstliche, vom System vergebene Nummern - zur Identifikation von Entities bereits auf der konzeptuellen Ebene verwendet werden, sollte stets ein weiterer fachlicher Identifikator festgelegt werden, mit dem der Anwender die Ausprägungen eines Entity-Typs identifizieren kann. Ist dies nicht möglich, so fehlen normalerweise entweder Attribute oder Beziehungstypen, die eine solche Identifikation ermöglichen. Andere verfügbare Qualitätskontrollen können verwendet werden, um beispielsweise Entity-Typen ohne Attribute, ohne Identifikatoren oder ohne textuelle Beschreibungen zu bestimmen.

Sowohl die während der strategischen Planung erstellte Funktionshierarchie als auch die erstellten Ablaufschemata können weiter verfeinert und detaillierter beschrieben werden. In Abhängigkeit von den in der strategischen Planung geleisteten Vorarbeiten läßt sich die Funktionshierarchie entweder weiterhin im Sinne der Organisationsmodellierung oder zur funktionalen Beschreibung des Anwendungssystems verwenden:

- Wird die Funktionshierarchie wie bisher zur Organisationsmodellierung verwendet, werden die Prädikate/Transitionen-Netze zur Spezifikation der Anwendung benutzt,
- andernfalls die Funktionshierarchie.

Im Anschluß daran sind die unterschiedlichen Schemakomponenten durch entsprechende Zuordnungsmatrizen zu einem integrierten Schema zusammenzuführen bzw. die bereits bestehenden Zuordnungsmatrizen zu überarbeiten.

Wird die Funktionshierarchie zur funktionalen Beschreibung des Anwendungssystems eingesetzt, so wird spezifiziert, welche Funktion wie auf welche Entity-Typen und welche Attribute zugreift. Die zulässigen Operationen auf Entity-Typen sind *Create*, *Retrieve*, *Update* und *Delete*, während für Attribute die Operationen *Insert*, *Retrieve*, *Update* und *Nullify* definiert sind.

Wird dagegen die Ablauf- bzw. Prozeßmodellierung intensiv weitergeführt, so sind die Stellen der Prädikate/Transitionen-Netze in Hinblick auf das ergänzte und umgestaltete Informationsschema zu überarbeiten; Variablen besitzen stets die gleiche Struktur wie die verknüpfte Stelle. Die Transitionen werden dann wie zuvor den Geschäftsfunktionen der Aufbauorganisation zugeordnet.

Das Metaschema der Ergebnisse der Anforderungsanalyse ist in Abb. 3.34 dargestellt. Dabei sind beide Einsatzmöglichkeiten der Funktionshierarchie berücksichtigt. Auf die Darstellung der Business Units wurde hier bewußt verzichtet, da sie in der Analysephase im Vergleich zur Strategiephase an Bedeutung verlieren.

Die Zuordnungsmatrizen können für zusätzliche Qualitätsprüfungen verwendet werden. Normalerweise muß für jeden Entity-Typ jeweils eine Funktion bzw. Transition existieren, die Entities dieses Typs anlegt, eine weitere, die diese verändert, eine andere, die diese löscht, und viele, die darauf zugreifen. Alternativ können diese Operationen auch ganz oder teilweise in einer Funktion kombiniert werden. Im Gegenzug muß jede Funktion bzw. Transition mindestens einen Entity-Typ manipulieren. Diese Regeln sind jedoch nur Indikatoren für eine notwendige Überprüfung des Sachverhalts, da auch Ausnahmefälle auftreten können: So darf beispielsweise ein einmal geschriebener Buchungssatz weder nachträglich gelöscht noch verändert werden. Ebenso kann es sein, daß Entities durch andere Applikation angelegt bzw. gelöscht werden und von der betrachteten Applikation nur gelesen werden.

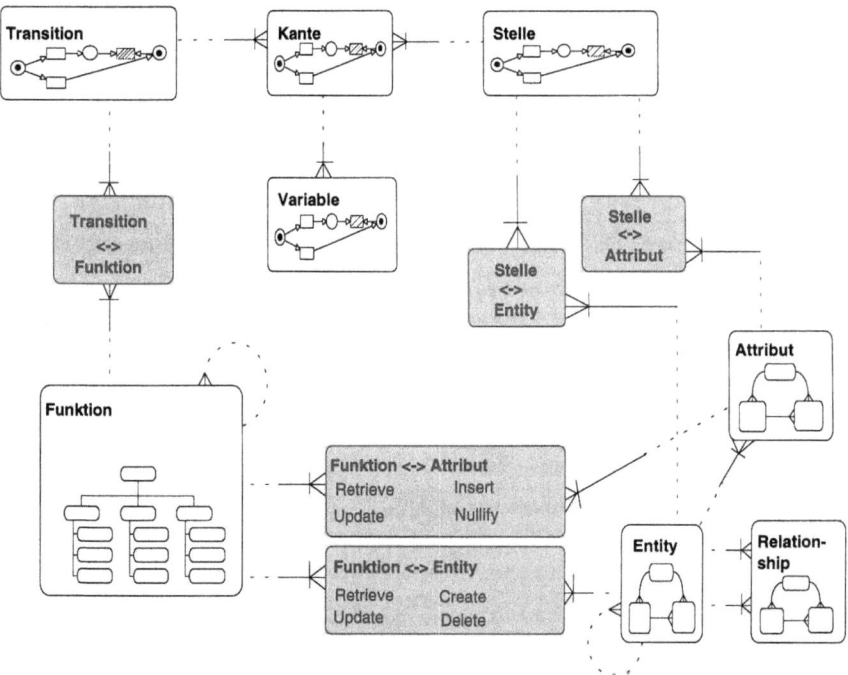

Abb. 3.34: Vereinfachtes Metaschema der Anforderungsanalyse

Überlegungen dieser Art können analog auch auf alle anderen in Abb. 3.34 dargestellten Zuordnungsmatrizen übertragen werden.

Kritik:

+ Sowohl Entity-Typen als auch andere CASE-Objekte können von mehreren Applikationen verwendet werden. Ein Zugriffsrechtkonzept steht zur Verfügung, um festzulegen, welche Applikationen Eigentümer welcher CASE-Objekte sind und welche die Berechtigung besitzen, diese mitzubenutzen. So kann ein unternehmensweites Informationsschema schrittweise bottom-up aus den anwendungsspezifischen Informationsschemata aufgebaut werden.

+ Die von Oracle CASE angebotenen Qualitätskontrollen sind einfach, aber sie bilden eine wichtige Grundlage für die Validierung der erstellten Schemata.

+ Petri-Netze und Funktionshierarchien können schrittweise verfeinert werden.

+ INCOME ermöglicht es, Ausnahmebehandlungen mit Hilfe von Zustandsrestriktionen zu modellieren.

+ Netze können wie CASE-Objekte von mehreren Applikationen benutzt werden.

+ Die modellierten Geschäfts- und Produktionsprozesse können mit dem INCOME/Simulator simuliert werden, um sie zu prüfen und zu validieren. Die Kommunikation mit dem Anwender kann durch eine geeignete Animation der Simulationsläufe verbessert werden.

+ Umfangreiche Qualitätskontrollen zur Überprüfung des gesamten Verhaltensschemas und seiner Zuordnung zu anderen Schemakomponenten werden von INCOME zur Verfügung gestellt.

± Oracle CASE unterstützt einen binären Entity-Relationship-Modell-Ansatz, der im Vergleich zum Ansatz von [Che76] um Arcs und ein Generalisierungskonzept erweitert wurde. Es können für diese Variante sowohl Vor- wie Nachteile aufgeführt werden. Einerseits können weder Beziehungstypen mit Grad > 2 noch Aggregationstypen, noch Gruppierungstypen [SNF79, ScS79, SSW79, TYF86] als solche modelliert werden. Andererseits wird die Kommunikation mit dem Anwender auf Basis des Entity-Relationship-Modells nicht durch zu viele unterschiedliche Konzepte erschwert (vgl. Kapitel 2.3).

- Die Vererbung zwischen Supertypen und ihren Subtypen wird nur unzureichend unterstützt. Beispielsweise kann der Identifikator eines Subtyps nicht aus Attributen des Super- *und* des Subtyps zusammengesetzt werden. Er ist entweder nur aus Attributen und Beziehungstypen des Supertyps oder nur aus den subtypspezifischen Attributen und Beziehungstypen zusammengesetzt.

- Einer der beiden wichtigsten Negativkritikpunkte an Oracle CASE ist der Umstand, daß die Manipulation von Beziehungen - einfügen, umhängen, löschen - nicht modellierbar ist. Eine Funktion/Beziehung-Matrix könnte eingesetzt werden, um diese Problematik zu beheben.

- Im Gegensatz zu Funktionshierarchien und Petri-Netzen besteht für Entity-Relationship-Schemata keine Möglichkeit, diese schrittweise zu verfeinern bzw. verschiedene Abstraktionsebenen mit unterschiedlichem Detaillierungsgrad darzustellen. (Vgl. dazu Kapitel 4).

- Die Funktion/Entity- bzw. die Funktion/Attribut-Matrizen für die zusammengesetzten Geschäftsfunktionen werden nicht automatisch aus den Matrizen ihrer untergeordneten Funktionen abgeleitet. Daher und da sonst langfristig Inkonsistenzen zwischen den unterschiedlichen Hierarchiestufen entstehen können, ist es sinnvoll, entsprechende Zuordnungen nur auf der untersten Ebene vorzunehmen. Der Kritikpunkt gilt analog für verfeinerte Stellen in den Petri-Netzen des Ablaufschemas.

3.5.4 Systementwurf

In der Phase des Systementwurfs wird aus dem Entity-Relationship-Schema ein relationales Datenbankschema abgeleitet, und das Ablaufschema bzw. die Funktionshierarchie werden verwendet, um die in der Konstruktionsphase zu implementierenden Module zu spezifizieren (Abb. 3.35).

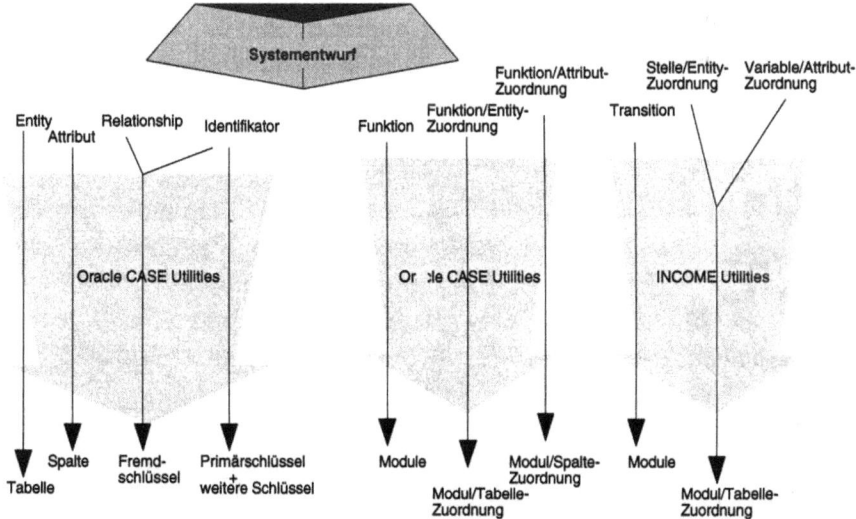

Abb. 3.35: Standardübergang von der Analysephase in die Entwurfsphase

Für die Vorbereitung der Entwurfsphase bietet Oracle CASE Utilities an, die eine Standardumsetzung eines Entity-Relationship-Schemas in ein relationales Datenbankschema durchführen und welche die Modulspezifikationen der Anwendung aus der Funktionshierarchie ableiten. Alternativ dazu können die Modulspezifikationen auch aus den Petri-Netzen durch ein entsprechendes INCOME Utility ermittelt werden.

Zunächst ist festzulegen, welche Entity-Typen in welche Tabellen[3] des Datenbankschemas umgesetzt werden sollen. Einerseits kann für einen Supertyp und alle seine Subtypen eine Tabelle angelegt werden, in der die Attribute des Supertyps und der Subtypen in Spalten umgesetzt werden. Andererseits läßt sich auch für jeden Subtyp eine eigene Tabelle anlegen, dann werden in jeder Tabelle die Attribute des jeweiligen Subtyps mit denen des Supertyps kombiniert. Für lesende Zugriffe auf den Supertyp wird in diesem Fall eine UNION-View angelegt.

Die erste Alternative empfiehlt sich, wenn im allgemeinen die Zugriffe auf alle Subtypen gleichzeitig erfolgen, hingegen kann die zweite Alternative dann eingesetzt werden, wenn nur die lesenden Zugriffe auf alle gemeinsam und die manipulierenden Zugriffe nach Subtypen getrennt erfolgen. Zusätzliche Entscheidungskriterien können die Überwachung von subtypspezifischen Eigenschaften oder die (Nicht-)Existenz eines gemeinsamen Identifikators sein. Wenn eine Denormalisierung geplant ist, lassen sich einer Tabelle zusätzliche Entity-Typen zuordnen.

In einem zweiten Schritt nach der Entity/Tabelle-Zuordnung werden die Attribute aller angegebenen Entity-Typen in die Tabellenbeschreibung übernommen. Primärschlüssel, weitere Schlüssel und Fremdschlüssel werden aufgrund der Identifikatoren und der Beziehungstypen bestimmt. Die Schlüsseldefinitionen müssen hinsichtlich kaskadierender Veränderungs- und Löschoperationen geprüft und überarbeitet werden. Für einen Schlüssel läßt sich festlegen, ob sich sein Wert im Zeitablauf ändern kann oder nicht.

In Abb. 3.36 wird das Metaschema gezeigt, das die Informationen beschreibt, die nach dem Entwurf des relationalen Datenbankschemas vorliegen. Auf die Darstellung von Schlüsseln und Fremdschlüsseln wurde im Metaschema verzichtet.

---

[3]   Oracle CASE verwendet den Begriff der Tabelle anstelle des Begriffs Relation bzw. Relationenschema.

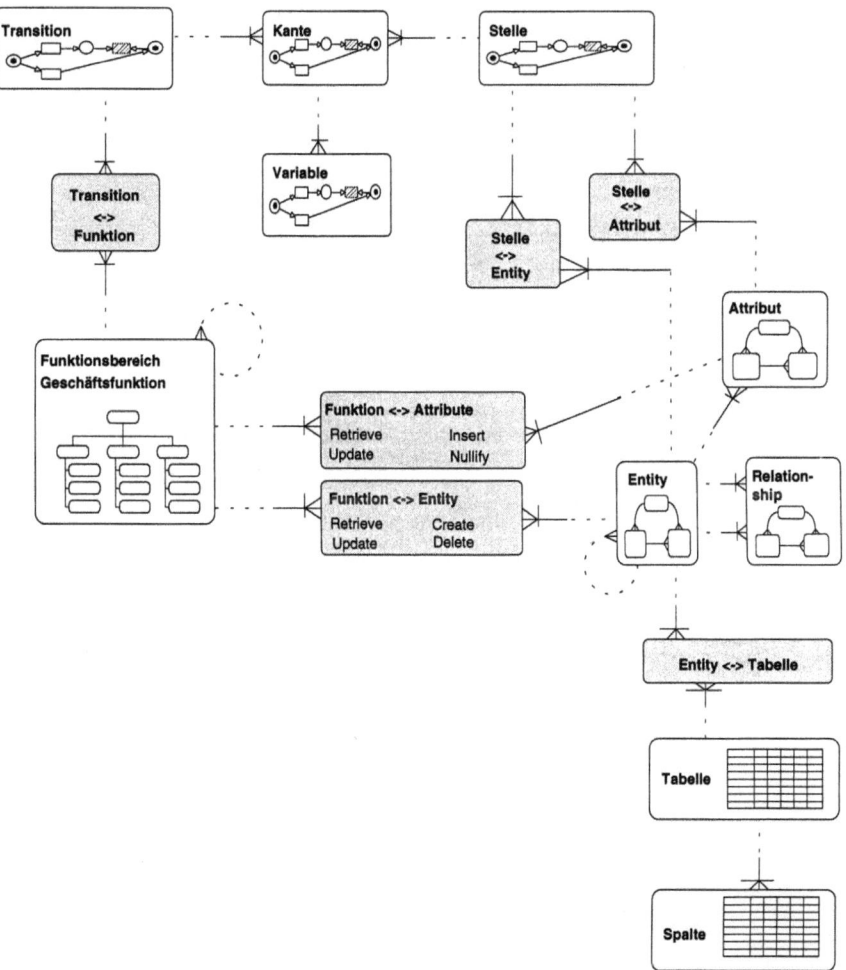

Abb. 3.36: Vereinfachtes Metaschema nach dem Datenbankentwurf

Modulspezifikationen (im folgenden kurz Module) können mit Hilfe eines Oracle CASE-Utilities oder mit Hilfe eines INCOME-Utilities angelegt werden. Das CASE-Utility erzeugt die Module auf Basis der Funktionshierarchie, verschiedene Funktionen werden aufgrund ähnlicher Entity-Verwendungen kombiniert. Der zugrunde gelegte Grad dieses Ähnlichkeits-kriteriums kann über Parameter festgelegt werden. Aus den Funktion/Entity- bzw. Funktion/Attribut-Zuordnungen werden die Modul/Tabelle- bzw. Modul/Spalte-Zuordnungen erzeugt. Für Tabellen können die Verwendungen - *Insert, Update, Delete, Select* - und für

Spalten die zulässigen Operationen - *Insert*, *Update*, *Display*, *Nullify* - festgelegt werden. Dieses Utility ist insbesondere dann sinnvoll, wenn die Funktion/Entity- und Funktion/Attribut-Zuordnungen detailliert ausgearbeitet wurden.

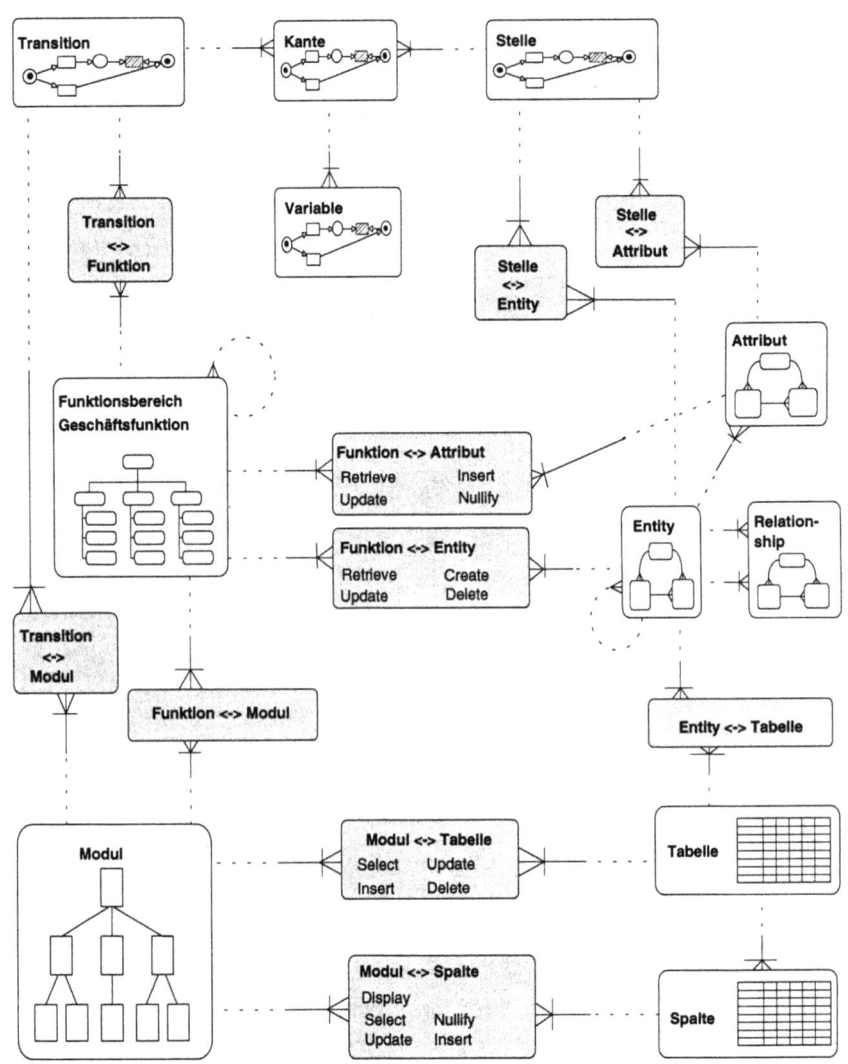

Abb. 3.37: Vereinfachtes Metaschema nach der Modulspezifikation

Im Gegensatz dazu verwendet INCOME die Petri-Netze des Ablaufschemas als Grundlage für die Modulspezifikationen. Für jede Transition oder Restriktion wird ein Modul angelegt, dabei können einzelne Netze gezielt ausgewählt werden. Die Verwendungsmatrizen werden auf Basis der den Stellen zugeordneten Entity-Typen und Attribute festgelegt. Das INCOME Utility ist dann sinnvoll einzusetzen, wenn die Ablaufschemata exakt und umfassend spezifiziert wurden; d. h. insbesondere dann, wenn eine Variante der INCOME/Methode in der Strategiephase eingesetzt wurde. Abb. 3.37 zeigt das Metaschema nach der Modulspezifikation.

Veränderungen der Modulspezifikation sind notwendig, um das Maskenbild und das Layout der Berichte anzupassen. Ebenso ist die Spezifikation anzupassen, wenn auf eine Tabelle mehrfach zugegriffen wird oder die Verwendung von Summenbildungen erforderlich ist. Wenn einem Modul weitere Funktionen manuell zugeordnet werden, besteht die Möglichkeit, die entsprechenden Matrizen aus den Funktionsverwendungen automatisch abzuleiten.

Zusätzlich kann ein Standard-Indexentwurf auf Basis der Schlüsseldefinitionen durchgeführt werden. Die Indexdefinitionen müssen sorgfältig überarbeitet werden, um die Performance der späteren Anwendung zu steigern.

Kritik:

+ Der Standard-Datenbankentwurf kann aufgrund von Zwischenschritten flexibel gesteuert werden.

+ Der Standard-Indexentwurf ist eine gute Grundlage für die Ausarbeitung des endgültigen Indexentwurfs.

+ Die Protokolle der Entwurfsutilities - Tabellen, Indexe, Module - ermöglichen eine genaue Überprüfung des Umsetzungsvorgangs. Die Umsetzungsgründe, Fehler und Warnungen werden im Protokoll ausgegeben.

+ Der Standard-Modulentwurf von INCOME ermöglicht in einem Zwischenschritt die Manipulation der Transition/Modul-Zuordnung.

± Der Standard-Modulentwurf von Oracle CASE kann nur über Parameter gesteuert werden. Eine bessere Unterstützung wäre möglich, wenn sich die Zuordnung von Funktionen und Modulen in einem Zwischenschritt manuell verändern ließe, bevor die Tabellen- und Spaltenverwendungen der Module erzeugt werden.

- Die Projektplanung und Projektkontrolle wird nur unzureichend unterstützt. Nur die geplanten Entwicklungszeiten für die einzelnen Module können festgelegt werden. Zusätzlich müßten Soll-/Ist-Vergleiche möglich sein und es müßten die Abhängigkeiten zwischen den einzelnen Modulen hinsichtlich der Entwicklungsreihenfolge dokumentiert werden können.

- Die Spalte/Attribut-Zuordnung ist nicht frei zugänglich, deshalb können Änderungen in Spalten- oder Attributdefinitionen nicht entsprechend überarbeitet werden. Aus diesem Grund sollte stets das entsprechende Utility soweit als möglich angewendet werden.

- Der Einsatz des Standard-Menüentwurf-Utilities ist nur eingeschränkt sinnvoll. Das spezifizierte Modulnetzwerk ist meistens vollständig zu überarbeiten.

3.5.5 Konstruktion

Nach dem Systementwurf sind die spezifizierten Module und die spezifizierte Datenbank mit Hilfe der Oracle CASE Generatoren zu implementieren. Analog sind die Benutzerhandbücher und die technische Dokumentation auf Basis der im Dictionary abgelegten Informationen zu erstellen.

In der Konstruktionsphase können die Oracle CASE Generatoren verwendet werden, um ausführbaren Code zu generieren. Es können SQL*Forms-Anwendungen, SQL*Menu-Anwendungen, SQL*Reportwriter-Berichte, SQL*Plus-Berichte und die notwendigen DDL-Anweisungen generiert werden (Abb. 3.38).

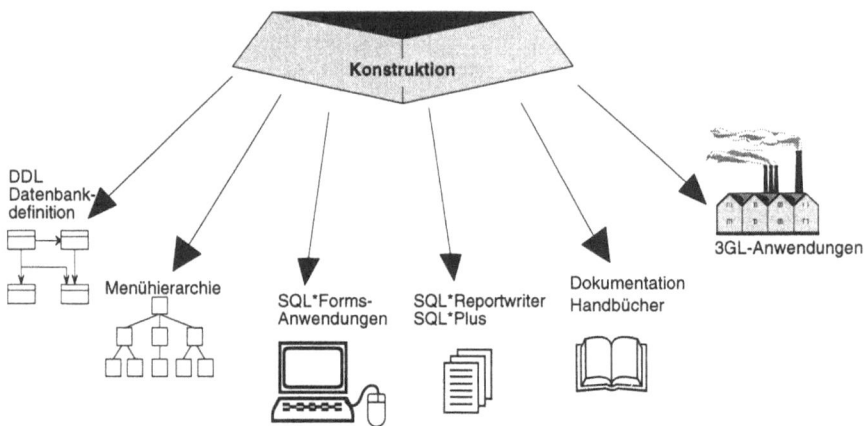

Abb. 3.38: Generatoren in der Konstruktionsphase

Auf Basis des dokumentierten Modulnetzwerks werden einerseits die Menühierarchie und andererseits die Prozeduren zum gegenseitigen Aufruf der Module generiert. Die Tabellen-

und Spaltenverwendungen werden für die Generierung von Dialog- und Reportanwendungen ausgewertet, zusätzlich wird der Code zur Überwachung der Schlüssel und Fremdschlüssel generiert. Ebenso werden kaskadierende Updates oder Löschoperationen unterstützt. Der INCOME/Generator generiert C-Code unter Verwendung von Embedded SQL.

Kritik:

Data Description Language (DDL):

+   Die Verwaltung der Datenbank kann mit Hilfe des DDL-Command-Generators durchgeführt werden. Die generierten SQL-Skripts müssen nicht überarbeitet werden.

+   Es steht ein Utility zur Verfügung, das die Online-Datenbankdefinition mit der im Oracle CASE Dictionary abgelegten Definition vergleicht. Der Alter-Database-Command-Generator generiert die Anweisungen, um die Online-Datenbank der CASE Dictionary Definition anzupassen.

+   Es existiert ein Reverse-Engineering-Utility, das die Definitionen bereits existierender Oracle-Datenbanken im CASE Dictionary ablegt bzw. diese an die Online-Datenbankdefinition anpaßt.

±   Die Dokumentation von UNION-Views oder anderer auf Mengenoperationen basierender Views ist umständlich.

Menüs:

+   Normalerweise muß die auf Basis der überarbeiteten Modulnetzwerkspezifikation generierte Menüanwendung nur geringfügig angepaßt werden.

Dialoganwendungen:

+   In 'gut strukturierten' Masken sind nur kleinere Anpassungen notwendig.

+   Die Generierung von Änderungen in bereits existierenden Modulen kann effizient und gezielt durchgeführt werden, ohne daß manuelle Codeänderungen hinfällig werden.

+   Für ein bereits existierendes SQL*Forms-Modul kann ein Reverse-Engineering durchgeführt werden.

±   Algorithmen und komplexe Zusammenhänge, die sich nicht durch Fremdschlüssel-bedingungen oder Wertebereiche darstellen lassen, können momentan nicht geeignet abgelegt werden. Ab Version 5.1 besteht die Möglichkeit, Stored Procedures und Stored Functions im CASE Dictionary abzulegen.

-    Manuelle Änderungen werden notwendig, da die Verwendung von Tabellen als Base- oder Lookup-Tabellen nicht sauber vom Fremdschlüsselkonzept getrennt ist.

Reports:

+   Normalerweise muß nur das Layout überarbeitet werden. Eine zusätzliche Überarbeitung ist nur bei komplexen Auswertungen - beispielsweise bei rekursiven Abfragen oder sehr speziellem Layout - notwendig.

±   Bei komplexen Berechnungen sind ebenfalls manuelle Änderungen erforderlich. Dies ist jedoch eher ein Problem der Zielumgebung als des CASE Generators.

Dokumentation:

+   Die von INCOME und Oracle CASE erzeugten Dokumentationen sind zufriedenstellend.

±   Individuelle Auswertungen des Dictionaries sind über verschiedene Views möglich. Zusätzliche Views werden insbesondere zur Auswertung der Zuordnungsmatrizen benötigt.

-       Für Handbücher lassen sich nur Konzeptvorlagen ausgeben. Um diesbezüglich eine Verbesserung zu erreichen, ist es notwendig, daß die abgelegten verbalen Beschreibungen mit einem beliebigen Editor bearbeitet werden können. Dies ist ab Version 5.1 wenn auch ohne Formatierungsmöglichkeiten vorgesehen.

Hilfesystem:

+   Ein mehrstufiges Hilfesystem mit Formular-, Block- und Feldhilfe wird zur Verfügung gestellt.

3.6 Resümee

Die Stärken der vorgestellte Modellierungs- und Simulationsumgebung sind ihre ihre klare Strukturierung, die durchgängige Unterstützung aller Phasen einschließlich der Phasenübergänge und das zugrundeliegende Konzept. Da ein datenbankgestütztes Dictionary als "Wissensbasis" vorliegt, können individuelle und flexible Auswertungen definiert werden. Besonders hervorzuheben ist darüber hinaus die strikte Trennung zwischen der fachlichen Analyseebene und der DV-technischen Entwurfsebene, die in vielen CASE-Tools nicht eingehalten wird.

Im folgenden sind die grundlegenden und technisch bedingten Negativkritikpunkte aufgeführt:

•   Die Manipulation von Beziehungstypen kann nicht beschrieben werden, da die Zuordnungsmatrizen nur Entity-Typen und Attribute berücksichtigen.

• Die Unterstützung der Vererbung zwischen Sub- und Supertypen sollte so verbessert werden, daß bei der Definition von Identifikatoren auf Subtypebene auch Eigenschaften des Supertyps verwendet werden können. Bisher kann ein solcher Identifikator nur entweder als ganzes vom Supertyp geerbt oder ausschließlich auf Basis subtypspezifischer Eigenschaften definiert werden.

• Die Utilities, welche die Module aus der Funktionshierarchie ableiten, sollten in einem Zwischenstadium die Manipulation der Funktion/Modul-Zuordnung erlauben. Auf diese Weise könnte bei der Bestimmung der Modul/Tabelle- bzw. Modul/Spalte-Zuordnung ein besseres Ergebnis erzielt werden.

• Für die Erstellung individueller Reports werden insbesondere dokumentierte Views benötigt, welche die Auswertung der Zuordnungsmatrizen unterstützen (ab Version 6).

Die Simulation von Geschäfts- und Produktionsprozessen ermöglicht es, die erstellten Schemata zu überprüfen und zu validieren. Zusätzlich können, basierend auf den Simulationsergebnissen, Verbesserungsvorschläge für den real ablaufenden Geschäfts- bzw. Produktionsprozeß ausgearbeitet werden. Die Analyse und Verbesserung der Prozesse sollte prinzipiell im Vordergrund stehen, da nur so ein allgemein bekannter Fehler vermieden werden kann: Die Effektivität und Wirtschaftlichkeit des EDV-Einsatzes wird häufig dadurch gemindert, daß die Abläufe nicht so gestaltet werden, daß sie sich wirklich optimal unterstützen lassen. Dies kann soweit gehen, daß die manuelle Durchführung des Prozesses in seiner bisherigen Form schneller und billiger ist als die DV-technische Unterstützung des Prozesses in seiner bisherigen Form.

Zudem ist zu kritisieren, daß insbesondere bei der Durchführung bzw. Weiterführung im Rahmen der Oracle CASE-Methode die Phasen als isoliert und abgeschlossen betrachtet werden. Im Gegensatz dazu ziehen sich Entwicklungsprojekte über Jahre hin. Da sich jedoch die Anforderungen im Lauf der Zeit ändern, können die Phasen weder als isoliert noch als abgeschlossen betrachtet werden. In der Projektarbeit hat sich daher eine dynamische Auslegung des Phasenkonzeptes als erforderlich erwiesen. Ein evolutionäres Konzept, wie es beispielsweise im Vorgehensmodell PROMISE [SOS94] vorgestellt wird, ist für große Projekte - mehr als 5-10 Personenjahre - sinnvoll. Die einzelnen Phasenergebnisse werden bei Bedarf immer wieder beginnend mit der strategischen Planung überarbeitet.

Dieses Vorgehen läßt sich auch auf die hier vorgestellte Oracle CASE-Methode übertragen und wurde in verschiedenen Projekten eingesetzt: Neue Anforderungen bzw. sich ändernde Anforderungen konnten weitestgehend berücksichtigt werden. Dies ist insbesondere dann wichtig, wenn es beispielsweise aufgrund von neuen Gesetzen oder Gesetzesänderungen nicht möglich ist, die notwendigen Änderungen in einer nachfolgenden Anwendungsversion zu realisieren.

Der konsequente Einsatz von Tools und Dictionaries erlaubt den vergleichsweise unproblematischen Austausch von Projektteammitgliedern, da der größte Teil des notwendigen Wissens in strukturierter und normierter Form vorliegt.

Häufig wird die Frage nach der Wirtschaftlichkeit des Tool-Einsatzes gestellt. Die Einführung eines solchen Tools ist stets eine langfristige, allenfalls mittelfristige Investition. Die erste Hemmschwelle besteht darin, daß ein entsprechendes Know-How aufgebaut werden muß. Die dafür notwendigen Aufwendungen werden in manchen Unternehmen dem Projekt angelastet, in dem die Einführung erfolgt. Liegt dieser Einführung jedoch eine alle zukünftigen Projekte betreffende Grundsatzentscheidung zugrunde, ist diese Kostenzuordnung unzulässig.

Ein weiterer Punkt wird bei Befragungen von Projektleitern zur Wirtschaftlichkeit häufig erwähnt: Beim Einsatz von CASE-Tools und strukturierten Vorgehensweisen treten Probleme auf, die in vorhergehenden Projekten angeblich nicht auftraten. Hier ist festzustellen, daß aufgrund der systematischen Vorgehensweise und der Möglichkeit, die ermittelten Informationen strukturiert ablegen zu können, bei Projektbeginn bzw. in der Planungs- und Analysephase sehr viele Unklarheiten, Abstimmungsprobleme und andere Schwierigkeiten aufgedeckt werden, die in diesen frühen Phasen zu klären sind und nicht auf später verschoben werden dürfen. In Projekten ohne Tool-Einsatz und ohne strukturierte Vorgehensweise treten die entsprechenden Probleme ebenfalls auf, aber sie sind im allgemeinen auf den gesamten Projektverlauf verteilt. Häufig führt dies dazu, daß bereits implementierte Anwendungsteile vollständig umprogrammiert werden müssen bzw. die entsprechenden Änderungen auf die nächste Version oder in die Wartungsphase verschoben werden. CASE unterstützt die präventive Qualitätssicherung und führt so indirekt zu einer Qualitätssteigerung, die im Rahmen von Wirtschaftlichkeitsberechnungen schwer zu bewerten ist. Zudem führt der Einsatz solcher Technologien vor allen Dingen zu einer Entlastung der Phase, die in der projektspezifisch durchgeführten Wirtschaftlichkeitsrechnung häufig unberücksichtigt bleibt: *die Wartungsphase.* Sehr viele Anforderungen, die in herkömmlich durchgeführten Projekten während der Wartung integriert bzw. nachimplementiert werden, lassen sich mit CASE während der Planung frühzeitig erkennen und stehen damit bereits bei der Produkteinführung zur Verfügung.

Es handelt sich bei der hier vorgestellten Umgebung um Tools, d. h. Werkzeuge, die ihren Anwender bei seiner Arbeit unterstützen, indem sie gewisse Normen und Vorgehensweisen erzwingen und Informationen und ihre Zusammenhänge strukturiert abrufbar und auswertbar machen. Aufgrund der Informationsstrukturierung kann der Anwender dieser Tools Widersprüche, Unvollständigkeiten und Fehler leichter erkennen. Allerdings sollte unter dem Gesichtspunkt der Wirtschaftlichkeit für jedes Projekt zunächst festgelegt werden, welche Vorgehensweise gewählt, welche Informationen im Dictionary erfaßt und welche Komponenten der Tools verwendet werden sollen.

Während die Hierarchisierung der Petri-Netze auch die Handhabung komplexer Problemstellungen erlaubt, wird dies im Rahmen der konventionellen Entity-Relationship-Modellierung nur unzureichend durch die Bildung von Teildiagrammen unterstützt. Dabei geht jedoch häufig der Gesamtzusammenhang verloren. In Kapitel 4 wird deshalb der bereits in der Literatur vorgestellte Ansatz des Entity-Clustering zum Entity-Relationship-Modell-Clustering erweitert.

Die in Geschäfts- und Produktionsprozessen manipulierten Objekte sind im allgemeinen komplex strukturiert. [ObS92, OSS93, Obe95] bauen das Konzept der Prädikate/Transitionen-Netze so aus, daß sich im Rahmen der NF^2-Relationen/Transitionen-Netze die Manipulation komplexer Objekte modellieren läßt. Im Rahmen der vorliegenden Arbeit wird in Kapitel 5 ein Ansatz zur Integration dieser Netze mit dem Entity-Relationship-Modell vorgestellt. Auf diese Weise wird die Grundlage für die Integration dieser weiterführenden Techniken zu einem wiederum integrierten Ansatz geschaffen.

4 Konzeptuelles Clustering

Die Entity-Relationship-Modellierung hat sich als Methode zur konzeptuellen Informations-modellierung etabliert. Wie bereits erwähnt, verwenden zahlreiche Tools wie IEF, IEW, ADW und Oracle CASE, die das Information Engineering [Mar89, Mar90a/b] oder ähnliche Ansätze wie beispielsweise die Oracle CASE Methode [Bar90a/b, BaL92] unterstützen, ein binäres Entity-Relationship-Modell. Trotz der Tool-Unterstützung treten verschiedene Probleme auf, sobald sehr große Informationsschemata für ganze Unternehmen, ganze Unter-nehmensbereiche oder auch nur große Anwendungsbereiche erstellt werden. Die zur Zeit angewandte Technik präsentiert jeweils sinnvoll gewählte Ausschnitte (Teildiagramme) eines globalen Entity-Relationship-Diagramms. Bei der Abstimmung mit dem Fachbereich, der Einarbeitung neuer Projektmitarbeiter oder in der späteren Wartungsphase zeigt sich jedoch immer wieder die Notwendigkeit, den Zusammenhang dieser Teildiagramme mit dem Gesamtdiagramm darzustellen. Die Verwendung von Teildiagrammen ermöglicht es nur bedingt, einen generellen Überblick zu erhalten bzw. den Gesamtzusammenhang zu erfassen.

Top-Level-Diagramm
(Übersichtsdiagramm)

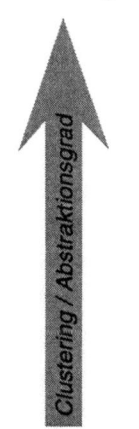

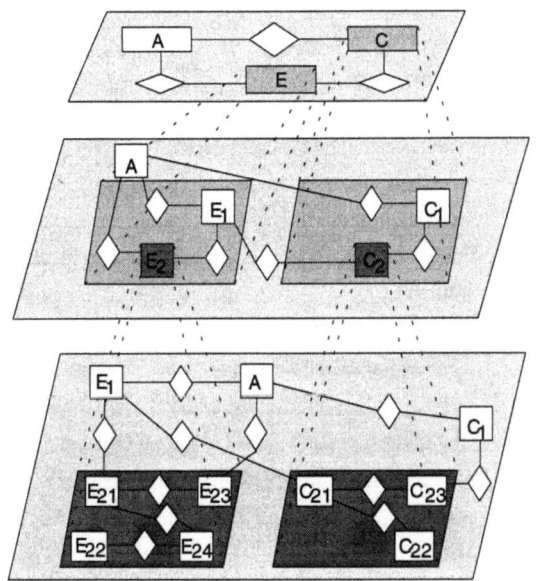

Detail-Diagramm

Abb. 4.1: Entity-Clustering

[FeM86, TWB89, Mis91, RaS92, AkC93] schlagen die Technik des *Entity-Clustering* (Abb. 4.1) vor, um diesen Überblick zu ermöglichen. Sie fassen ganze Teildiagramme in sogenannten Entity-Clusters zusammen, die dann als (komplexe) Entity-Typen in einem Entity-Relationship-Diagramm einer höheren Abstraktionsebene dargestellt werden. Diese Technik läßt sich wiederholt anwenden, so daß eine Hierarchie von Entity-Relationship-Diagrammen mit unterschiedlichem Abstraktionsgrad entsteht. Alle genannten Entity-Clustering-Ansätze werden auf ein bereits bestehendes detailliertes globales Entity-Relationship-Diagramm angewendet. Ausgehend von diesem werden die Abstraktionsebenen bottom-up gebildet. Änderungen werden im Detaildiagramm eingebracht; im Anschluß wird die Cluster-Hierarchie reorganisiert bzw. neu aufgebaut.

Der in der vorliegenden Arbeit vorgestellte neue Ansatz des *Entity-Relationship-Modell-Clustering* präzisiert und erweitert die bereits bestehenden Clustering-Ansätze. Er berücksichtigt zusätzlich Aspekte des Nested-Entity-Relationship-Modells von [CJA89], um nicht nur Entity-Clusters, sondern auch Relationship-Clusters zu bilden. Außerdem geht er über die zuvor genannten Ansätze hinaus, indem er nicht nur die abstrahierte Darstellung eines Detaildiagramms durch einen Bottom-Up-Algorithmus ermöglicht, sondern auch den Top-Down-Entwurf[1] als solchen bzw. das Redesign eines Informationsschemas unterstützt. Da die Clusters disjunkt sein müssen, sind nicht vorhersehbare Nebeneffekte von Änderungen ausgeschlossen. Die Regeln zur Cluster-Bildung des erweiterten Ansatzes sind so gewählt, daß sich dieser nicht nur zur Darstellung eines vergröberten Entity-Relationship-Diagramms verwenden läßt, sondern auch in den folgenden Bereichen einsetzen läßt:

- Er kann insbesondere im Rahmen eines *Top-Down-Datenbankentwurfs* eingesetzt werden, um die schrittweise Analyse des Anwendungsbereichs oder des Unternehmens und damit den schrittweisen Entwurf des zugehörigen Informationsschemas zu unterstützen.

- Er läßt sich für das *Datenbank-Reengineering* einsetzen. Die unterschiedlichen Abstraktionsebenen werden während eines eventuell notwendigen Reverse Engineering wie bisher bottom-up erstellt. Im Anschluß daran erfolgt dann das Redesign im Gegensatz zu bestehenden Ansätzen top-down.

- Es lassen sich *Standarddiagramme* bzw. *Referenzschemata* für spezielle Branchen entwerfen, die für bestimmte Unternehmen individuell verfeinert und angepaßt werden können.

---

[1] Der Begriff des Clustering beinhaltet zunächst nur die Bildung von Clusters bottom-up, der in der vorliegenden Arbeit vorgestellte Ansatz ermöglicht es, die Clusters top-down zu entwerfen, d.h. zu verfeinern. Die Begriffe *Clustering* und *Cluster* werden beibehalten, da sie in der Literatur in diesem Zusammenhang allgemein Verwendung finden und der vorliegende Ansatz auf den bereits existierenden Ansätzen aufbaut.

- Eine spezielle Clustering-Technik, das Simple-Relationship-Clustering, läßt sich zur Modellierung *zusätzlicher Integritätsbedingungen* verwenden. Die Darstellung dieser Integritätsbedingungen läßt sich jedoch ausblenden, wenn sie zum allgemeinen Verständnis nicht erforderlich ist.

- Clustering-Ansätze lassen sich für die Schemaintegration einsetzen. Ein Ansatz hierzu wird in [SHO95] vorgestellt und legt den Clustering-Algorithmus von [RaS92] zugrunde. Die Überlegungen aus [SHO95] lassen sich auf den in dieser Arbeit vorgestellten Clustering-Ansatz übertragen.

Im folgenden wird zunächst ein kurzer Überblick über die bereits existierenden Ansätze gegeben, der später im Vergleich der unterschiedlichen Ansätze vertieft wird. Im Anschluß daran werden die verschiedenen Techniken unseres Ansatzes im Rahmen eines Top-Down-Entwurfs eingeführt. Für das Reengineering bzw. das Reverse Engineering bereits bestehender Schemata wird eine Bottom-Up-Vorgehensweise vorgestellt. Eine direkte Gegenüberstellung mit den schon bestehenden Clustering-Techniken auf erweiterten Entity-Relationship-Modellen schließt sich an. Danach wird das Konzept des Relationship-Clustering auch auf binäre Entity-Relationship-Modelle übertragen, da diese in der Praxis eine verbreitete Verwendung finden. In diesem Zusammenhang erfolgt ein Vergleich mit dem Algorithmus von [RaS92], dessen Grundidee auch die Grundlage für die zuvor vorgestellte Bottom-Up-Vorgehensweise bildet. Abschließend folgt eine Zusammenfassung und ein kurzer Ausblick.

4.1 Andere Ansätze: Kurzübersicht

Entity-Clustering wurde zuerst von [FeM86] als Bottom-Up-Ansatz vorgeschlagen. Auf Basis eines Detaildiagramms wird ein Übersichtsdiagramm erstellt, in dem Einzelheiten des Detaildiagramms ausgeblendet werden. Ganze Teildiagramme des Detaildiagramms lassen sich in sogenannten Entity-Clusters zusammenfassen, die im abstrahierten Übersichtsdiagramm ihrerseits wieder als (komplexe) Entity-Typen modelliert werden. Die Beziehungstypen innerhalb eines solchen Clusters werden ausgeblendet, während die clusterübergreifenden Beziehungstypen, die sogenannten *Outside-Relationship-Typen*, in Beziehungstypen zwischen den entsprechenden Clusters transformiert werden. Das Übersichtsdiagramm kann basierend auf der gleichen Technik weiter abstrahiert werden. Ein Beispiel für eine solche Abstraktionshierarchie ist in Abb. 4.1 dargestellt. Auf dieser Grundidee bauen alle Clustering-Ansätze auf.

[FeM86, Mis91, RaS92] verwenden einen binäres Entity-Relationship-Modell, während [TWB89] ein erweitertes Entity-Relationship-Modell einsetzen. [Mis91] legt das strukturierte Entity-Relationship-Modell (SERM) nach [Sin87] zugrunde, welches ein spezieller binärer Entity-Relationship-Modell-Ansatz ist. Der Algorithmus von [AkC93] läßt sich sowohl auf erweiterte als auch auf binäre Varianten des Entity-Relationship-Modells anwenden.

Die Ansätze von [FeM86, Mis91, TWB89] gehen davon aus, daß die Entity-Typen eines Clusters zu genau einem Funktionsbereich eines Unternehmens oder Unternehmensbereichs gehören. Die Funktionshierarchie der Aufbauorganisation wird der Cluster-Hierarchie zugrunde gelegt und neben der Struktur des Entity-Relationship-Diagramms verwendet, um die Clusters gegeneinander abzugrenzen. Hingegen werten die Algorithmen anderer Ansätze lediglich die Struktur des Detaildiagramms [RaS92] bzw. semantische Distanzen [AkC93] aus und berücksichtigen keine funktionalen oder organisatorischen Gesichtspunkte. Auch die semantischen Distanzen setzen letztendlich auf der Struktur des Detaildiagramms auf.

Bis auf [RaS92] wird in allen Ansätzen gefordert, daß die Clusters disjunkt sind. Im Gegensatz dazu lassen [RaS92] auch überlappende Clusters zu; demzufolge können Entity-Typen in mehrere Clusters aufgenommen werden.

[FeM86] verwenden sogenannte *Major-Entity-Typen* - z.B. A in Abb. 4.1 -, die von zentraler Bedeutung für den modellierten Realweltausschnitt sind und die auch in allen Diagrammen eines niedrigeren Abstraktionsgrades, d. h. in den detaillierteren Diagrammen, abgebildet werden. Das eigentliche Clustering wird eher intuitiv durchgeführt. Im Unterschied zu anderen Ansätzen fassen [FeM86] die Major-Entity-Typen nicht mit anderen Entity-Typen in einem Cluster zusammen, sondern behalten sie über alle Diagramme mit niedrigerem Abstraktionsgrad hinweg bei.

Im Gegensatz dazu verwenden [AkC93, Mis91, RaS92, TWB89] die Major-Entity-Typen als *Cluster-Basis*. Die eine Cluster-Basis umgebenden Entity-Typen werden mit dieser zusammengefaßt, und die Clusters werden normalerweise nach der zugrundeliegenden Cluster-Basis benannt.

[TWB89] werten zur Cluster-Bildung die unterschiedlichen Konstrukte des verwendeten erweiterten Entity-Relationship-Modells [TYF86] aus. Zur Cluster-Bildung werden *Grouping*-Operationen verwendet, für die eine Prioritäten-Reihenfolge festgelegt wird. Die

Vorstellung der Grouping-Operationen erfolgt in Kapitel 4.2.1, soweit sie für den hier vorgestellten Ansatz eingesetzt werden. Ein vollständiger Überblick wird in Kapitel 4.4 gegeben.

Sowohl der Ansatz von [Mis91] als auch der Algorithmus von [RaS92] setzen auf hierarchischen Strukturen im detaillierten Entity-Relationship-Diagramm auf. Die Hierarchiestufen des Detaildiagramms werden dann je nach Abstraktionsebene ausgeblendet. Stellvertretend für diese Clustering-Verfahren wird in Kapitel 4.6 auf den Ansatz von [RaS92] eingegangen.

[AkC93] stellen einen verallgemeinerten Algorithmus vor, der Clusters aufgrund semantischer Distanzen bildet. In Abhängigkeit der gewählten Distanzdefinition können sowohl unterschiedliche Clustering-Kriterien als auch verschiedene Entity-Relationship-Modell-Ansätze berücksichtigt werden.

Da [Mis91, RaS92] ein binäres Entity-Relationship-Modell ohne komplexe Beziehungstypen wie beispielsweise (m:n)-Beziehungstypen zugrunde legen, kann argumentiert werden, daß sie den Ansatz von [TWB89] auf das dort vorgestellte Konzept des Dominance-Grouping reduzieren und dieses iterativ anwenden.

4.2 Entity-Relationship-Modell-Clustering

Der in der vorliegenden Arbeit vorgestellte Ansatz erweitert die zuvor genannten Ansätze, die nur Entity-Clustering unterstützen, um die Technik des Relationship-Clustering. Diese Technik ermöglicht es, nicht nur Entity-Typen, sondern auch Beziehungstypen zu verfeinern. Insgesamt werden drei verschiedene Clustering-Techniken unterstützt:

① *Entity-Clustering*, das in [FeM86, TWB89, Mis91, RaS92, AkC93] eingeführt bzw. verwendet wird.

② *Simple-Relationship-Clustering*, das dazu verwendet werden kann, um Beziehungstypen durch mehrere semantisch ähnliche Beziehungstypen zu verfeinern oder um zusätzliche Integritätsbedingungen darzustellen.

③ *Complex-Relationship-Clustering*, das sich zur Verfeinerung von Beziehungstypen durch ganze Entity-Relationship-Diagramme einsetzen läßt.

Die unterschiedlichen Clustering-Techniken und die durch den neuen Ansatz ermöglichte Top-Down-Vorgehensweise werden am Entwurf des konzeptuellen Schemas einer Fluggesellschaft exemplarisch vorgestellt. Das in [RaS92] verwendete Beispiel wird hierzu in leicht modifizierter Version genutzt. Das Übersichtsdiagramm des Beispiels ist in Abb. 4.2 dargestellt; fett umrandete Symbole stellen Clusters dar. Die formale Definition einer Entity-Relationship-Cluster-Hierarchie erfolgt in Abschnitt 4.2.4.

Das Diagramm aus Abb. 4.2 läßt sich verbal folgendermaßen beschreiben:
Die Fluggesellschaft beschäftigt Mitarbeiter. Dabei ist zu beachten, daß das Bodenpersonal bestimmten Flughäfen zugeordnet ist. Ein Flug verbindet zwei Flughäfen miteinander und wird zu unterschiedlichen Zeiten mit unterschiedlichen Flugzeugen durchgeführt. Bei der Durchführung eines Flugs mit einem bestimmten Flugzeug fliegen mehrere Mitarbeiter des Flugpersonals mit.

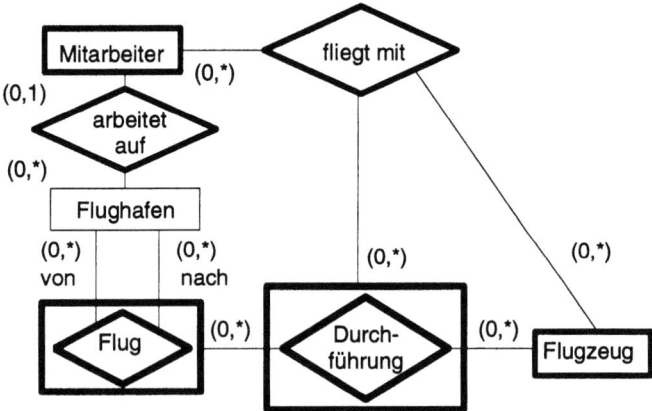

Abb. 4.2: Übersichtsdiagramm einer Fluggesellschaft

4.2.1 Entity-Clustering

Für die Bildung von Entity-Clusters wird auf den Ansatz von [TWB89] zurückgegriffen. Dieser unterscheidet zwischen *Dominance-Grouping*, drei unterschiedlichen Arten von *Abstraction-Grouping, Constraint-Grouping* sowie drei verschiedenen Arten von *Relationship-Grouping*. Dominance-Grouping wird mit der höchsten Priorität eingestuft, Relationship-Grouping besitzt die niedrigste Prioritätsstufe. Lassen sich mehrere dieser Techniken gleichzeitig anwenden, so wird diejenige mit der höchsten Priorität ausgewählt. Es muß darauf hingewiesen werden, daß die Technik des Relationship-Grouping von [TWB89] nicht mit der Technik des Relationship-Clustering aus dem neuen Ansatz zu verwechseln ist. Relationship-Grouping wird verwendet, um Entity-Typen in einen Entity-Cluster aufzunehmen, die durch den betrachteten Beziehungstyp verknüpft sind. Das Ergebnis des Relationship-Clustering ist hingegen ein Relationship-Cluster.

Das im Entity-Relationship-Modell-Clustering verwendete Entity-Clustering zielt darauf ab, Informationen, die in einem engen Bezug zu einem Entity-Typ, der sogenannten *Cluster-Basis*, stehen, mit diesem auf einer höheren Abstraktionsebene zusammenzufassen. Dabei handelt es sich typischerweise entweder um Informationen, die klassifizierend und damit beschreibend sind, oder um die Modellierung von Komponenten, die sich in anderen Entity-Relationship-Modell-Ansätzen teilweise durch mehrwertige zusammengesetzte Attribute darstellen lassen. Desgleichen läßt sich auch die Generalisierung zur Cluster-Bildung auswerten.

Zur Bildung von Entity-Clusters werden daher im folgenden nur die beiden Konzepte aus [TWB89] mit der höchsten Priorität verwendet: Dominance-Grouping und Abstraction-Grouping. Aufgrund dieser Einschränkung ist die Bedeutung des Clusters bezogen auf die Realwelt identisch mit oder zumindest sehr ähnlich zu der Bedeutung der Cluster-Basis bezogen auf die Realwelt. Es soll vermieden werden, daß Entity- oder Beziehungstypen in einen Entity-Cluster aufgenommen werden, die nicht Informationen zur Cluster-Basis im engeren Sinn beschreiben, sondern vielmehr den Bezug zu einem anderen Entity- oder Beziehungstyp darstellen. Diese Einschränkung ermöglicht es, die auf diese Weise gebildeten Entity-Clusters als Sichten auf das Detaildiagramm zu interpretieren, die gemäß dem in Kapitel 5 vorgestellten Konzept zur Definition komplex strukturierter Objekttypen verwendet werden können, die sich auch als NF^2-Relationenschemata darstellen lassen.

Um ein Diagramm noch weiter zu abstrahieren, wird anstelle der anderen Grouping-Operationen aus [TWB89] das flexiblere Konzept des Relationship-Clustering eingesetzt.

Definition 4.1 - Dominanz:
Geben seien zwei Entity-Typen E_1 und E_2 sowie der Beziehungstyp
R:<*part*(R) | *attr*(R)>, mit *part*(R) = {E_1, E_2}.
E_1 *dominiert* E_2 bezüglich R genau dann, wenn gilt $min(E_2, R) = max(E_2, R) = 1$.
                                                                                                ◻

Dominance-Grouping basiert in seiner ursprünglichen Form auf der Existenz- bzw. Identifikationsabhängigkeit eines Entity-Typs. Ein Entity-Typ dominiert die von ihm identifikationsabhängigen (Abb. 4.3a) und die von ihm existenzabhängigen Entity-Typen (Abb. 4.3b). [TWB89] fassen den dominierenden Entity-Typ mit den von ihm dominierten Entity-Typen zusammen und legen den dominierenden Entity-Typ als Cluster-Basis (Abb. 4.3a) fest. Ein

Entity-Cluster wird nach seiner Basis benannt. Der oder die dominierten Entity-Typen *sollten*[2] im allgemeinen nicht von einem weiteren Entity-Typ existenz- oder identifikationsabhängig sein.

Verschiedene vom Verfasser durchgeführte Projekte haben gezeigt, daß es nicht immer sinnvoll ist, den *dominierenden* Entity-Typ als Cluster-Basis zu wählen, vielmehr kann es auch sinnvoll sein, *dominierte* Entity-Typen als Cluster-Basis zu wählen. Dementsprechend wird in der vorliegenden Arbeit das Dominance-Grouping erweitert.
Wenn die dominierenden Entities zur Klassifikation oder Beschreibung der dominierten verwendet werden, ist der dominierte Entity-Typ als Cluster-Basis zu wählen (Abb. 4.3b). In diesem Fall liegt häufig eine bloße Existenzabhängigkeit zugrunde und nur selten eine Identi- fikationsabhängigkeit.
Der dominierende Entity-Typ ist als Cluster-Basis festzulegen, wenn der dominierte Entity- Typ Details oder Komponenten des dominierenden Entity-Typs beschreibt (Abb. 4.3a). In diesem Fall liegt oft eine Identifikationsabhängigkeit vor.

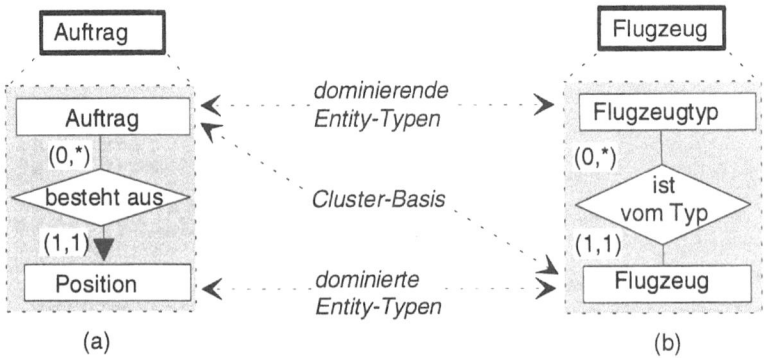

Abb. 4.3: Dominance-Grouping

Häufig tritt auch eine Kombination der oben genannten Fälle auf. Zudem hat sich in verschie- denen Projekten mit hundert bis fünfhundert Entity-Typen herausgestellt, daß es sinnvoll ist, für die Cluster-Basis zusätzlich zu den Kardinalitäten (1,1) hinsichtlich der dominierenden Entity-Typen auch (0,1) zuzulassen. Dies ist dadurch begründet, daß klassifizierende oder

---

2 Die Regeln, die am Ende eines jeden Abschnitts aufgeführt werden, stellen einen maximalen Rahmen für die Cluster-Bildung dar. Bei der Durchführung von Projekten lassen sich jedoch zusätzliche Erfahrungs- regeln feststellen, welche die Regeln weiter einschränken und die im allgemeinen gelten, für die es jedoch sinnvolle Ausnahmen gibt. Diese Erfahrungsregeln werden im folgenden ebenfalls aufgeführt.

beschreibende Informationen nicht immer obligatorisch sein müssen, sondern auch optional sein können.

Definition 4.2 - Erweiterte Dominanz:

Geben seien zwei Entity-Typen E_1 und E_2 sowie der Beziehungstyp R:<*part*(R) | *attr*(R)>, mit *part*(R) = { E_1, E_2 }.

E_1 *dominiert* E_2 bezüglich R im *erweiterten Sinn* genau dann, wenn gilt *max*(E_2, R) = 1.

❑

Abb. 4.4 zeigt die gesamte Bandbreite der Möglichkeiten des in der vorliegenden Arbeit erweiterten Dominance-Grouping. Im Rahmen des Bottom-Up-Clustering wird ein Entity-Typ als Cluster-Basis gewählt und kann sowohl mit den von ihm dominierten (Weak-)Entity-Typen als auch mit den ihn dominierenden Entity-Typen zusammengefaßt werden. Die von der Basis dominierten Entity-Typen müssen hinsichtlich der Basis mit den Kardinalitäten (1,1) und die Basis muß hinsichtlich der sie dominierenden Entity-Typen mit den Kardinalitäten (1,1) bzw. (0,1) bewertet sein.

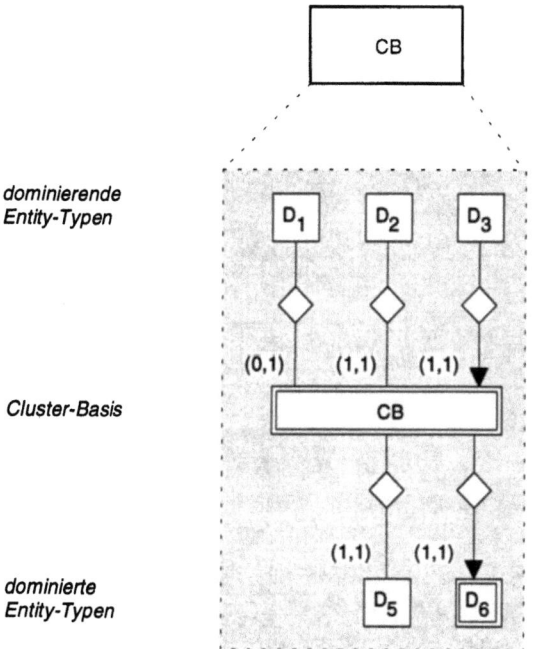

Abb. 4.4: Syntaktisches Beispiel für Dominance-Grouping

Während einer Top-Down-Verfeinerung wird zunächst die Cluster-Basis definiert und anschließend werden die klassifizierenden Entity-Typen bzw. die Komponenten darstellenden Entity-Typen einschließlich der verknüpfenden Beziehungstypen hinzugefügt.

Es handelt sich hierbei nicht um eine automatische Cluster-Bildung, vielmehr wird ein maximaler Rahmen für ein interaktiv nach semantischen Gesichtspunkten durchgeführtes Clustering gesetzt. Im Normalfall erfolgt sowohl die Wahl der Basis als auch die Auswahl der Entity- und Beziehungstypen, die zusätzlich in den Cluster aufgenommen werden, nach subjektiven Kriterien.

Im allgemeinen sollten die von der Basis dominierten Entity-Typen, die in den Cluster aufgenommen werden, von keinem weiteren Entity-Typ dominiert werden. Ebenso nehmen die Entity-Typen, welche die Cluster-Basis dominieren und in den Cluster aufgenommen werden, häufig nicht an weiteren Beziehungstypen teil bzw. sie werden zumindest nicht von weiteren Entity-Typen dominiert. Es sind - wenn auch selten - sinnvolle Ausnahmen von diesen Regeln zu beobachten.

Abstraction-Grouping wird in [TWB89] verwendet, um

- die teilnehmenden Entity-Typen eines Aggregationstyps mit diesem in einem Cluster zusammenzufassen,
- den Elementtyp eines Gruppierungstyps mit diesem in einem Cluster zusammenzufassen,
- Subtypen mit ihrem Supertyp in einem Cluster zusammenzufassen.

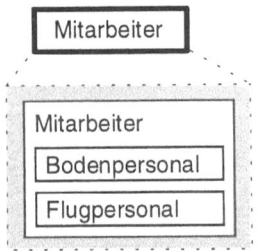

Abb. 4.5: Abstraction-Grouping für Supertypen und Subtypen

Im vorliegenden Ansatz wird aus den oben diskutierten Gründen nur der letzte Fall genutzt, den auch [TWB89] vorrangig einsetzen.

Im Beispiel (Abb. 4.5) werden die Subtypen Flugpersonal und Bodenpersonal mit ihrem Supertyp Mitarbeiter zusammengefaßt. Die durch Abstraction-Grouping gebildeten Clusters werden gemäß dem zugrundeliegenden Supertyp benannt.

Dominance-Grouping und Abstraction-Grouping können zum einen wiederholt angewendet und zum anderen nahezu beliebig miteinander kombiniert werden. Eine Einschränkung hinsichtlich der Kombinierbarkeit ist in Abb. 4.6 dargestellt. Da es nicht zweckmäßig ist, einen Cluster Auslandszuschußgruppe als Subtyp von Mitarbeiter zu modellieren, kann Auslandszuschußgruppe nicht als Basis des durch Dominance-Grouping gebildeten Entity-Clusters gewählt werden, vielmehr ist Bodenpersonal als Basis des Clusters festzulegen.

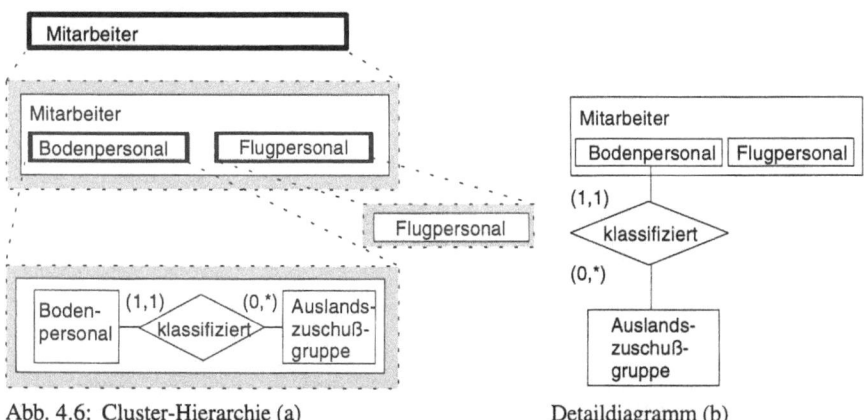

Abb. 4.6: Cluster-Hierarchie (a)   Detaildiagramm (b)

Kombination von Abstraction-Grouping und Dominance-Grouping

Diese Aussage läßt sich wie folgt verallgemeinern: Da eine Generalisierungshierarchie stets stärker bindet als eine Existenzabhängigkeit, kann ein Subtyp im Gegensatz zu einem Entity-Typ, der nicht Subtyp ist, lediglich Basis und nicht ein anderer Bestandteil eines durch Dominance-Grouping gebildeten Clusters sein.

Die Regeln zur Bildung von Entity-Clustern werden im folgenden informal gegeben. Eine formale Definition erfolgt in Abschnitt 4.2.4. Wie oben ausführlich diskutiert, sind die Regeln so formuliert, daß die Bedeutung des Clusters bezogen auf die Realwelt identisch mit oder zumindest sehr ähnlich zu der Bedeutung der Cluster-Basis bezogen auf die Realwelt ist. Diese Regeln vermeiden, daß Entity- oder Beziehungstypen in einen Entity-Cluster aufgenommen werden, die nicht Informationen zur Cluster-Basis, sondern vielmehr den Bezug zu einen anderen Entity- oder Beziehungstyp darstellen. Dieses Vorgehen hat sich als sinnvoll erwiesen, da die so gebildeten Entity-Clusters im Entwurfsablauf frühzeitig als "stabil" eingestuft werden können.

Definition 4.3 - Regeln zur Bildung von Entity-Clusters:

- Es werden Abstraction-Grouping für Generalisierung und Dominance-Grouping, wie oben beschrieben, verwendet. In einen durch Dominance-Grouping gebildeten Cluster darf ein Subtyp nur dann ohne seinen Supertyp aufgenommen werden, wenn der Subtyp die Basis des Clusters ist.

- In der Verfeinerung eines Entity-Clusters sind nur Beziehungstypen, Simple-Relationship-Clusters, Entity-Clusters und Entity-Typen zugelassen. Die in Abschnitt 4.2.3 eingeführten Complex-Relationship-Clusters dürfen in der Verfeinerung eines Entity-Clusters nicht verwendet werden.

- Innerhalb eines Entity-Clusters können nur Entity-Typen und Entity-Clusters an Beziehungstypen und Relationship-Clusters außerhalb des verfeinerten Entity-Clusters teilnehmen. D. h. Beziehungstypen und Simple-Relationship-Clusters in der Verfeinerung des Entity-Clusters dürfen nicht als Aggregationen interpretiert werden, die an anderen Beziehungstypen und Relationship-Clusters teilnehmen.   ❑

4.2.2 Simple-Relationship-Clustering

Simple-Relationship-Clustering läßt sich dazu verwenden, Integritätsbedingungen zu präzisieren und generische Beziehungstypen zu modellieren.

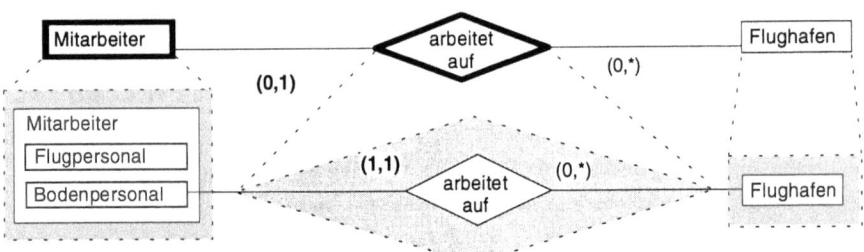

Abb. 4.7: Verfeinerung von Mitarbeiter mittels Entity-Clustering

Verfeinerung von arbeitet auf mittels Simple-Relationship-Clustering

In Abb. 4.7 wird `arbeitet auf` durch Simple-Relationship-Clustering verfeinert. Die Verfeinerung ist im Kontext der Verfeinerung von `Mitarbeiter` zu betrachten: Nun ist zu erkennen, daß nur `Bodenpersonal` auf einem `Flughafen` arbeiten kann und daß jeder `Mitarbeiter` des `Bodenpersonals` auf einem `Flughafen` arbeiten muß. Diese Art des Simple-Relationship-Clustering wird häufig in Verbindung mit Entity-Clustering eingesetzt.

Simple-Relationship-Clustering läßt sich auch dazu verwenden, semantisch ähnliche Beziehungstypen zusammenzufassen und auf diese Weise komplexe Integritätsbedingungen auszudrücken. In diesem Fall kann ein Simple-Relationship-Cluster auch als generischer Beziehungstyp interpretiert werden. Dies wird an einem anderen Realweltausschnitt (Abb. 4.8) dargestellt.

Häufig sind verschiedene Generalisierungshierarchien auf höchster Ebene durch einen Beziehungstyp verknüpft. In einem solchen Fall existieren oft Abhängigkeiten zwischen den unterschiedlichen Subtypen hinsichtlich ihrer gegenseitigen Zuordnungsmöglichkeiten.

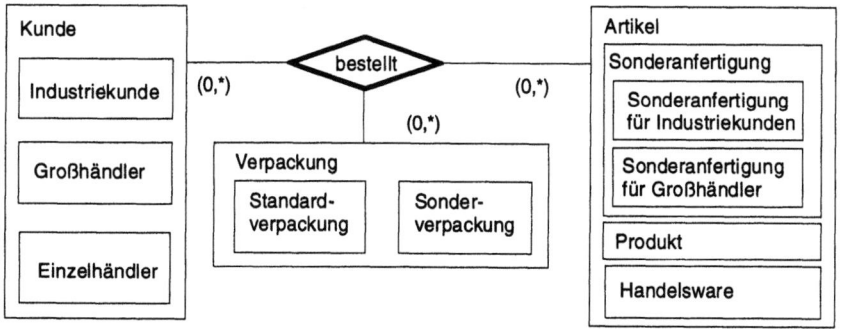

Abb. 4.8: Ausschnitt eines Entity-Relationship-Diagramms eines Industrieunternehmens: Kunden bestellen Produkte in bestimmten Verpackungen bzw. Packungsgrößen

In Abb. 4.8 ist der Ausschnitt eines existierenden mittelständischen Unternehmens modelliert. Zusätzlich wurden die folgenden Zusammenhänge und Bedingungen identifiziert:

- Nur Einzelhändler können Handelsware bestellen.
- Nur Industriekunden und Großhändler können Sonderanfertigungen bestellen. Sonderanfertigungen sind entweder für Großhändler oder für Industriekunden.
- Für jede Sonderanfertigung muß mindestens eine Bestellung existieren.

- Einzelhändler können nur Standardverpackungen bestellen, Industriekunden und Großhändler können auch Sonderverpackungen bestellen.
- Produkte können mit Sonder- oder Standardverpackung bestellt werden.
- Sonderanfertigungen können nur mit Sonderverpackung bestellt werden, Handelsware nur mit Standardverpackung.

Die Supertypen werden mit ihren Subtypen mittels Abstraction-Grouping jeweils in einem Entity-Cluster zusammengefaßt. Simple-Relationship-Clustering wird eingesetzt, um die oben formulierten zusätzlichen Integritätsbedingungen in der Verfeinerung zu modellieren. Im oberen Teil von Abb. 4.9 wird das Übersichtsdiagramm gezeigt, darunter werden die Verfeinerungen der Clusters dargestellt.

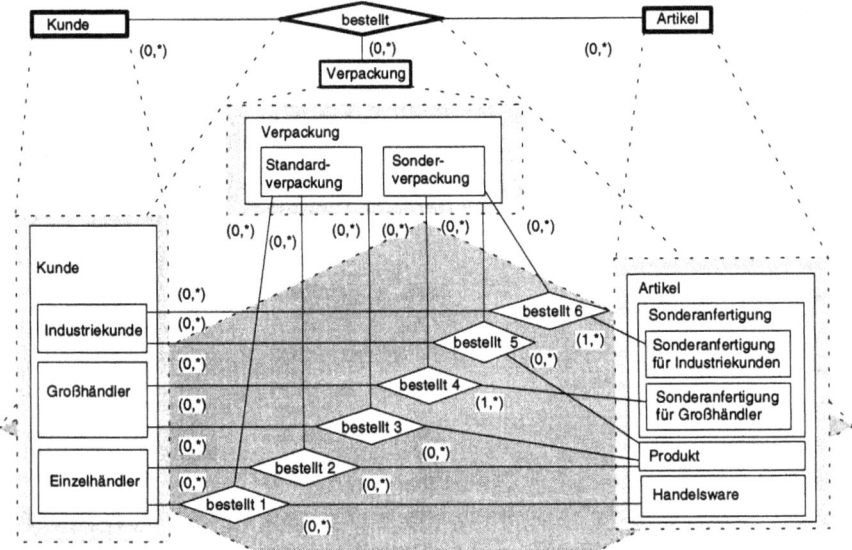

Abb. 4.9: Kontextsensitive Darstellung der Verfeinerung von bestellt aus Abb. 4.8 unter Berücksichtigung der zusätzlichen Integritätsbedingungen

Im allgemeinen wird zumindest der Simple-Relationship-Cluster wie in Abb. 4.8 ausgeblendet. Um die Zusammenhänge des modellierten Anwendungsbereichs zu verstehen, besteht im allgemeinen keine Notwendigkeit, diese Verfeinerung anzuzeigen.

Die Implementierung und Überwachung solcher Integritätsbedingungen kann normalerweise nicht über deklarative Integritätsbedingungen in der Datenbank erfolgen, sondern wird entweder durch Datenbanktrigger oder in den Anwendungsprogrammen realisiert. Die Kenntnis dieser Einzelheiten ist nur für die Spezifikation, Implementierung und Wartung der entsprechenden Module bzw. Trigger notwendig.

Die Idee des Simple-Relationship-Clustering ist von der Generalisierung der Entity-Typen abgeleitet. Dies wird in Abb. 4.10 und Abb. 4.11 gezeigt. Der Beziehungstyp `bestellt` läßt sich durch den Weak-Entity-Typ `Auftrag` (Abb. 4.10) ersetzen. Das der Abb. 4.10 zugrundeliegende Schema ist äquivalent [JNS83] zu dem in Abb. 4.8 dargestellten Entity-Relationship-Schema.

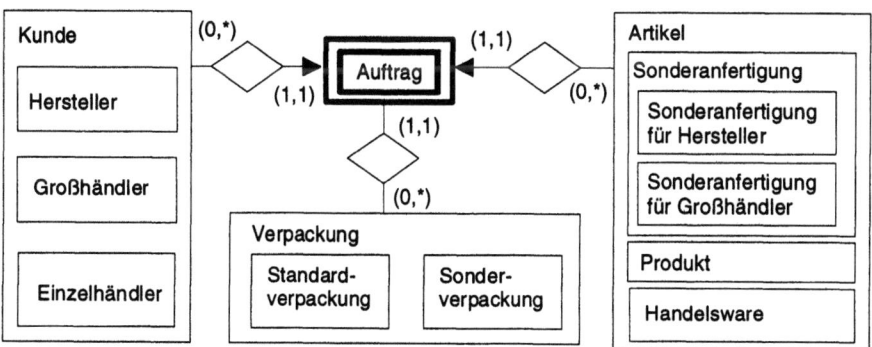

Abb. 4.10:   Äquivalente Darstellung zu Abb. 4.8

In Abb. 4.11 wird der Entity-Typ `Auftrag` durch sechs Subtypen analog zur Verfeinerung des ursprünglichen Simple-Relationship-Clusters verfeinert. Die Kombination der Beziehungstypen und der Subtyphierarchie entsprechen der Verfeinerung des ursprünglichen Simple-Relationship-Clusters. Ein zur Modellierung generischer Beziehungstypen verwendeter Simple-Relationship-Cluster kann alternativ als generischer Weak-Entity-Typ mit Subtypen dargestellt werden; die Beziehungen zwischen den Subtypen des Weak-Entity-Typs und den Subtypen der anderen Supertypen werden im übergeordneten Diagramm mittels Simple-Relationship-Clustering zusammengefaßt. Abb. 4.9 läßt sich daher auch als vereinfachte Darstellung von Abb. 4.11 interpretieren.

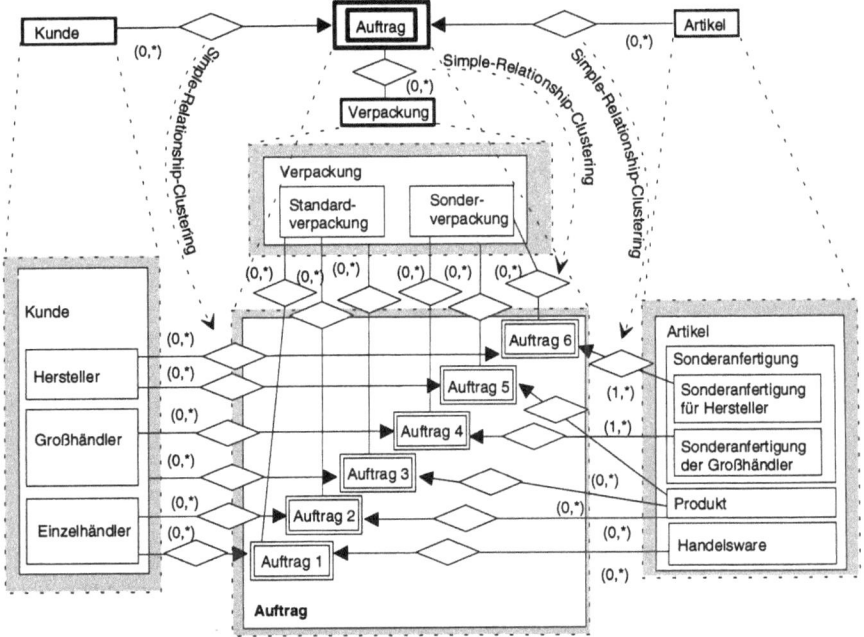

Abb. 4.11: Kontextsensitive Darstellung der Verfeinerung der Abb. 4.10

Die folgenden Regeln definieren die Möglichkeiten zur Bildung von Simple-Relationship-Clusters, um Kardinalitäten oder zusätzliche Integritätsbedingungen exakt zu modellieren. Eine formale Definition erfolgt in Abschnitt 4.2.4; dort wird insbesondere auch auf die Berücksichtigung des Rollenkonzeptes für Relationship-Clusters eingegangen. Die Regeln sind so restriktiv gewählt, daß Simple-Relationship-Clustering nur zur Präzisierung von Integritätsbedingungen und zur Darstellung generischer Beziehungstypen eingesetzt werden kann. Aufgrund dieser Einschränkungen ist die Verwendung von Simple-Relationship-Clusters auch innerhalb von Entity-Clusters möglich. Somit steht innerhalb von Entity-Clusters eine Abstraktionsmöglichkeit für Beziehungstypen zur Verfügung, welche die Zielsetzung des Entity-Clustering nicht verletzt, sondern unterstützt. Das Simple-Relationship-Clustering ist ein Spezialfall der im nächsten Abschnitt vorgestellten allgemeineren Technik des Complex-Relationship-Clustering.

Um diese Regeln zur Bildung von Simple-Relationship-Clusters auch in verbaler Form darstellen zu können, wird zwischen der kontextsensitiven und der nicht kontextsensitiven Darstellung eines Clusters unterschieden.

Definition 4.4 - Kontextsensitive Darstellung:

Die *Darstellung* der Verfeinerung eines Clusters wird als *kontextsensitive Darstellung* bezeichnet, wenn auch *alle* benachbarten Clusters verfeinert dargestellt sind (Abb. 4.9), ansonsten wird die Darstellung als *nicht kontextsensitiv* bezeichnet.

❑

Definition 4.5 - Regeln zur Bildung von Simple-Relationship-Clusters:

- Ein Simple-Relationship-Cluster wird durch eine Menge von Beziehungstypen und Simple-Relationship-Clusters verfeinert, die jeweils den gleichen Grad wie der verfeinerte Cluster besitzen.

- An einem Simple-Relationship-Cluster dürfen nur Entity-Clusters, Entity-Typen, Simple-Relationship-Clusters - interpretiert als Aggregationen - oder Beziehungstypen - interpretiert als Aggregationstypen - teilnehmen. Anders formuliert bedeutet dies, daß Complex-Relationship-Clusters - die in Abschnitt 4.2.3 eingeführt werden - nicht an einem Simple-Relationship-Cluster teilnehmen dürfen.

- In der kontextsensitiven Darstellung der Verfeinerung eines Simple-Relationship-Clusters R gelten für jeden Beziehungstyp oder Simple-Relationship-Cluster der Verfeinerung die nachfolgenden Bedingungen, die sicherstellen, daß der Cluster und seine Verfeinerungen jeweils den gleichen Grad besitzen und der Cluster als generischer Beziehungstyp interpretiert werden kann.
  - ◆ Für jeden Entity-Cluster E, der an R teilnimmt, gilt: An jedem Beziehungstyp und Simple-Relationship-Cluster der Verfeinerung von R muß ein Entity-Typ oder Entity-Cluster der Verfeinerung von E teilnehmen. Wenn E in verschiedenen Rollen an R teilnimmt, muß eine Verfeinerung von E mehrfach oder es müssen unterschiedliche Verfeinerungen von E mit insgesamt der gleichen Anzahl Rollen jeweils an den Verfeinerungen von R teilnehmen.
  - ◆ An jeder Verfeinerung von R muß für jeden Simple-Relationship-Cluster R', der an R teilnimmt, ein Beziehungstyp oder Simple-Relationship-Cluster der Verfeinerung von R' teilnehmen. Wenn R' in verschiedenen Rollen an R teilnimmt, dann muß eine Verfeinerung von R' mehrfach oder es müssen unterschiedliche Verfeinerungen von R' mit insgesamt der gleichen Anzahl Rollen jeweils an den Verfeinerungen von R teilnehmen.
  - ◆ Jeder Entity-Typ E, der an R teilnimmt, muß auch an jeder Verfeinerung von R teilnehmen. Wenn E in verschiedenen Rollen an R teilnimmt, dann muß E an den Verfeinerungen von R mit der gleichen Anzahl Rollen teilnehmen.

♦ Jeder Beziehungstyp R ', der an R teilnimmt, muß auch an jeder Verfeinerung von R teilnehmen. Wenn R ' in verschiedenen Rollen an R teilnimmt, dann muß R ' an den Verfeinerungen von R mit der gleichen Anzahl Rollen teilnehmen.

                                                                                                □

4.2.3 Complex-Relationship-Clustering

Bei großen Entity-Relationship-Schemata bestehen häufig komplexe Beziehungen zwischen den wichtigen Entity-Typen. Die detaillierte Struktur dieser komplexen Beziehungen wird durch die Verkettung unterschiedlicher Beziehungs- und Entity-Typen modelliert. Für den Entwurf umfangreicher Entity-Relationship-Diagramme wird daher das Konzept des *Complex-Relationship-Clustering* (Abb. 4.12) unterstützt, das die Zusammenfassung solcher verketteter Entity- und Beziehungstypen in einem Complex-Relationship-Cluster erlaubt. Im Gegensatz zu einem Simple-Relationship-Cluster wird ein Complex-Relationship-Cluster nicht nur durch semantisch ähnliche Beziehungstypen verfeinert, sondern es werden zusätzliche Entity-Typen und Beziehungstypen eingeführt bzw. aufgenommen.

Ein Flug (Abb. 4.12) besteht aus verschiedenen Flugabschnitten, um auch Flüge mit Zwischenlandungen zu ermöglichen.

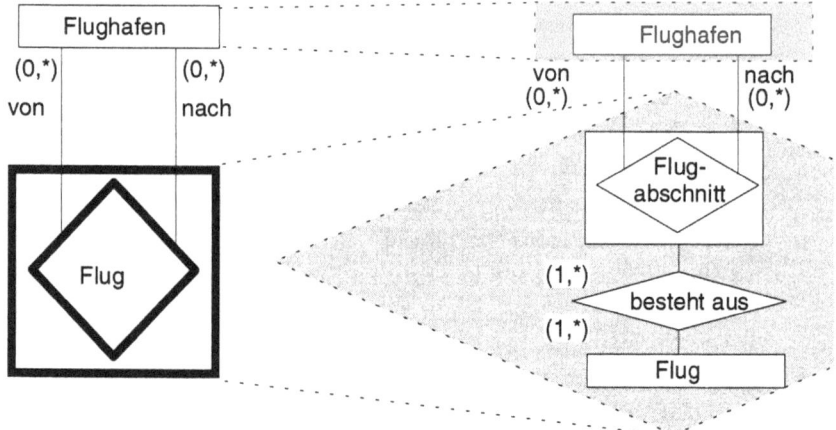

Abb. 4.12: Verfeinerung von Flug mittels Complex-Relationship-Clustering

In Abb. 4.13 wird der Aggregationstyp Durchführung verfeinert. Für einen Flug gibt es zu unterschiedlichen Zeitpunkten Flugdurchführungen. Dementsprechend gibt es für die zugeordneten Flugabschnitte Flugabschnittsdurchführungen, für die jeweils ein bestimmtes Flugzeug benutzt wird. In Abb. 4.13 ist die kontextsensitive Darstellung der Verfeinerung zu sehen: Die am Relationship-Cluster beteiligten Clusters werden ebenfalls verfeinert dargestellt. Nicht nur Entity-Clusters, sondern auch Complex-Relationship-Clusters können an einem anderen Complex-Relationship-Cluster teilnehmen; beispielsweise nimmt Flug an Durchführung teil.

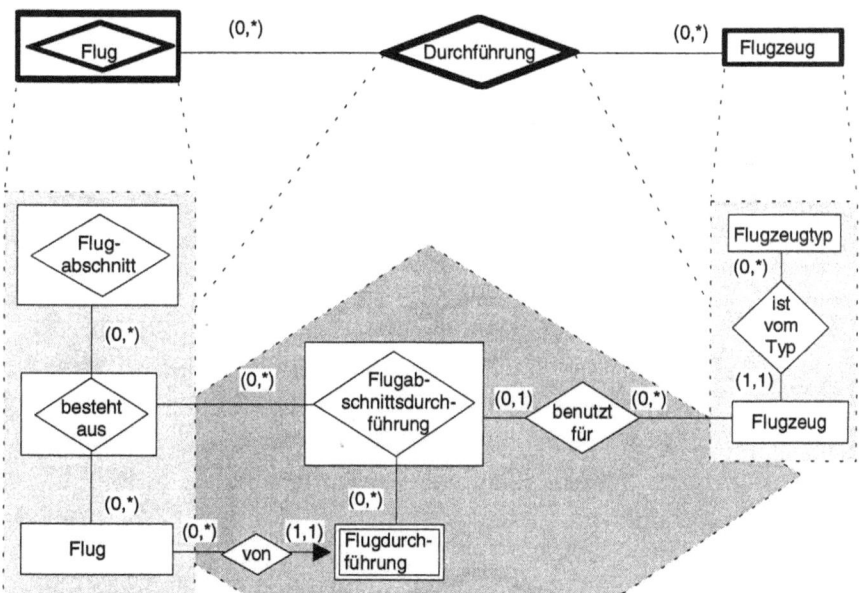

Abb. 4.13: Kontextsensitive Darstellung der Verfeinerung von Durchführung

Im Abb. 4.14 wird die Verfeinerung von fliegt mit dargestellt. Der Complex-Relationship-Cluster Flug wurde in das Diagramm aufgenommen, um den Gesamtkontext der Verfeinerung von Durchführung ersichtlich zu machen. Hier wird die Komplexität dieses Zusammenhangs deutlich. Es werden nur solche Aufgaben besetzt, die für einen bestimmten Flugzeugtyp erforderlich sind, und der Mitarbeiter muß die entsprechende Qualifikation besitzen.

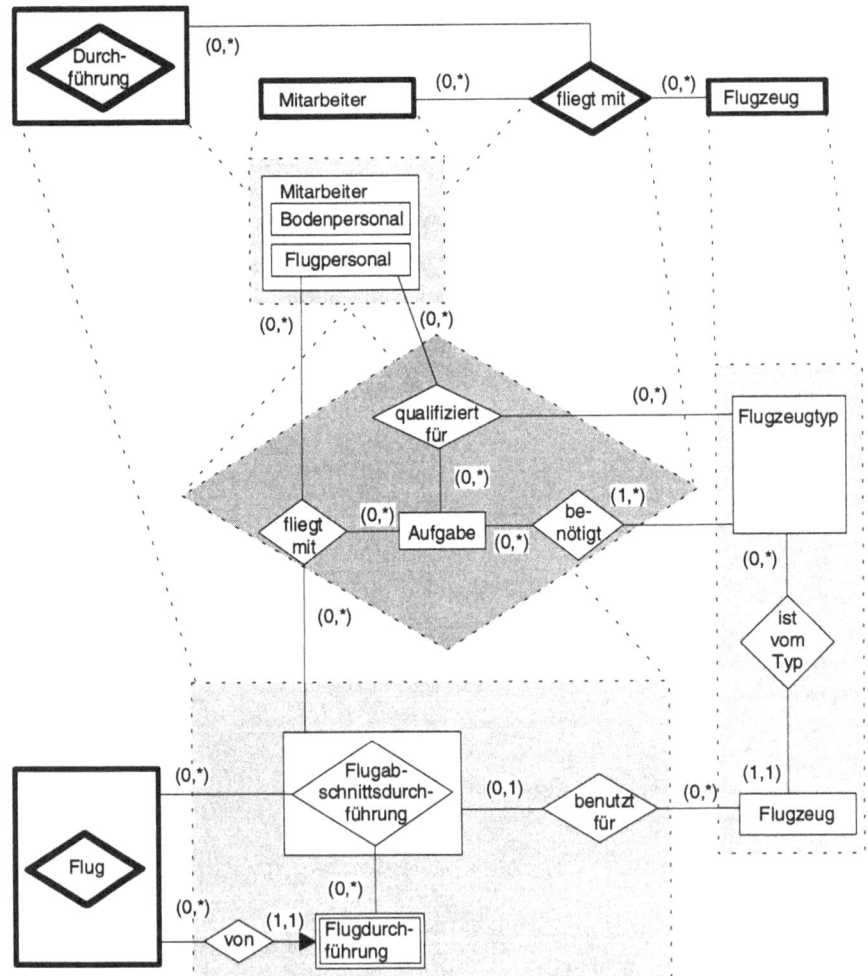

Abb. 4.14: Kontextsensitive Darstellung der Verfeinerung von fliegt mit

Die Cluster-Bildung ist von den subjektiven Entscheidungen des Designers abhängig. Beispielsweise kann auch von einem alternativen Übersichtsdiagramm (Abb. 4.15) ausgegangen werden. Durchführung und fliegt mit des Übersichtsdiagramms aus Abb. 4.2 werden durch *einen* Complex-Relationship-Cluster fliegt mit dargestellt.

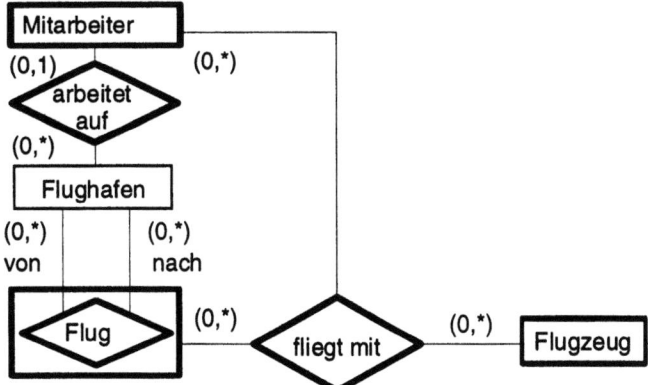

Abb. 4.15: Alternatives Übersichtsdiagramm einer Fluggesellschaft

Die kontextsensitive Darstellung der Verfeinerung dieses Complex-Relationship-Clusters ist in Abb. 4.16 zu sehen. Aus Gründen der Übersichtlichkeit ist die Verfeinerung von fliegt mit nicht grau unterlegt. Gerade während des Top-Down-Entwurfs unterliegen die Clusters häufig einer Umgestaltung bzw. Restrukturierung, die aufgrund der ermittelten Verfeinerungen sinnvoll erscheinen. Es wird also nicht strikt top-down vorgegangen, sondern in einer "JoJo"-Vorgehensweise: Während das Konzept top-down erarbeitet wird, lassen sich Detailerkenntnisse bottom-up einbringen. Eine solche Restrukturierung kann entweder top-down oder auch bottom-up - beispielsweise gemäß der in Kapitel 4.3 vorgestellten Vorgehensweise - durchgeführt werden.

Wie bereits beim Simple-Relationship-Clustering erwähnt, lassen sich kontextsensitive und nicht kontextsensitive Darstellungen einer Verfeinerung unterscheiden. In der kontextsensitiven Darstellung werden der betrachtete Cluster selbst sowie alle benachbarten Clusters verfeinert dargestellt (Abb. 4.16). Im Gegensatz dazu wird in der nicht kontextsensitiven Darstellung auf die Verfeinerung benachbarter Clusters verzichtet (Abb. 4.17). Es ist auch denkbar, einzelne Clusters der Umgebung verfeinert und andere wiederum nicht verfeinert darzustellen. Es handelt sich dabei nicht um eine andere Cluster-Definition, sondern lediglich um unterschiedliche *Darstellungsformen*.

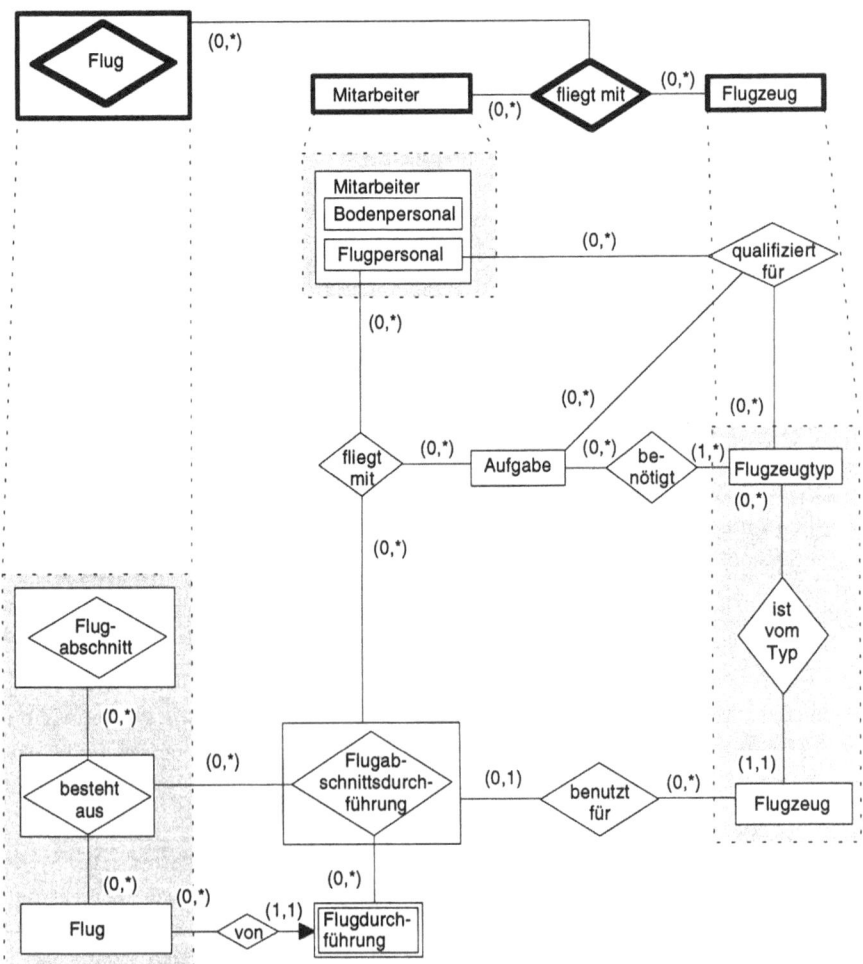

Abb. 4.16: Kontextsensitive Darstellung der Verfeinerung von fliegt mit (alternativ)

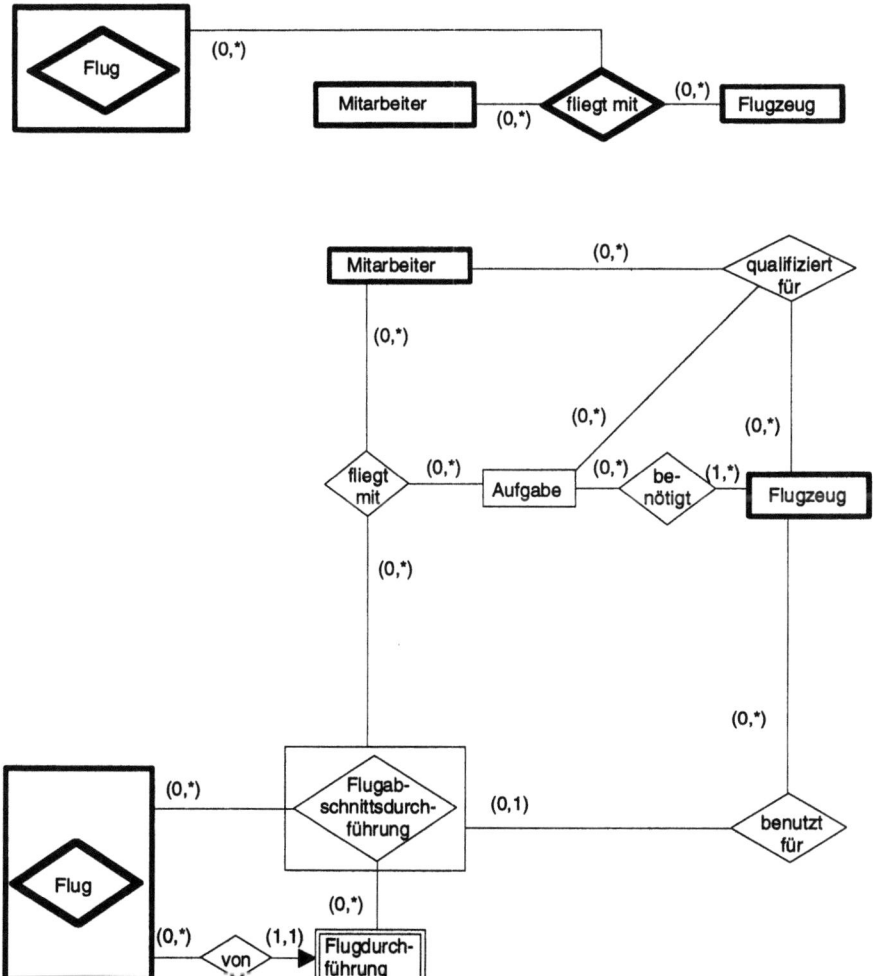

Abb. 4.17: Nicht kontextsensitive Darstellung der Verfeinerung von fliegt mit

Die folgenden Regeln definieren die Möglichkeiten zur Bildung von Complex-Relationship-Clusters. Diese Technik ist die allgemeinste, die Regeln stellen lediglich die Einbettung des verfeinerten Diagramms in den Kontext der umgebenden Clusters sicher. Eine formale Definition erfolgt in Abschnitt 4.2.4; dort wird insbesondere auch auf die Berücksichtigung des Rollenkonzeptes für Relationship-Clusters eingegangen.

Definition 4.6 - Regeln für die Bildung von Complex-Relationship-Clusters:

• Ein Complex-Relationship-Cluster kann sowohl durch Entity-Clusters und Entity-Typen als auch durch Beziehungstypen und Relationship-Clusters verfeinert werden. Es muß jedoch mindestens ein Beziehungstyp oder Relationship-Cluster in der Verfeinerung enthalten sein.

• An einem Complex-Relationship-Cluster können Entity-Clusters, Entity-Typen und als Aggregationen interpretierte Beziehungstypen bzw. Relationship-Clusters teilnehmen.

• In der kontextsensitiven Darstellung der Verfeinerung eines Complex-Relationship-Cluster R müssen die folgenden Bedingungen eingehalten werden:

   ◆ Für jeden Entity-Cluster E, der an R teilnimmt, muß mindestens ein Entity-Typ oder Entity-Cluster der Verfeinerung von E an mindestens einem Beziehungstyp oder Relationship-Cluster der Verfeinerung von R teilnehmen. Wenn E in verschiedenen Rollen an R teilnimmt, dann muß eine Verfeinerung von E mehrfach oder es müssen unterschiedliche Verfeinerungen von E mit insgesamt mindestens der gleichen Anzahl Rollen an einer oder mehreren Verfeinerungen von R teilnehmen.

   ◆ Für jeden Simple- oder Complex-Relationship-Cluster R', der an R teilnimmt, muß mindestens ein Beziehungstyp, Relationship-Cluster, Entity-Typ oder Entity-Cluster der Verfeinerung von R' an mindestens einem Beziehungstyp oder Relationship-Cluster der Verfeinerung von R teilnehmen. Wenn R' in verschiedenen Rollen an R teilnimmt, dann muß eine Verfeinerung von R' mehrfach oder es müssen unterschiedliche Verfeinerungen von R' mit insgesamt mindestens der gleichen Anzahl Rollen an einer oder mehreren Verfeinerungen von R teilnehmen.

   ◆ Jeder Entity-Typ E, der an R teilnimmt, muß an mindestens einem Beziehungstyp oder Relationship-Cluster der Verfeinerung von R teilnehmen. Wenn E in verschiedenen Rollen an R teilnimmt, dann muß E mehrfach mit insgesamt mindestens der gleichen Anzahl Rollen an einer oder mehreren Verfeinerungen von R teilnehmen.

   ◆ Jeder Beziehungstyp R', der an R teilnimmt, muß an mindestens einem Beziehungstyp oder Relationship-Cluster der Verfeinerung von R teilnehmen. Wenn R' in verschiedenen Rollen an R teilnimmt, dann muß R' mehrfach mit insgesamt mindestens der gleichen Anzahl Rollen an einer oder mehreren Verfeinerungen von R teilnehmen.   ❑

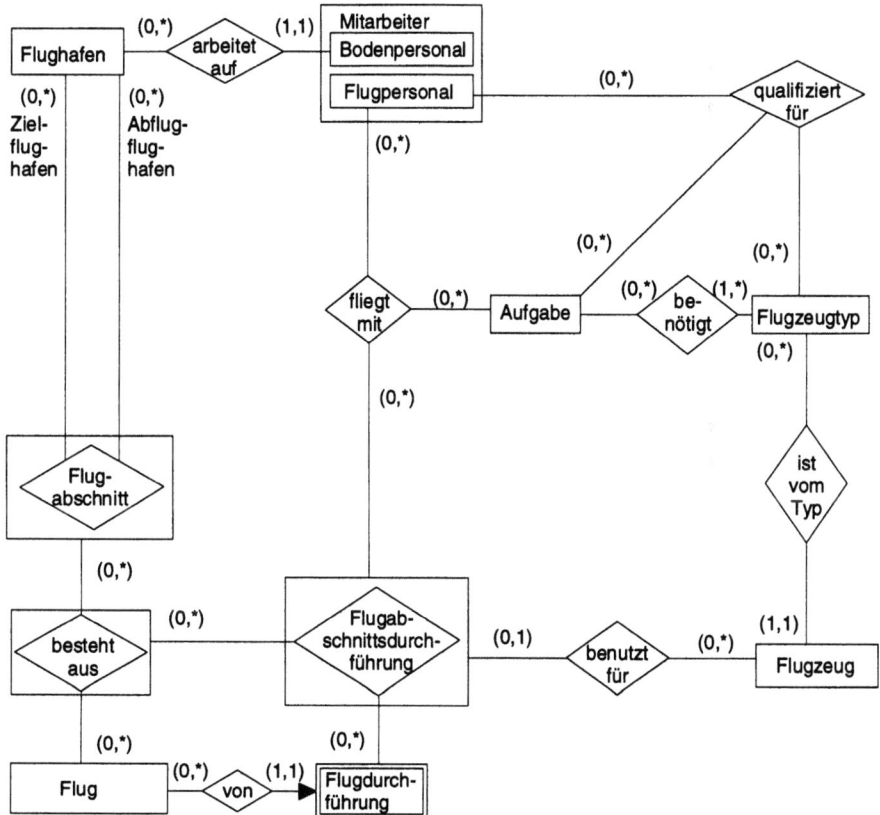

Abb. 4.18: Detaildiagramm der Fluggesellschaft

Abb. 4.18 zeigt das Detaildiagramm des Beispiels. Dieses Detaildiagramm liegt beiden vorge-stellten Cluster-Hierarchien zugrunde.

4.2.4 Formale Definition

Die Regeln zur Cluster-Bildung wurden bisher in informaler Form angegeben, nun folgt eine formale Definition des vorgestellten Clustering-Ansatzes. Eine Formalisierung des Ansatzes ist notwendig, um die Schlüssigkeit und die Konsistenz der angegebene Regeln zu überprüfen.

Definition 4.7 - Entity-Cluster (Dominance-Grouping):

Ein *Entity-Cluster* E, der durch *Dominance-Grouping* gebildet wird, wird durch E:<*d*; *basis*(E) I *ref*(E)> beschrieben, mit:

d   gibt an, daß der Entity-Cluster durch Dominance-Grouping gebildet wird.

basis(E) = B ist die Basis des Entity-Clusters; B ist ein Entity-Typ oder ein Entity-Cluster.

ref(E) = $\{X_1, X_2, ..., X_n\}$ ist die Verfeinerung von E; jedes Element $X \in ref$(E) der Verfeinerung ist entweder ein Entity-Typ, ein Entity-Cluster, ein Beziehungstyp oder ein Simple-Relationship-Cluster.

Für die Verfeinerung *ref*(E) gilt:

- Die Basis ist in der Verfeinerung enthalten:
  $basis$(E) $\in ref$(E).

- Subtypen sind nur als Basis zugelassen:
  X, Y seien Entity-Typen: $X \in ref$(E), $X \in sub(Y) \Rightarrow X = basis$(E).

- Es können nur solche Entity-Clusters und Entity-Typen zusätzlich zur Basis in die Verfeinerung von E aufgenommen werden, die diese im erweiterten Sinn dominieren oder die durch sie im engeren Sinn dominiert werden:
  $\forall X \in ref$(E)\\$basis$(E), X ist Entity-Typ oder Entity-Cluster:
  $(\exists Y \in ref$(E), Y ist Beziehungstyp oder Simple-Relationship-Cluster:
  $part(Y) = \{ basis$(E)/N_1, X/N_2 $\}$, wobei
  $max(basis$(E)/N_1, $Y) = 1$
  $\lor (min(X/N_2, Y) = 1 \land max(X/N_2, Y) = 1)$.

- Für jeden Beziehungstyp und Simple-Relationship-Cluster der Verfeinerung gilt:
  - Er sind binär.
  - Einer der Teilnehmer ist die Basis.
  - Der zweite Teilnehmer ist ebenfalls Bestandteil der Verfeinerung und ist von der Basis verschieden.

  $\forall Y \in ref$(E), Y ist Beziehungstyp oder Simple-Relationship-Cluster:
  $part(Y) = \{ basis$(E)/N_1, X/N_2 $\}$, wobei $X \in ref$(E), $X \neq basis$(E).

  ❏

Die Abb. 4.4 gibt einen Überblick über die Bildung von Entity-Clusters durch Dominance-Grouping.

Definition 4.8 - Entity-Cluster (Abstraction-Grouping):

Ein *Entity-Cluster* E, der durch *Abstraction-Grouping* gebildet wird, wird durch E:<*a*; *basis*(E) I *ref*(E)> beschrieben, mit:

a   gibt an, daß der Entity-Cluster durch Abstraction-Grouping gebildet wird.

basis(E) = B ist die Basis des Entity-Clusters; B ist ein Entity-Typ.

ref(E) =   {X I X ist ein Entity-Cluster X,

mit *basis*(X) $\in$ *sub*(*basis*(E))} $\cup$ {*basis*(E)}

ist die Verfeinerung von E. Die Verfeinerung besteht aus der Basis und allen Entity-Clusters, denen ein Subtyp der Cluster-Basis zugrunde liegt. Ein auf Abstraction-Grouping basierender Entity-Cluster kann auch lediglich aus seiner Basis bestehen.

❑

Definition 4.9 - Simple-Relationship-Cluster:

Ein *Simple-Relationship-Cluster* R wird durch R:<*s*; *part*(R) I *ref*(R)> beschrieben, mit:

s   gibt an, daß der Relationship-Cluster durch Simple-Relationship-Clustering gebildet wird.

part(R) = {T_1/N_1, T_2/N_2, ..., T_m/N_m} ist die Menge der Teilnehmer, ergänzt mit dem jeweiligen Rollennamen. Letzterer ist innerhalb des Relationship-Clusters eindeutig. Zur Vereinfachung kann auf die Angabe eines Rollennamens verzichtet werden, wenn er mit dem Namen des Teilnehmers übereinstimmt: *part*(R) = {T_1, T_2, ..., T_m}.
Jeder Teilnehmer T_i ist entweder ein Entity-Typ, ein Beziehungstyp, ein Entity-Cluster oder ein Simple-Relationship-Cluster.

grad(R) = m ist die Anzahl der Teilnehmer des Relationship-Clusters. Für jeden Relationship-Cluster gilt *grad*(R) $\geq$ 2.

anz(T, R) ist die Anzahl der Rollen, in denen T an R teilnimmt.

ref(R) =   {X_1, X_2, ..., X_n} ist die Verfeinerung von R; jedes Element X $\in$ *ref*(R) der Verfeinerung ist entweder ein Beziehungstyp oder ein Simple-Relationship-Cluster.

Der Grad der verfeinernden Beziehungstypen und Simple-Relationship-Clusters ist gleich dem Grad des verfeinerten Simple-Relationship-Clusters:

$$\forall\ X \in\ \textit{ref}(R): \textit{grad}(X) = \textit{grad}(R) = m.$$

□

Definition 4.10 - Complex-Relationship-Cluster:

Ein *Complex-Relationship-Cluster* R wird beschrieben durch R:<c; *part*(R) | *ref*(R)>, mit:

c gibt an, daß der Relationship-Cluster durch Complex-Relationship-Clustering gebildet wird.

part(R) = $\{T_1/N_1, T_2/N_2, ..., T_m/N_m\}$ ist die Menge der Teilnehmer, ergänzt mit dem jeweiligen Rollennamen. Letzterer ist innerhalb des Relationship-Clusters eindeutig. Zur Vereinfachung kann auf die Angabe eines Rollennamens verzichtet werden, wenn er mit dem Namen des Teilnehmers übereinstimmt: *part*(R) = $\{T_1, T_2, ..., T_m\}$.
Jeder Teilnehmer T_i ist entweder ein Entity-Typ, ein Beziehungstyp, ein Entity-Cluster, ein Simple-Relationship-Cluster oder Complex-Relationship-Cluster.

grad(R) = m ist die Anzahl der Teilnehmer des Relationship-Clusters. Für jeden Relationship-Cluster gilt $\textit{grad}(R) \geq 2$.

anz(T, R)   ist die Anzahl der Rollen, in denen T an R teilnimmt.

ref(R) = $\{X_1, X_2, ..., X_n\}$ ist die Verfeinerung von R; jedes Element $X \in\ \textit{ref}(R)$ der Verfeinerung ist entweder ein Entity-Typ, ein Beziehungstyp, ein Entity-Cluster, ein Simple-Relationship-Cluster oder Complex-Relationship-Cluster. Mindestens ein Element $X' \in\ \textit{ref}(R)$ muß ein Beziehungstyp, ein Simple-Relationship-Cluster oder Complex-Relationship-Cluster sein.

□

Definition 4.11 - *anz, anzahl*:

Für einen Beziehungstyp oder Relationship-Cluster R und einen Entity-Typ, Entity-Cluster, Beziehungstyp oder Relationship-Cluster X wird die Funktion *anzahl* wie folgt definiert:

$$\textit{anzahl}(X, R) = \begin{cases} \textit{anz}(X, R), & \text{falls } X/N \in\ \textit{part}(R) \text{ für eine Rolle N} \\ 0, & \text{sonst} \end{cases}$$

Für *anzahl*(X, R) wird im folgenden *anz*(X, R) geschrieben.

□

Definition 4.12 - Cluster-Hierarchie:

Eine *Cluster-Hierarchie* $\mathcal{K}$:< $\mathfrak{M} \mid \mathcal{B}, \mathcal{A}, \mathcal{b}, \mathcal{C}$> ist definiert durch:

$\mathfrak{M}$ $\mathfrak{M}$:<$\mathcal{E}, \mathcal{R}$> ist ein erweitertes Entity-Relationship-Schema.

$\mathcal{B}$ ist eine Menge von Entity-Clusters, die durch Dominance-Grouping gebildet werden.

$\mathcal{A}$ ist eine Menge von Entity-Clusters, die durch Abstraction-Grouping gebildet werden.

$\mathcal{b}$ ist eine Menge von Simple-Relationship-Clusters.

$\mathcal{C}$ ist eine Menge von Complex-Relationship-Clusters.

- Für jedes Element der Cluster-Hierarchie gilt:

  Es darf nur in einer Verfeinerung enthalten sein.

  $\forall\ X, X' \in \mathcal{B} \cup \mathcal{A} \cup \mathcal{b} \cup \mathcal{C}, X \neq X':\ ref(X) \cap ref(X') = \varnothing.$

- Für jeden Entity-Cluster X, der durch Dominance-Grouping gebildet wird, gilt:

  Ein Beziehungstyp oder Simple-Relationship-Cluster R der Verfeinerung von X kann nicht als Aggregation interpretiert werden, d. h. er darf selbst nicht wieder an einem Beziehungstyp oder Relationship-Cluster teilnehmen.

  $\forall\ X \in \mathcal{B}:\ \big(\forall\ R \in ref(X) \cap (\mathcal{R} \cup \mathcal{b}):$

  $\qquad (\nexists\ R' \in (\mathcal{R} \cup \mathcal{b} \cup \mathcal{C}): R/N \in part(R'),$ für eine Rolle N$)\big).$

- Für jeden *Simple-Relationship-Cluster* Y gilt:

  Für jeden Entity-Typ und jeden Beziehungstyp X, der an dem Simple-Relationship-Cluster Y in j Rollen teilnimmt, gilt:

  X nimmt an jedem Beziehungstyp oder Simple-Relationship-Cluster Y ' der Verfeinerung von Y in j Rollen teil (s. Beispiel 4.1 + 4.2).

  $\forall\ Y \in \mathcal{b}:\ \big(\forall\ X/N \in part(Y), X \in \mathcal{E} \cup \mathcal{R}, \forall\ Y' \in ref(Y): anz(X, Y) = anz(X, Y')\big).$

  Für jeden Entity-Cluster und jeden Simple-Relationship-Cluster Z, der an dem Simple-Relationship-Cluster Y in j Rollen teilnimmt, gilt:

  Zu jedem Beziehungstyp oder Simple-Relationship-Cluster Y ' der Verfeinerung von Y gibt es Elemente Z ' der Verfeinerung von Z, die in insgesamt j Rollen an Y ' teilnehmen (s. Beispiel 4.1 + 4.2)).

  $\forall\ Y \in \mathcal{b}:\ \big(\forall\ Z/N \in part(Y), Z \in \mathcal{A} \cup \mathcal{B} \cup \mathcal{b}, \forall\ Y' \in ref(Y):$

  $$\Big(anz(Z, Y) = \sum_{Z' \in ref(Z)} anz(Z', Y')\Big)\Big).$$

- Für jeden *Complex-Relationship-Cluster* Y gilt:
  Für jeden Entity-Typ und Beziehungstyp X, der an dem Complex-Relationship-Cluster
  Y in j Rollen teilnimmt, gilt:
  X nimmt an einem oder mehreren Beziehungstypen oder Simple-Relationship-Clusters
  Y' der Verfeinerung von Y in insgesamt mindestens j Rollen teil (s. Beispiel 4.3 +
  4.4).

  $$\forall\, Y \in \mathcal{C} \colon \Big(\forall\, X/N \in part(Y),\, X \in \mathcal{E} \cup \mathcal{R} \colon$$

  $$\Big(anz(X, Y) \;\le\; \sum_{Y' \,\in\, ref(Y) \cap (\mathcal{R}\cup\delta\cup\mathcal{C})} anz(X, Y')\Big)\Big).$$

  Für jeden Entity- oder Relationship-Cluster Z, der an dem Complex-Relationship-
  Cluster Y in j Rollen teilnimmt, gilt:
  Zu einem oder mehreren Beziehungstypen oder Relationship-Clusters Y' der Verfei-
  nerung von Y gibt es ein oder mehrere Elemente Z' der Verfeinerung von Z, die in
  insgesamt mindestens j Rollen an Beziehungstypen oder Relationship-Clusters der
  Verfeinerung von Y teilnehmen (s. Beispiel 4.3 + 4.4)).

  $$\forall\, Y \in \mathcal{C} \colon \Big(\forall\, Z/N \in part(Y),\, Z \in \mathcal{A} \cup \mathcal{B} \cup \delta \cup \mathcal{C} \colon$$

  $$\Big(anz(Z, Y) \;\le\; \sum_{Y' \in\, ref(Y) \cap (\mathcal{R}\cup\delta\cup\mathcal{C}),\; Z' \in\, ref(Z)} anz(Z', Y')\; \Big)\Big).$$

- Für jeden Beziehungstyp oder Relationship-Cluster Y' in der Verfeinerung von Y gilt:
  Die Teilnehmer sind entweder in der Verfeinerung von Y, in einer Verfeinerung der
  Teilnehmer von Y enthalten oder nehmen direkt an Y teil.

  $$\forall\, Y \in \mathcal{C} \colon \Big(\forall\, Y' \in ref(Y) \cap (\mathcal{R} \cup \delta \cup \mathcal{C}) \colon \big(\forall\, T/N \in part(Y') \colon$$

  $$T \in ref(Y)$$
  $$\vee\ T/N' \in part(Y),\ \text{für eine Rolle } N'$$
  $$\vee\ \exists\, Z/N'' \in part(Y) \colon (T \in ref(Z)),\ \text{für eine Rolle } N''\big)\Big).$$

  □

Die Bedingungen stellen die Einbettung von Clusters und ihren Verfeinerungen in die Cluster-
Hierarchie sicher. In den folgenden Beispielen wird auf die Bedingungen für Relationship-
Clusters unter Berücksichtigung des Rollenkonzepts eingegangen.

Beispiel 4.1:

Gegeben sei eine *Cluster-Hierarchie* $\mathcal{H}$:< $\mathcal{M}$:<$\mathcal{E}$, $\mathcal{R}$> I $\mathcal{S}$, $\mathcal{A}$, $\mathcal{b}$, $\mathcal{C}$> (Abb. 4.19), mit:

$\mathcal{E}$ = {X, Z_1, Z_2}

$\mathcal{R}$ = {Z_3:<Z_1, Z_2>, Y_1:<X, Z_1>, Y_2:<X, Z_2>}

$\mathcal{S}$ = {Z:<d; Z_1 I {Z_1, Z_2, Z_3}>}

$\mathcal{A}$ = $\varnothing$

$\mathcal{b}$ = {Y:<s; {X, Z} I {Y_1, Y_2}>}

$\mathcal{C}$ = $\varnothing$

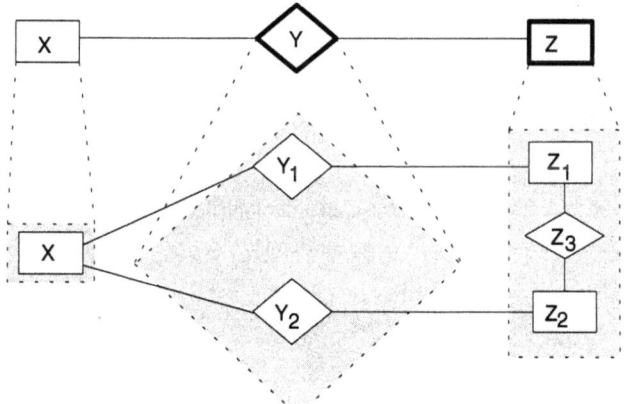

Abb. 4.19: Bedingungen für Simple-Relationship-Clusters ohne Rollen

Die oben aufgeführten Bedingungen für Simple-Relationship-Clusters in einer Cluster-Hierarchie lassen sich wie folgt auf dieses Beispiel anwenden.

Für jeden Entity-Typ und jeden Beziehungstyp X, der an dem Simple-Relationship-Cluster Y in j Rollen teilnimmt, gilt: X nimmt an jedem Beziehungstyp oder Simple-Relationship-Cluster Y' der Verfeinerung von Y in j Rollen teil.

- X nimmt an Y in jeweils einer Rolle teil; die Bedingung ist erfüllt, weil
- X an Y_1 und an Y_2 in jeweils einer Rolle teilnimmt.

Für jeden Entity-Cluster und jeden Simple-Relationship-Cluster Z, der an dem Simple-Relationship-Cluster Y in j Rollen teilnimmt, gilt: Zu jedem Beziehungstyp oder Simple-Relationship-Cluster Y' der Verfeinerung von Y gibt es Elemente Z' der Verfeinerung von Z, die in insgesamt j Rollen an Y' teilnehmen.

- Z nimmt an Y teil; die Bedingung ist erfüllt, weil
- Z_1 an Y_1 und Z_2 an Y_2 teilnimmt.

$\square$

Beispiel 4.2:

Gegeben sei eine *Cluster-Hierarchie* $\mathcal{H}:< \mathcal{M}:<\mathcal{E}, \mathcal{R}> | \mathcal{D}, \mathcal{A}, \mathcal{B}, \mathcal{C}>$ (Abb. 4.20), mit:

$\mathcal{E}$ = $\{X, Z_1, Z_2\}$

$\mathcal{R}$ = $\{$ Z_3:$<Z_1, Z_2>$, Y_1:$<X/N_5, X/N_6, Z_1/N_9, Z_2/N_{10}>$,

  Y_2:$<X/N_7, X/N_8, Z_2/N_{11}, Z_2/N_{12}>\}$

$\mathcal{D}$ = $\{Z$:$<d$; $Z_1 | \{Z_1, Z_2, Z_3\}>\}$

$\mathcal{A}$ = $\varnothing$

$\mathcal{B}$ = $\{Y$:$<s$; $\{X/N_1, X/N_2, Z/N_3, Z/N_4\} | \{Y_1, Y_2\}>\}$

$\mathcal{C}$ = $\varnothing$

Die oben aufgeführten Bedingungen für Simple-Relationship-Clusters in einer Cluster-Hierarchie lassen sich wie folgt auf dieses Beispiel anwenden.

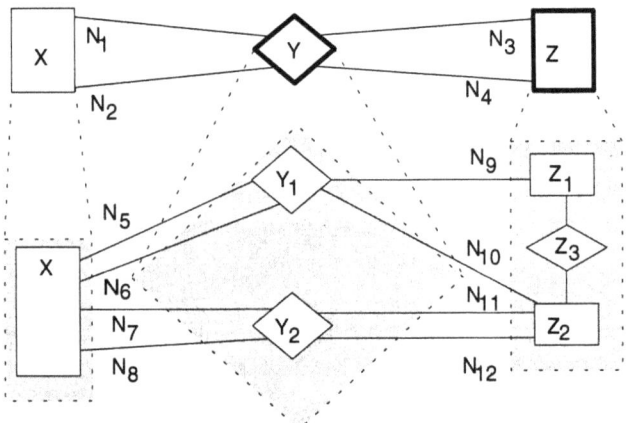

Abb. 4.20: Bedingungen für Simple-Relationship-Clusters mit Rollen

Für jeden Entity-Typ und jeden Beziehungstyp X, der an dem Simple-Relationship-Cluster Y in j Rollen teilnimmt, gilt: X nimmt an jedem Beziehungstyp oder Simple-Relationship-Cluster Y ' der Verfeinerung von Y in j Rollen teil.

- X nimmt an Y in zwei Rollen teil; die Bedingung ist erfüllt, weil
- X an Y_1 und an Y_2 in jeweils zwei Rollen teilnimmt.

Für jeden Entity-Cluster und jeden Simple-Relationship-Cluster Z, der an dem Simple-Relationship-Cluster Y in j Rollen teilnimmt, gilt: Zu jedem Beziehungstyp oder Simple-Relationship-Cluster Y' der Verfeinerung von Y gibt es Elemente Z' der Verfeinerung von Z, die in insgesamt j Rollen an Y' teilnehmen.

- Z nimmt an Y in zwei Rollen teil; die Bedingung ist erfüllt, weil
- Z_1 und Z_2 an Y_1, d. h. mit insgesamt zwei verschiedenen Rollen, teilnehmen und Z_2 an Y_2 in zwei verschiedenen Rollen teilnimmt.

❏

Beispiel 4.3:

Gegeben sei eine *Cluster-Hierarchie* $\mathcal{X}:< \mathcal{M}:<\mathcal{E}, \mathcal{R}> | \mathcal{B}, \mathcal{A}, \mathcal{b}, \mathcal{C}>$ (Abb. 4.21), mit:

$\mathcal{E}$ = $\{X, Z_1, Z_2, Y_3\}$

$\mathcal{R}$ = $\{Z_3:<Z_1, Z_2>, Y_1:<X, Z_1, Y_3>, Y_2:<Z_2, Y_3>\}$

$\mathcal{B}$ = $\{Z:<d; Z_1 | \{Z_1, Z_2, Z_3\}>\}$

$\mathcal{A}$ = $\varnothing$

$\mathcal{b}$ = $\varnothing$

$\mathcal{C}$ = $\{Y:<c; \{X, Z\} | \{Y_1, Y_2, Y_3\}>\}$

Die oben aufgeführten Bedingungen für Complex-Relationship-Clusters in einer Cluster-Hierarchie lassen sich wie folgt auf dieses Beispiel anwenden.

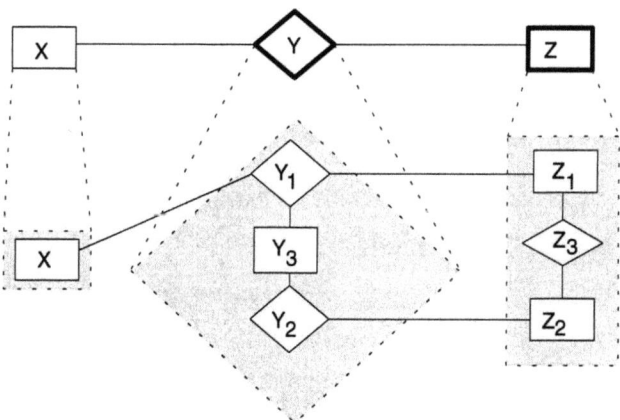

Abb. 4.21: Bedingungen für Complex-Relationship-Clusters ohne Rollen

Für jeden Entity-Typ und Beziehungstyp X, der an dem Complex-Relationship-Cluster Y in j Rollen teilnimmt, gilt: X nimmt an einem oder mehreren Beziehungstypen oder Simple-Relationship-Clusters Y ' der Verfeinerung von Y in insgesamt mindestens j Rollen teil.

- X nimmt an Y teil; die Bedingung ist erfüllt, weil
- X an Y_1 teilnimmt.

Die Bedingung ist auch erfüllt, wenn X zusätzlich an weiteren Beziehungstypen oder Relationship-Clusters der Verfeinerung von Y teilnimmt.

Für jeden Entity- oder Relationship-Cluster Z, der an dem Complex-Relationship-Cluster Y in j Rollen teilnimmt, gilt: Zu einem oder mehreren Beziehungstypen oder Relationship-Clusters Y ' der Verfeinerung von Y gibt es ein oder mehrere Elemente Z ' der Verfeinerung von Z, die in insgesamt mindestens j Rollen an Beziehungstypen oder Relationship-Clusters der Verfeinerung von Y teilnehmen.

- Z nimmt an Y teil; die Bedingung ist erfüllt, weil
- Z_1 an Y_1 und Z_2 an Y_2 teilnimmt.

Zur Erfüllung der Bedingung reicht es auch aus, wenn nur Z_1 an Y_1 oder nur Z_2 an Y_2 teilnimmt.   □

Beispiel 4.4:

Gegeben sei eine *Cluster-Hierarchie* $\mathcal{H}$:< $\mathcal{M}$:<$\mathcal{E}$, $\mathcal{R}$> | $\mathcal{B}$, $\mathcal{A}$, $\mathcal{b}$, $\mathcal{C}$> (Abb. 4.22), mit:

$\mathcal{E}$ = {X, Z_1, Z_2}

$\mathcal{R}$ = { Z_3:<Z_1, Z_2>, Y_1:<X/N_5, X/N_6, Z_1/N_7, Y_3/N_9>,

    Y_2:<Z_2/N_8, Y_3/N_{10}>}

$\mathcal{B}$ = {Z:<d; Z_1 | {Z_1, Z_2, Z_3}>}

$\mathcal{A}$ = $\varnothing$

$\mathcal{b}$ = $\varnothing$

$\mathcal{C}$ = {Y:<c; {X/N_1, X/N_2, Z/N_3, Z/N_4} | {Y_1, Y_2, Y_3}>}

Die oben aufgeführten Bedingungen für Complex-Relationship-Clusters in einer Cluster-Hierarchie lassen sich wie folgt auf dieses Beispiel anwenden.

Für jeden Entity-Typ und Beziehungstyp X, der an dem Complex-Relationship-Cluster Y in j Rollen teilnimmt, gilt: X nimmt an einem oder mehreren Beziehungstypen oder Simple-Relationship-Clusters Y ' der Verfeinerung von Y in insgesamt mindestens j Rollen teil.

- X nimmt an Y in zwei Rollen teil; die Bedingung ist erfüllt, weil
- X an Y_1 in zwei verschiedenen Rollen teilnimmt.

Die Bedingung ist auch erfüllt, wenn X an zwei verschiedenen Verfeinerungen - z.B. Y_1 und Y_2 - von Y in jeweils einer Rolle teilnimmt.

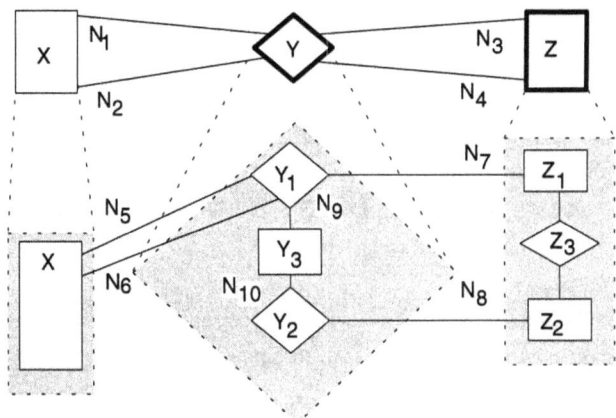

Abb. 4.22: Bedingungen für Complex-Relationship-Clusters mit Rollen

Für jeden Entity- oder Relationship-Cluster Z, der an dem Complex-Relationship-Cluster Y in j Rollen teilnimmt, gilt: Zu einem oder mehreren Beziehungstypen oder Relationship-Clusters Y' der Verfeinerung von Y gibt es ein oder mehrere Elemente Z' der Verfeinerung von Z, die in insgesamt mindestens j Rollen an Beziehungstypen oder Relationship-Clusters der Verfeinerung von Y teilnehmen.

- Z nimmt an Y in zwei Rollen teil; die Bedingung ist erfüllt, weil
- Z_1 an Y_1, und Z_2 an Y_2 teilnimmt,

d. h. Verfeinerungen nehmen mit mindestens zwei verschiedenen Rollen teil.

         ❏

Definition 4.13 - Top-Level-Diagramm:

Gegeben sei eine Cluster-Hierarchie $\mathcal{H}:< \mathcal{M}:<\mathcal{E}, \mathcal{R}> \mid \mathcal{B}, \mathcal{A}, \mathcal{b}, \mathcal{C}>$. Das zugehörige *Top-Level-Diagramm* ist die grafische Darstellung, der Elemente, die in keiner Verfeinerung enthalten sind: $\{ X \mid X \in \mathcal{E} \cup \mathcal{R} \cup \mathcal{B} \cup \mathcal{A} \cup \mathcal{b} \cup \mathcal{C}, \nexists\, Y \in \mathcal{B} \cup \mathcal{A} \cup \mathcal{b} \cup \mathcal{C}: X \in \mathit{ref}(Y) \}$.

         ❏

Definition 4.14 - Detail-Diagramm:

Gegeben sei eine Cluster-Hierarchie $\mathcal{H}:< \mathcal{M}:<\mathcal{E}, \mathcal{R}> \mid \mathcal{B}, \mathcal{A}, \mathcal{b}, \mathcal{C}>$. Das zugehörige *Detail-Diagramm* ist die grafische Darstellung des Entity-Relationship-Schemas $\mathcal{M}$.

         ❏

Im Gegensatz zu den bereits existierenden Entity-Clustering-Ansätzen werden im Entity-Relationship-Modell-Clustering keine fixen Diagramm-Hierarchiestufen festgelegt. Vielmehr erfolgt der Einstieg entweder über das Top-Level-Diagramm oder das Detail-Diagramm. Weitere grafische Darstellungen können erstellt werden, indem ausgehend vom Top-Level-Diagramm einzelne Clusters in der grafischen Darstellung durch ihre Verfeinerungen ersetzt werden. D.h. in einem Diagramm können sowohl Clusters des Top-Level-Diagramms als auch Ausschnitte aus dem Detaildiagramm sowie Clusters aus anderen Abstraktionsebenen verwendet werden. Ziel dieses flexiblen Konzepts ist es, daß der eigentlich relevante Ausschnitt im Detail betrachtet werden kann und trotzdem der Gesamtzusammenhang zum gesamten modellierten Schema erhalten bleibt.

Die hier vorgestellte formale Definition ist die Grundlage für den zuvor exemplarisch vorgestellten Clustering-Ansatz. Im Rahmen des Abstraction-Grouping ist zu beachten, daß parallel zu einer Subtyphierarchie durch Abstraction-Grouping eine Hierarchie von Entity-Clusters aufgebaut wird. In der graphischen Darstellung der Beispiele ist dies nur in Abb. 4.6 zu erkennen.

4.3 Bottom-Up-Clustering

Während des Top-Down-Entwurfs werden die Clusters gemäß den Anforderungen des Designers verfeinert und bei Bedarf restrukturiert. Zur Unterstützung einer Restrukturierung und zum Aufbau einer Cluster-Hierarchie bottom-up ist eine Bottom-Up-Vorgehensweise erforderlich. Diese Restrukturierung von Cluster-Hierarchien ist vor allen Dingen dann notwendig, wenn Erkenntnisse, die erst im Verlauf des Entwurfs gewonnen werden, eine anders strukturierte Cluster-Hierarchie erfordern. Der Aufbau von Cluster-Hierarchien bottom-up wird außerdem benötigt, um Cluster-Hierarchien für bereits existierende Datenstrukturen und Datenbestände aufzubauen und so beispielsweise ein Reengineering vorzubereiten. Die in der vorliegenden Arbeit eingeführte Bottom-Up-Vorgehensweise basiert einerseits auf dem Ansatz von [TWB89], um die Entity-Clusters zu bestimmen, und andererseits auf einer Modifikation des Algorithmus von [RaS92], um die benötigten Complex-Relationship-Clusters festzulegen.

Diese Vorgehensweise kann zum einen als Richtlinie für einen manuellen Aufbau der Cluster-Hierarchie und zum anderen für eine (halb)automatische Generierung einer Abstraktionshierarchie verwendet werden. Eine automatisch erzeugte Hierarchie kann später den individuellen Anforderungen angepaßt werden. Bei der algorithmischen Implementierung dieser

Vorgehensweise in einem Tool läßt sich die Effizienz steigern, indem Interaktionsmöglichkei-
ten für den Anwender berücksichtigt werden, die den späteren Aufwand zu Restrukturierung
der generierten Abstraktionshierarchie wesentlich verringern. Auf sinnvolle Stellen für solche
Eingriffe wird in den Beispielen hingewiesen.

Bottom-Up-Vorgehensweise (Abb. 4.23):

① Dominance-Grouping für Subtypen
   Zunächst werden Clusters mit Subtypen als Basis unter Verwendung von Dominance-
   Grouping gebildet. Die Subtypen werden zum einen mit den von ihnen dominierten
   Entity-Typen zusammengefaßt, falls diese nicht von weiteren Entity-Typen dominiert
   werden, und zum anderen mit den Entity-Typen, die sie dominieren und die an keinen
   weiteren Beziehungstypen teilnehmen.

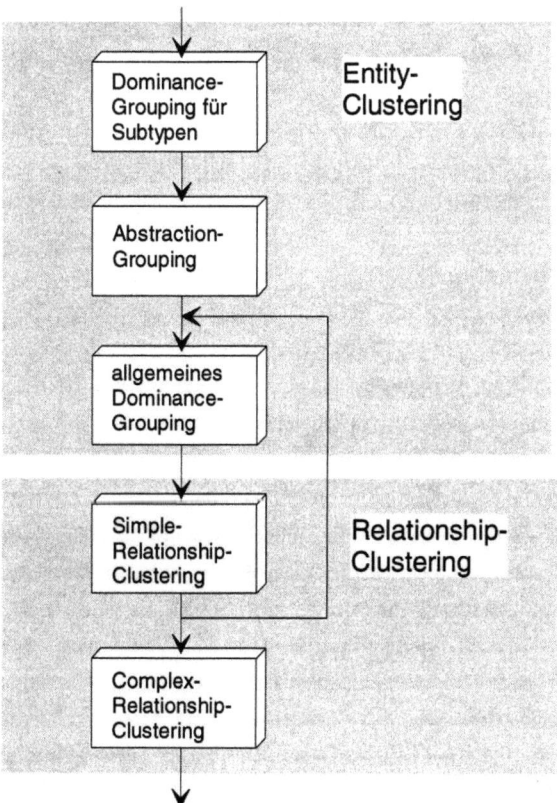

Abb. 4.23: Bottom-Up-Clustering

② Abstraction-Grouping

Im Anschluß werden für alle Supertypen Entity-Clusters durch Abstraction-Grouping gebildet.

③ Allgemeines Dominance-Grouping

Abschließend wird ein allgemeines Dominance-Grouping durchgeführt. Es werden alle Entity-Typen und Clusters, die weder Subtypen sind noch auf solchen basieren, als Basen potentieller Entity-Clusters eingestuft und entsprechend untersucht. Dominierende Entity-Typen bzw. Entity-Clusters, hinsichtlich welcher die Basis des zu bildenden Clusters eine Minimumkardinalität von 0 besitzt, werden nur dann in den Cluster aufgenommen, wenn sie an keinem weiteren Beziehungstyp bzw. Relationship-Cluster teilnehmen. Die Basis eines Clusters läßt sich entweder interaktiv oder auf Grundlage der Diagrammstruktur festlegen. Dabei sind die Möglichkeiten der iterativen Anwendung des Dominance-Grouping und die Clustergröße zu berücksichtigen. Konflikte, bei denen ein Entity-Typ oder Entity-Cluster mehreren Clusters zugeordnet werden kann, sind interaktiv zu lösen.

Aufgrund dessen, daß Entity-Clusters nicht an Beziehungstypen teilnehmen dürfen, werden für das bisher erzeugte Übersichtsdiagramm zusätzliche Simple-Relationship-Clusters benötigt, die lediglich einen Beziehungstyp enthalten. Dies ist erforderlich, da Clusters nur an Relationship-Clusters, aber nicht an Beziehungstypen teilnehmen können. Die Notwendigkeit und die Verwendung werden im nachfolgenden Beispiel deutlich: Für jeden Beziehungstyp, an dem die Entity-Typen der neu gebildeten Clusters teilnehmen, wird ein entsprechender Simple-Relationship-Cluster angelegt. Da den anderen Ansätzen keine formale Basis zugrunde liegt, ist es dort nicht erforderlich, zwischen Entity-Typen und Entity-Clusters zu unterscheiden und diese Problematik zu betrachten.

④ Simple-Relationship-Clustering

In dieser Phase werden generische Simple-Relationship-Clusters gebildet. Alle Simple-Relationship-Clusters mit den gleichen Teilnehmern werden vereinigt, d. h. es wird jeweils ein Simple-Relationship-Cluster gebildet, der alle Verfeinerungen der verschmolzenen Clusters enthält. Beziehungstypen werden nicht betrachtet, da sie Verfeinerungen der bereits bestehenden (zuvor implizierten) Simple-Relationship-Clusters sind. Durch die Bildung von Simple-Relationship-Clusters können neue Möglichkeiten zur Bildung von Entity-Clusters durch allgemeines Dominance-Grouping entstehen. Dominance-Grouping ③ und Simple-Relationship-Clustering ④ können mehrfach wiederholt werden.

⑤ Complex-Relationship-Clustering

Abschließend werden die Complex-Relationship-Clusters mit einer dem in [RaS92] vorgestellten Algorithmus ähnlichen Vorgehensweise bestimmt. Das Eingabeschema ist das Ergebnisschema der vorangegangenen Phase. Dieses Vorgehen wird ausführlich anhand des folgenden Beispiels erklärt.

Die Bildung von Clusters bottom-up wird exemplarisch am Beispiel der Fluggesellschaft erläutert und auf das bereits bekannte Entity-Relationship-Schema (Abb. 4.24) angewandt. Abb. 4.25 zeigt das Übersichtsdiagramm, *nachdem* Entity-Clustering auf Abb. 4.24 angewendet wurde.

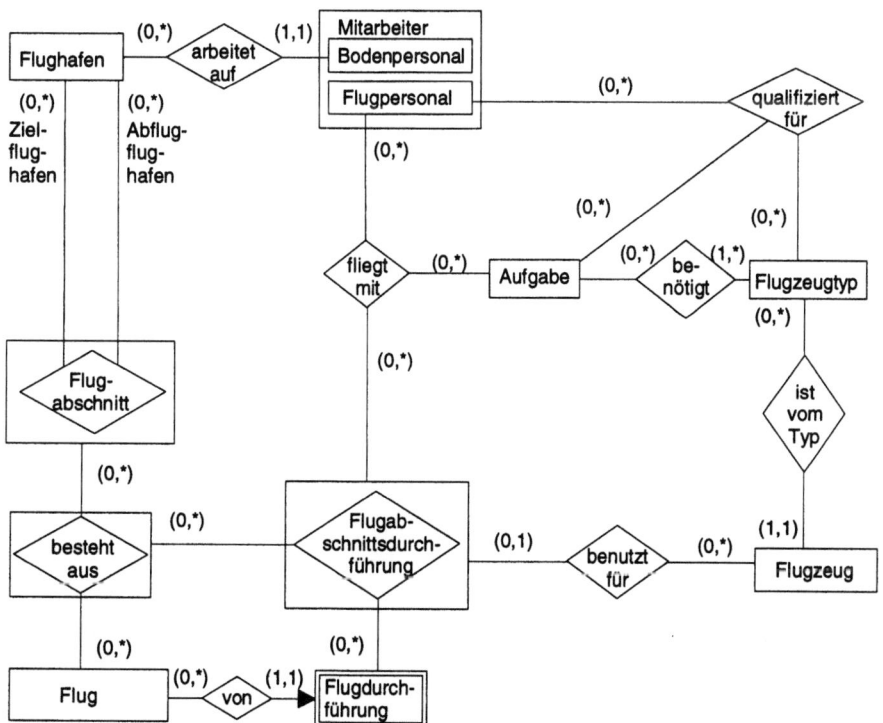

Abb. 4.24: Detaildiagramm der Fluggesellschaft (siehe auch Abb. 4.18)

① Dominance-Grouping für Subtypen

Die Subtypen Bodenpersonal und Flugpersonal dominieren keine anderen Entity-Typen oder Clusters und werden auch von keinem Entity-Typ oder Entity-Cluster dominiert, der an keinem weiteren Beziehungstyp oder Relationship-Cluster teilnimmt: Flughafen dominiert Bodenpersonal, aber nimmt zusätzlich an Flugabschnitt teil.

② Abstraction-Grouping
Abstraction-Grouping läßt sich auf Mitarbeiter und seine Subtypen anwenden.

③ Allgemeines Dominance-Grouping
Zum einen wird Flug mit Flugdurchführung und zum anderen Flugzeugtyp mit Flugzeug zusammengefaßt. Da Flugzeug von Flugzeugtyp nicht identifikationsabhängig ist, wird der Cluster nach dem dominierten Entity-Typ Flugzeug benannt.

Da Entity-Clusters nicht an Beziehungstypen teilnehmen dürfen, werden für das Übersichtsdiagramm zusätzliche Simple-Relationship-Clusters benötigt, diese sind in Abb. 4.25 mit unterbrochenen Linien dargestellt.

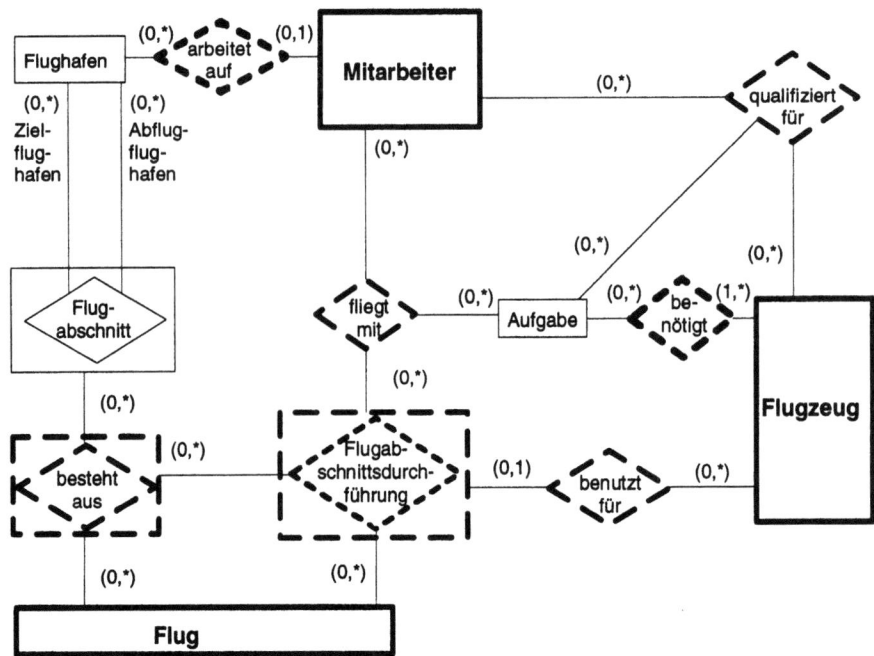

Abb. 4.25: Übersichtsdiagramm nach dem Entity-Clustering

④ Simple-Relationship-Clustering

Im vorliegenden Beispiel lassen sich keine zusätzlichen Simple-Relationship-Clusters ermitteln.

⑤ Complex-Relationship-Clustering

Abschließend werden die Complex-Relationship-Clusters mit einer dem von [RaS92] vorgestellten Algorithmus ähnlichen Vorgehensweise bestimmt. Es wird die bisher ermittelte Cluster-Hierarchie (Abb. 4.25) zugrunde gelegt. Zunächst werden die sogenannten Clustering-Bäume ([RaS92], Abb. 4.26) ermittelt.

Entity-Typen oder Clusters, die nur mit einer Maximumkardinalität > 1 an Beziehungstypen und Relationship-Clusters teilnehmen, bilden die Wurzeln der Clustering-Bäume:

Flugzeug, Flug, Flughafen, Aufgabe

Weitere, von ihrer Bedeutung her wichtige Entity-Typen, Beziehungstypen, Entity- und Relationship-Clusters können manuell zu dieser Auswahl hinzugefügt werden. In diesem Fall wird Mitarbeiter in die Auswahl aufgenommen:

Flugzeug, Flug, Flughafen, Aufgabe, Mitarbeiter

Diese Auswahl erscheint auch im Übersichtsdiagramm (Abb. 4.34). Die ausgewählten Entity-Typen, Beziehungstypen, Entity- und Relationship-Clusters werden nicht in die zu bildenden Complex-Relationship-Clusters aufgenommen. Von ihrer Bedeutung her weniger wichtige Entity-Typen, Beziehungstypen, Entity- und Relationship-Clusters der Auswahl können zur Aufnahme in die zu bildenden Clusters freigegeben werden.

Die *Clustering-Bäume* (Abb. 4.26) werden beginnend von den Wurzeln bis hinunter zu ihren Blättern aufgebaut. Dazu müssen jeweils die Nachfolger im Baum bestimmt werden:

Unmittelbare Nachfolger einer Wurzel sind

- alle Beziehungstypen und Relationship-Clusters, an denen sie teilnimmt und die nicht Wurzel eines (anderen) Baumes sind, und
- alle Teilnehmer, die nicht Wurzel eines (anderen) Baumes sind, falls die Wurzel ein Beziehungstyp oder ein Relationship-Cluster ist.

Unmittelbare Nachfolger eines von der Wurzel verschiedenen Knotens sind

- alle Beziehungstypen und Relationship-Clusters, an denen er teilnimmt und hinsichtlich derer die Maximumkardinalität > 1 ist und die nicht Wurzel eines (anderen) Baumes sind, und

- alle Teilnehmer, deren Maximumkardinalität hinsichtlich des Knotens 1 ist und die nicht Wurzel eines (anderen) Baumes sind, falls der Knoten ein Beziehungstyp oder ein Relationship-Cluster ist.

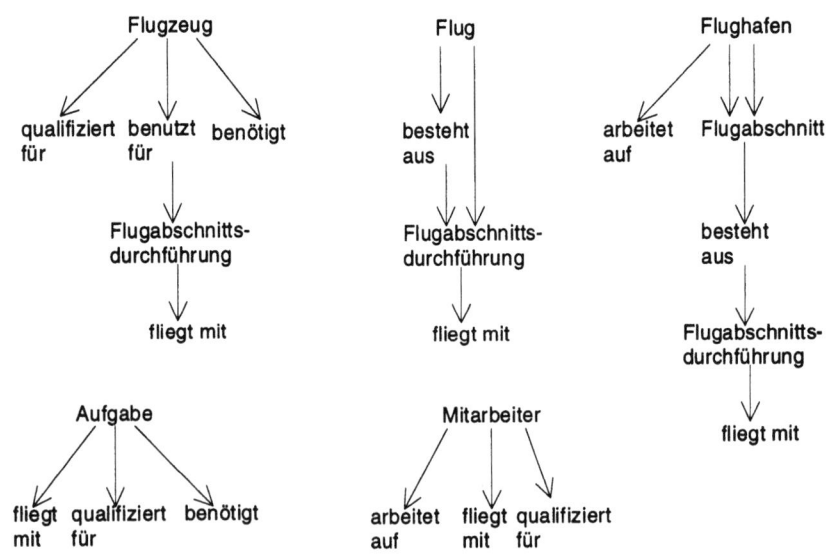

Abb. 4.26: Clustering-Bäume

Die Bezeichnung Clustering-Bäume wurde aus [RaS92] übernommen, auch wenn es sich in einzelnen Fällen nicht um echte Bäume handelt. Dies trifft insbesondere auf den Baum mit der Wurzel Flug zu: Der Knoten Flugabschnittsdurchführung besitzt die beiden Vorgänger Flug und besteht aus. Der Unterschied zwischen den Clustering-Bäumen unseres Ansatzes und denen aus [RaS92] besteht darin, daß nicht nur Entity-Typen und Entity-Clusters, sondern auch Beziehungstypen und Relationship-Clusters als Knoten verwendet werden.

Im Anschluß an die Bestimmung der Bäume (Abb. 4.26) werden diese zu einem gerichteten Graphen (Abb. 4.27) verschmolzen. Die Wurzeln werden zu Quellen, die Blätter zu Senken des gerichteten Graphen. Dieser Graph wird im folgenden *Cluster-Graph* genannt.

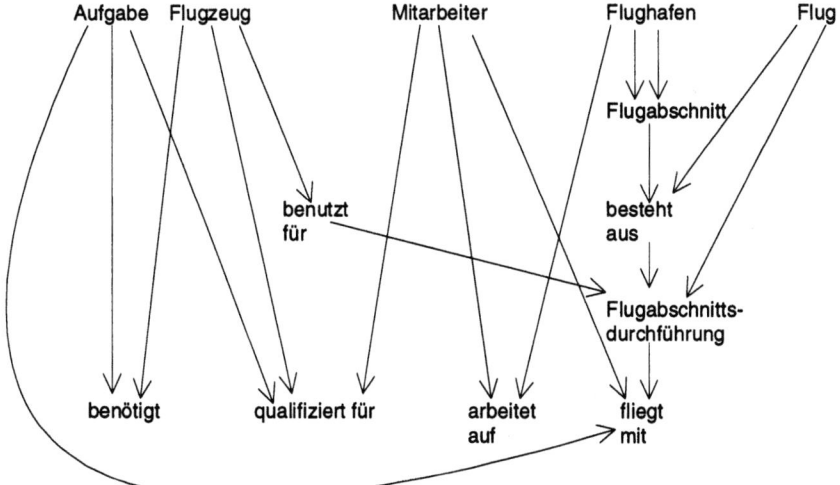

Abb. 4.27: Cluster-Graph

Die Complex-Relationship-Clusters werden nun bottom-up beginnend mit den Senken des Cluster-Graphen in mehreren Iterationsschritten aufgebaut, in denen die Clusters sukzessive vergrößert werden. Die im ersten Iterationsschritt bestimmten Senken sind in Abb. 4.28 grau hinterlegt.

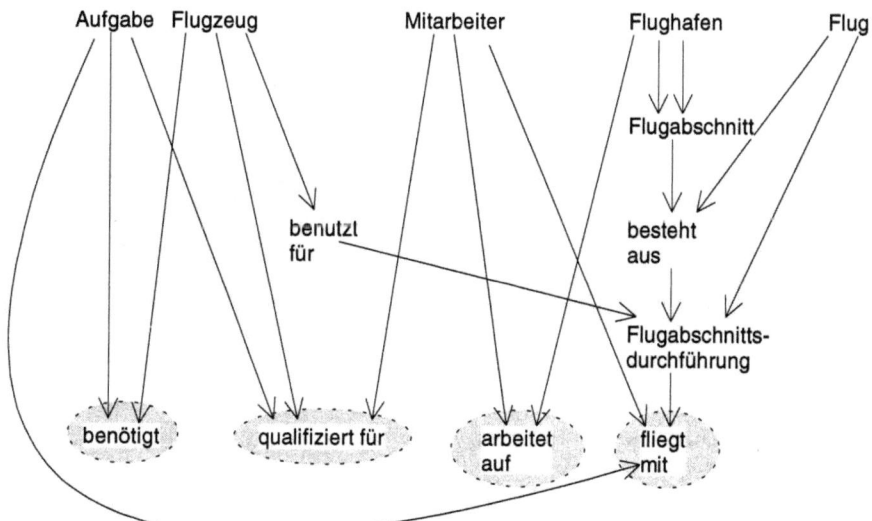

Abb. 4.28: Cluster-Graph nach der 1. Iteration

Im zweiten (Abb. 4.29 + Abb. 4.30) und jedem weiteren Iterationsschritt (Abb. 4.31 -
Abb. 4.34) wird jede Senke mit ihren Vorgängern zusammengefaßt. Dabei ist zu beachten,
daß die Entity-Typen bzw. Entity-Clusters der Auswahl des Übersichtsdiagramms nicht in die
Relationship-Clusters aufgenommen werden. Die nachfolgenden Abbildungen 4.29 - 4.34
zeigen die Ergebnisse der Iterationsschritte jeweils in Form des Cluster-Graphen und in Form
des zugehörigen Übersichtsdiagramms. Die schrittweise Erweiterung der Complex-
Relationship-Clusters in den Darstellungen des Cluster-Graphen ist durch die Hinterlegung
mit unterschiedlichen Graustufen gekennzeichnet.

In der 2. Iteration können die Relationship-Clusters benötigt, qualifiziert für und
arbeitet auf nicht mehr erweitert werden, da ihre Vorgänger - Aufgabe, Flugzeug,
Mitarbeiter, Flughafen - bereits zur Auswahl des Übersichtsdiagramms gehören und
nicht zur Aufnahme in einen Relationship-Cluster freigegeben sind. Hingegen kann fliegt
mit in der 2. Iteration um Flugabschnittsdurchführung, in der 3. Iteration um
benutzt für, besteht aus und in der 4. Iteration um Flugabschnitt erweitert
werden.

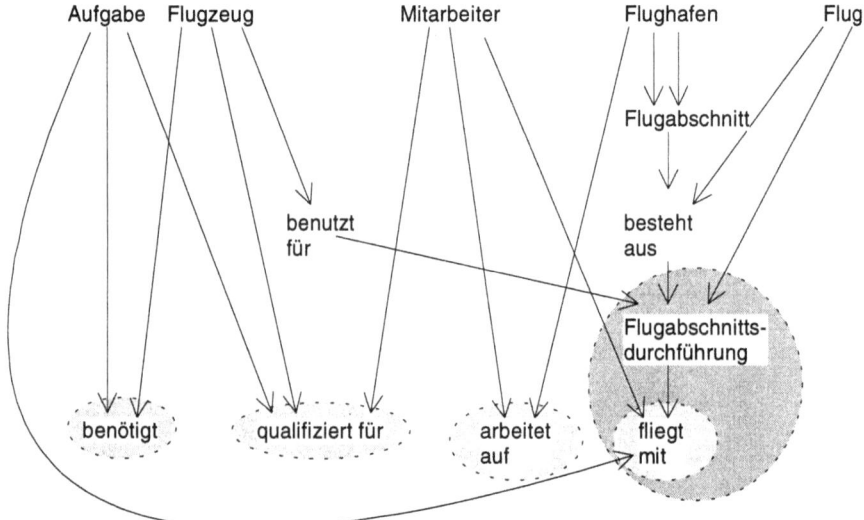

Abb. 4.29: Cluster-Graph nach der 2. Iteration

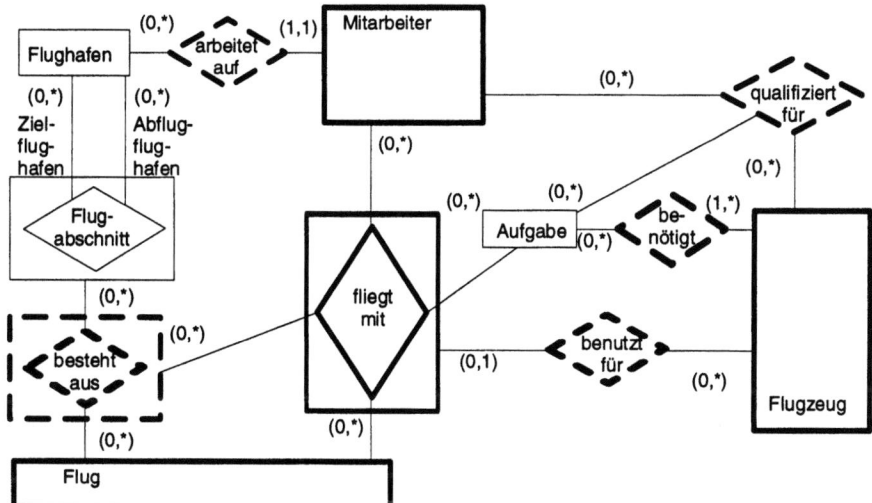

Abb. 4.30: Übersichtsdiagramm nach der 2. Iteration

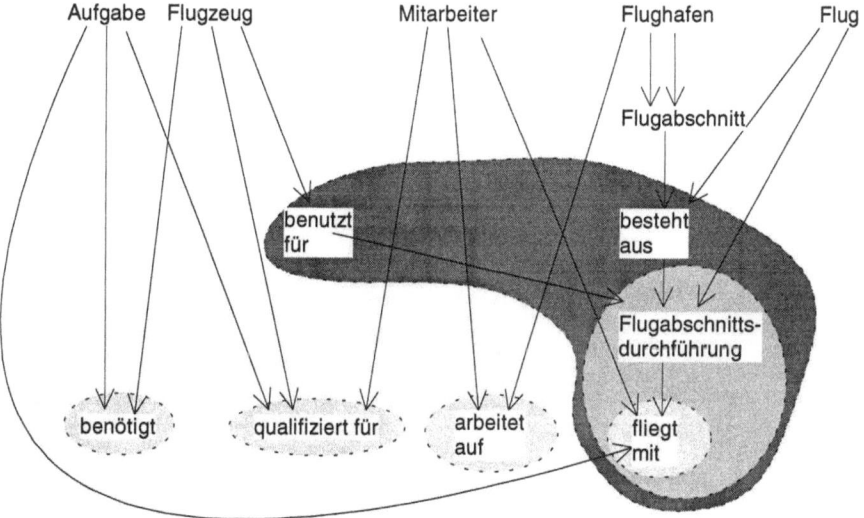

Abb. 4.31: Cluster-Graph nach der 3. Iteration

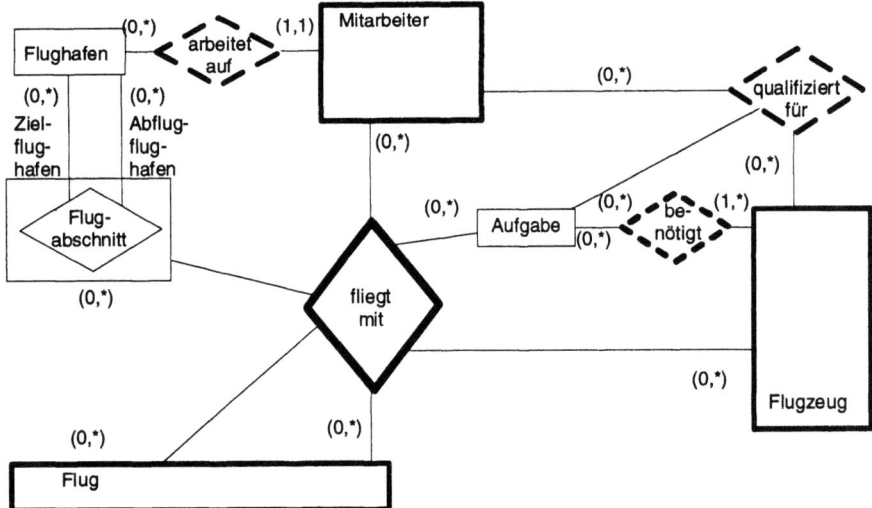

Abb. 4.32: Übersichtsdiagramm nach der 3. Iteration

Nach der 4. Iteration (Abb. 4.33 + Abb. 4.34) wird die Erweiterung der Relationship-Clusters beendet, da nur noch Entity-Typen und Entity-Clusters des Übersichtsdiagramms in die Clusters aufgenommen werden können.

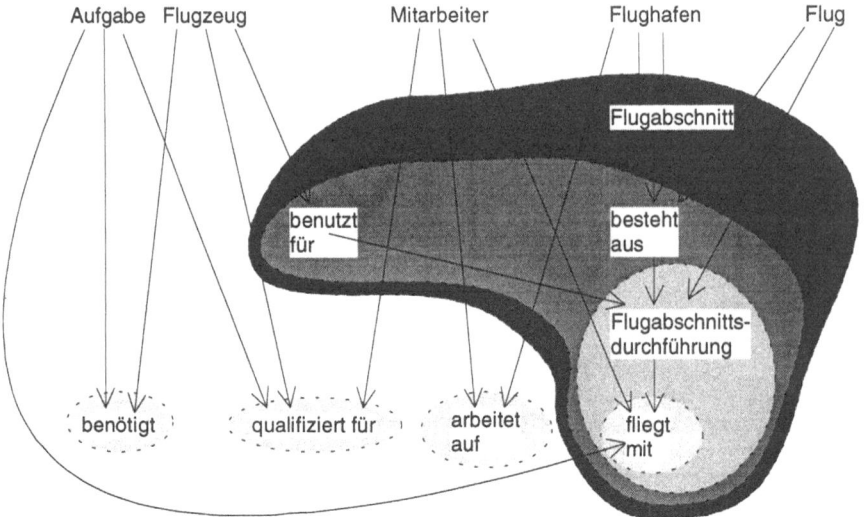

Abb. 4.33: Cluster-Graph nach der 4. Iteration

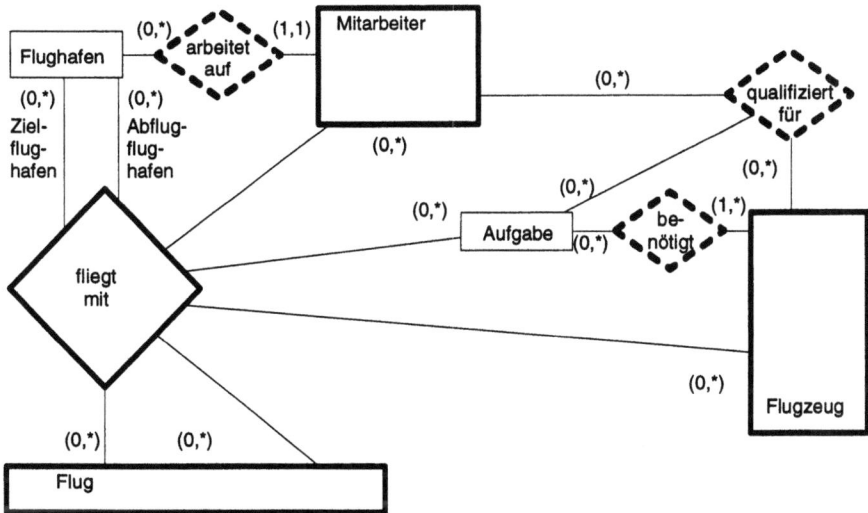

Abb. 4.34: Übersichtsdiagramm nach der 4. Iteration

Mit diesem Beispiel wird unter anderem gezeigt, daß zu einem Realweltausschnitt unterschiedliche Cluster-Hierarchien entstehen können, je nachdem ob sie interaktiv während des Top-Down-Entwurfs wie im vorhergehenden Kapitel erstellt oder durch die Bottom-Up-Vorgehensweise erzeugt werden.

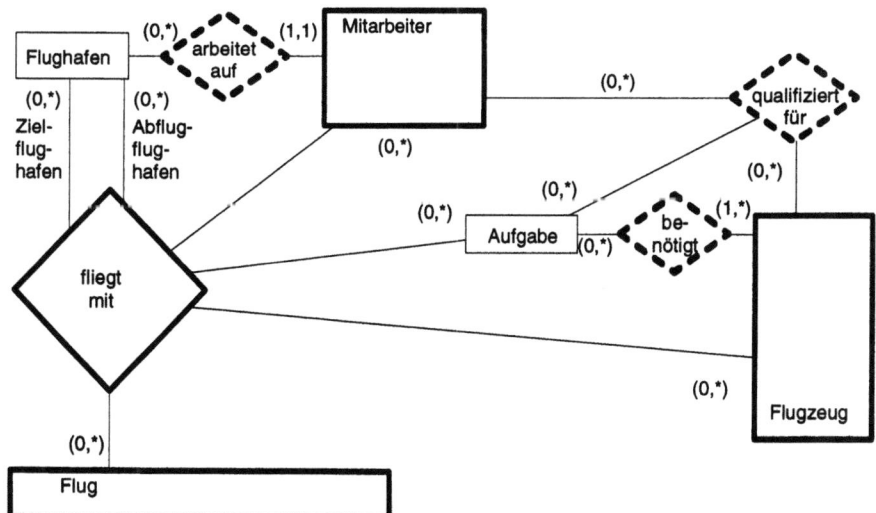

Abb. 4.35: Übersichtsdiagramm nach einer geringfügigen Restrukturierung

Es ist außerdem sinnvoll bottom-up erzeugte Diagramm zu restrukturieren. Beispielsweise kann eine der Kanten zwischen Flug und fliegt mit in Abb. 4.34 entfernt werden (Abb. 4.35), ohne daß dies für das Top-Level-Diagramm zu einem Verlust an Aussagekraft führt. Es kann auch sinnvoll sein, den Clustering-Vorgang abzubrechen bevor die letzte mögliche Erweiterung durchgeführt wird.

Im folgenden wird die vorgestellte Vorgehensweise auf einen modifizierten Cluster-Graphen angewendet. Aufgabe wird als ein für das Übersichtsdiagramm irrelevanter Entity-Typ identifiziert; daher wird Aufgabe zur Aufnahme in die zu bildenden Clusters freigegeben. Die schrittweise Erweiterung der Clusters ist in Abb. 4.36 dargestellt.

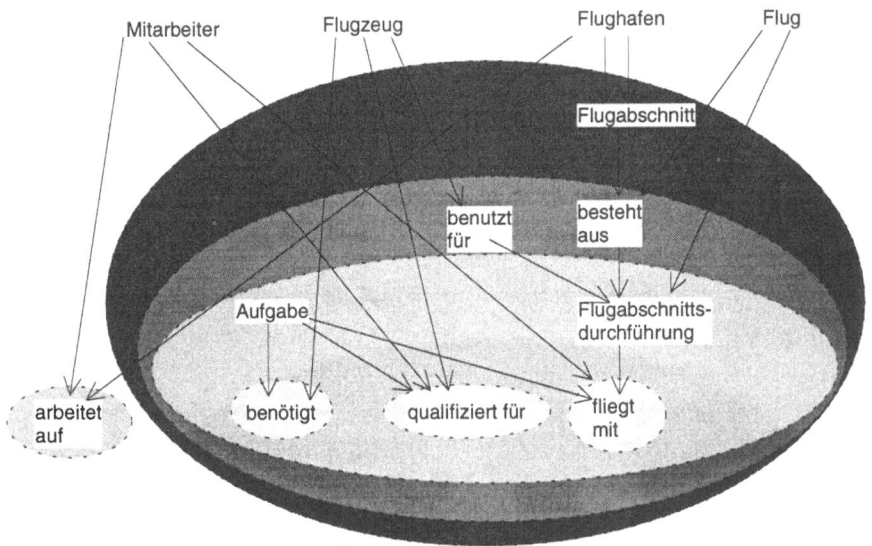

Abb. 4.36: Alternativer Cluster-Graph nach der 4. Iteration

Da die Clusters dieses Ansatzes disjunkt sein müssen, können Konflikte auftreten, wenn ein Knoten in mehrere verschiedene Clusters aufgenommen werden kann. benötigt, qualifiziert für und fliegt mit stehen in Konflikt bezüglich Aufgabe, da dieser Entity-Typ jetzt für die Aufnahme in einen Relationship-Cluster freigegeben ist. Dieser Konflikt kann gelöst werden, indem entweder ein gemeinsamer Cluster gebildet wird wie in diesem Fall (Standardkonfliktlösung) oder interaktiv einer der in Konflikt stehenden Knoten ausgewählt oder eine Auswahl der in Konflikt stehenden Knoten in einem Cluster zusammengefaßt wird. Hinsichtlich Flugzeug, Mitarbeiter, Flughafen und Flug besteht kein Konflikt, da die Entity-Typen und Clusters des Übersichtsdiagramms nicht in die ermittelten Complex-Relationship-Clusters aufgenommen werden.

Die hier vorgestellte Vorgehensweise bildet nur eine Abstraktionsebene. Eine weitere Abstraktionsebene läßt sich erstellen, indem die Vorgehensweise auf die kontextsensitive Darstellung eines einzelnen Complex-Relationship-Clusters angewendet wird.

4.4 Vergleich: Erweitertes Entity-Relationship-Modell

Für einen Vergleich der unterschiedlichen Ansätze ist es erforderlich, eine gemeinsame Ausgangsbasis zu schaffen. Die zu vergleichenden Clustering-Ansätze müssen auf ähnlichen Varianten des Entity-Relationship-Modells aufsetzen. Deshalb erfolgt hier zunächst eine Gegenüberstellung der Ansätze auf Basis des eingeführten erweiterten Entity-Relationship-Modells, während später auch die Ansätze einbezogen werden, die ein binäres Entity-Relationship-Modell zugrunde legen.

Im folgenden wird der Bottom-Up-Ansatz von [TWB89], der unterschiedliche Techniken zur Bildung von Entity-Clusters zur Verfügung stellt, auf das Beispiel der Fluggesellschaft angewendet. Die Techniken sind durch Prioritäten geordnet. Lassen sich zwei oder mehr dieser Techniken gleichzeitig einsetzen, so wird in diesem Ansatz aufgrund der technikspezifischen Priorität entschieden, welche der anwendbaren Techniken zu verwenden ist:

① *Dominance-Grouping*

Ein Entity-Typ kann mit den von ihm dominierten Entity-Typen zusammengefaßt werden.

② *Abstraction-Grouping*

Die teilnehmenden Entity-Typen eines Aggregationstyps werden mit diesem in einem Cluster zusammengefaßt. Analog lassen sich die Elementtypen eines Gruppierungstyps mit diesem und in einer Generalisierungshierarchie der Supertyp mit seinen Subtypen zusammenfassen.

③ *Constraint-Grouping*

[TWB89] verwendet Integritätsbedingungen, ähnlich den in NIAM [VeV82] eingeführten, um Entity-Typen in einem Cluster zusammenzufassen.

④ *Relationship-Grouping*

Es werden alle an einem binären Beziehungstyp beteiligten Entity-Typen in einem *Entity-Cluster* zusammengefaßt.

⑤ *Relationship-Grouping*

Es werden alle an einem Beziehungstyp mit Grad > 2 beteiligten Entity-Typen in einem *Entity*-Cluster zusammengefaßt.

Dominance-Grouping läßt sich dazu verwenden, die Clusters Flugzeugtyp und Flug (Abb. 4.37) zu bilden. Zur Bildung des Clusters Mitarbeiter werden Dominance-Grouping, Abstraction-Grouping für Sub- und Supertypen sowie Relationship-Grouping für binäre Beziehungstypen bzw. Abstraction-Grouping für Aggregationen angewendet. In Abb. 4.37 wird die schrittweise Bildung der Entity-Clusters durch die Hinterlegung mit unterschiedlichen Graustufen dargestellt.

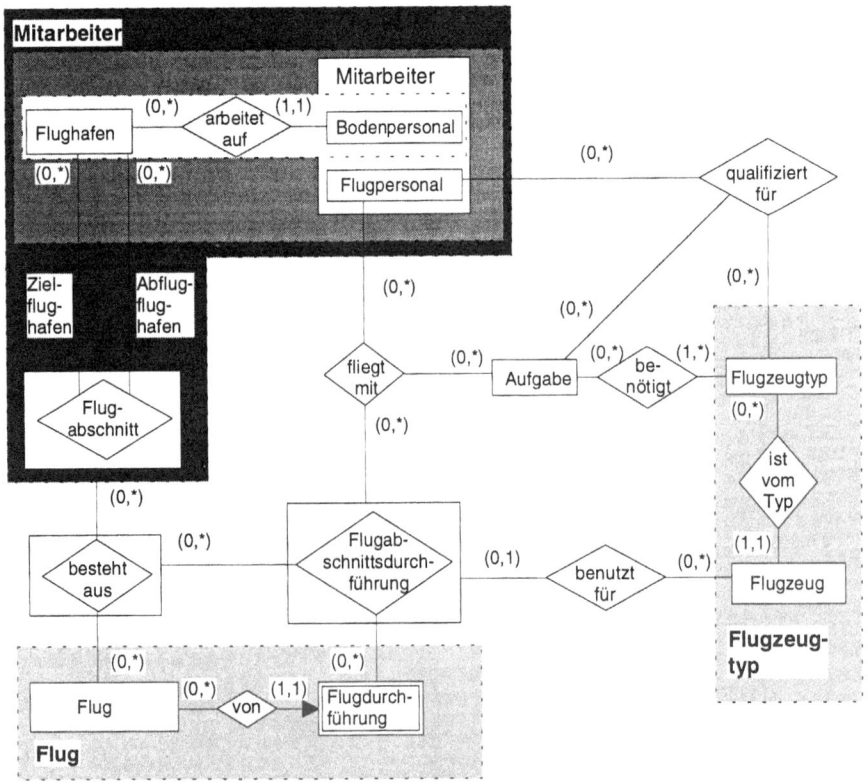

Abb. 4.37: Bildung der Entity-Clusters nach [TWB89]

In Abb. 4.38 ist das zugehörige Übersichtsdiagramm zu sehen. Die clusterübergreifenden Beziehungen werden im abstrahierten Diagramm mit den Namen der Entity-Typen als Rollen-

namen beschriftet, die im Detaildiagramm an den entsprechenden Beziehungstypen teilnehmen.

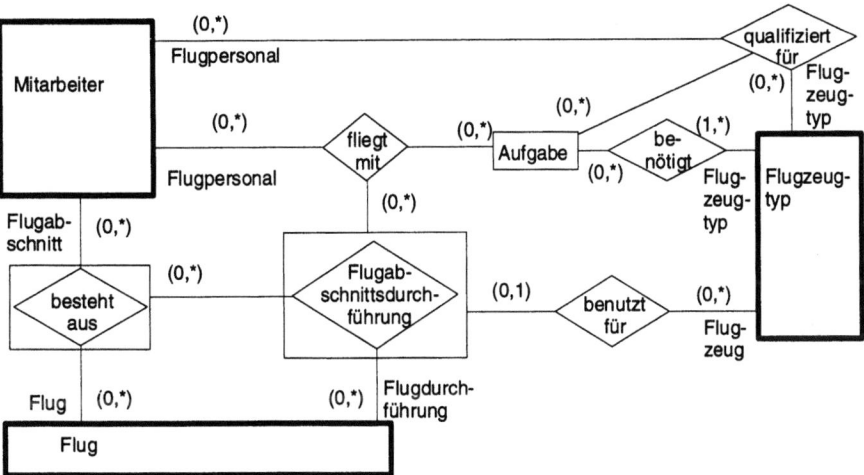

Abb. 4.38: Übersichtsdiagramm entsprechend den Clusters aus Abb. 4.37

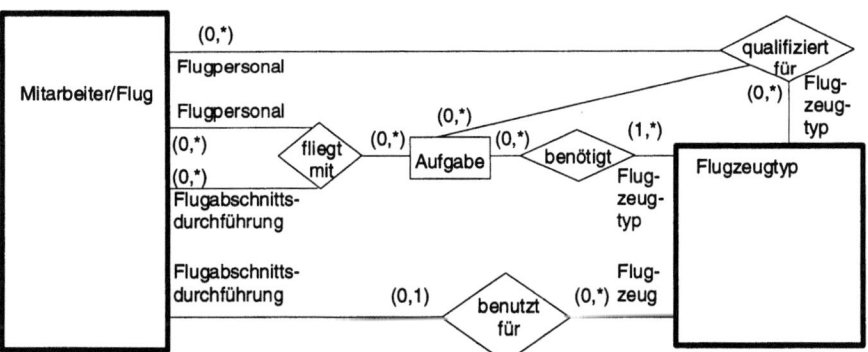

Abb. 4.39: Übersichtsdiagramm nach der zweifachen Anwendung von Abstraction-Grouping
auf besteht aus und Flugabschnittsdurchführung hinsichtlich
Abb. 4.38

Für ein weiteres Clustering kann Dominance-Grouping nicht mehr weiter angewendet
werden. Abstraction-Grouping führt dazu, daß zunächst Mitarbeiter und Flug in einem
Cluster und dann dieser mit Flugabschnittsdurchführung zusammengefaßt werden,
was zu einem unerwünschten Verlust an Aussagekraft führt (Abb. 4.39).

Binäres Relationship-Grouping läßt sich dazu verwenden, um Aufgabe in Flugzeugtyp und Flugzeugtyp in Mitarbeiter/Flug aufzunehmen. Dies führt zu einem Diagramm mit einem einzigen Entity-Cluster. In Abb. 4.40 wird das Clustering hinsichtlich Aufgabe durchgeführt, jedoch auf die in Abb. 4.39 bereits angewendeten Clustering-Schritte - Abstraction-Grouping hinsichtlich besteht aus und Flugabschnitts-durchführung - verzichtet.

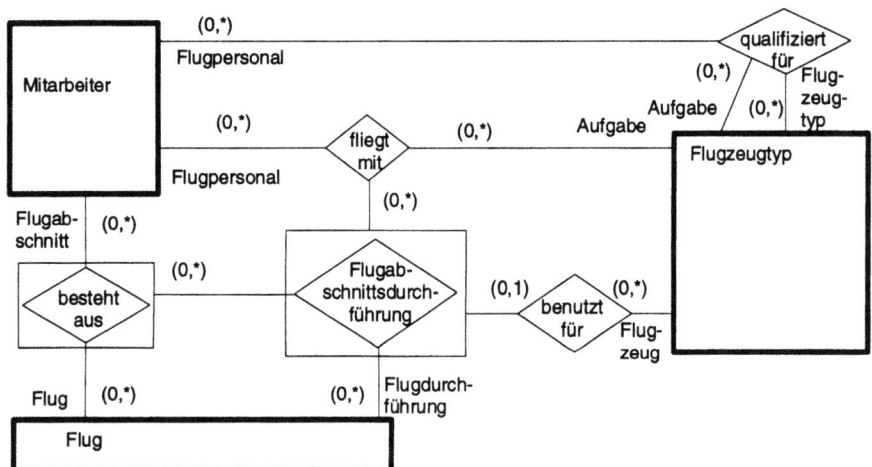

Abb. 4.40: Übersichtsdiagramm nach der Anwendung von Relationship-Grouping auf Aufgabe hinsichtlich Abb. 4.38

Ein weiteres Clustering über Abb. 4.37 und Abb. 4.38 hinaus ist insbesondere deshalb schwierig, weil *Beziehungsaspekte* - d. h. der Bezug auf andere Entity-Typen oder Clusters - in die Entity-Clusters aufgenommen werden. Noch schwieriger gestaltet sich der Einsatz dieser Technik bei einem Top-Down-Design bzw. einem Redesign, da es sich in diesem Fall nicht nur um eine abstrahierte graphische Repräsentationsform handelt, die in gewisser Weise losgelöst vom Detaildiagramm betrachtet wird, sondern auch um eine sowohl semantisch als auch realitätsbezogen sinnvolle Zuordnung der Objekte der Detailebene zu den Entity-Clusters der abstrahierten Diagramme. So ist beispielsweise die Zuordnung von Flughafen und Flugabschnitt zum Entity-Cluster Mitarbeiter unter diesen Gesichtspunkten fragwürdig. Flugabschnitt ist von der Bedeutung her eher Flug zuzuordnen, während Flughafen als eigenständiger Entity-Typ zu betrachten ist. [TWB89] weisen explizit darauf hin, daß die Prioritäten-Reihenfolge lediglich einen Anhaltspunkt bildet und daß letztendlich der Anwender über die Cluster-Bildung zu entscheiden hat.

4.5 Übertragung auf ein binäres Entity-Relationship-Modell

Da die meisten CASE-Tools wie IEF, IEW, ADW und Oracle CASE, die das Information
Engineering unterstützen, ein binäres Entity-Relationship-Modell verwenden, wird die Idee
des Relationship-Clustering in modifizierter Form auf ein binäres Entity-Relationship-Modell
übertragen.

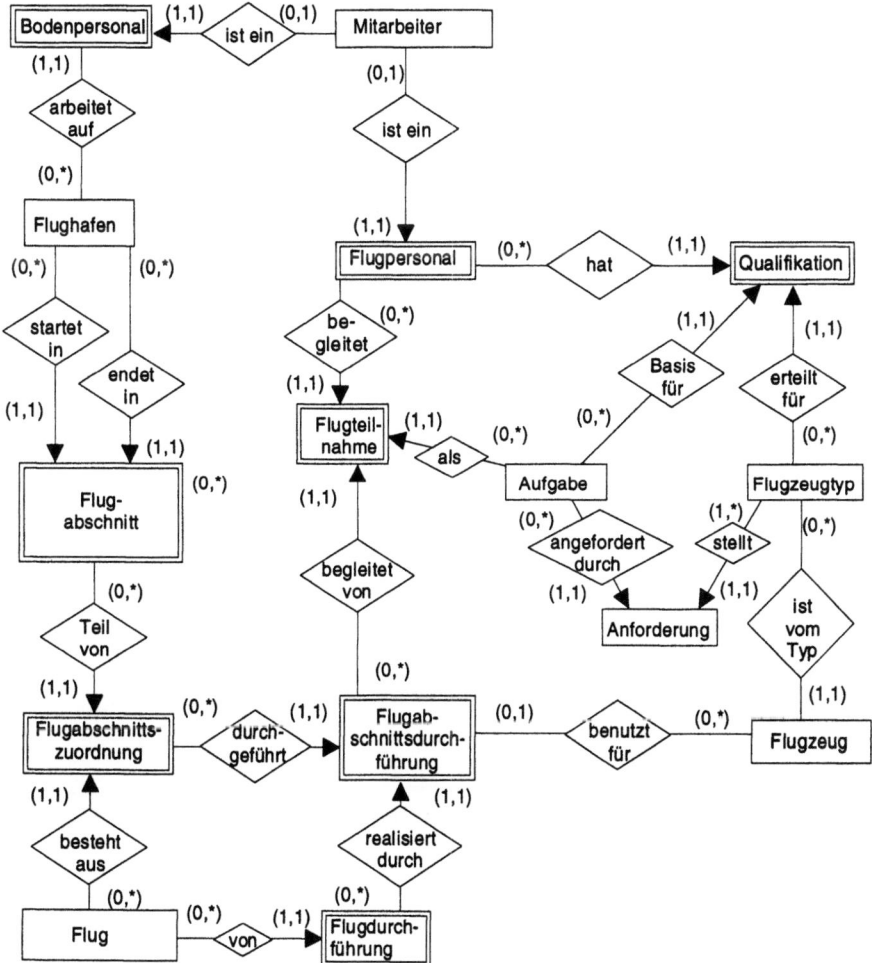

Abb. 4.41: Das Entity-Relationship-Diagramm der Fluggesellschaft in einem binären Entity-
Relationship-Modell

Dies ist auch notwendig, um Vergleiche mit weiteren Clustering-Ansätzen zu ermöglichen, die auf Varianten binärer Entity-Relationship-Modelle aufsetzen. Zunächst wird das Detaildiagramm gemäß den in Kapitel 2 vorgestellten Regeln in ein binäres Entity-Relationship-Schema (Abb. 4.41) umgewandelt.

Alle (m:n)-Beziehungstypen und Beziehungstypen mit Grad > 2 werden in Weak-Entity-Typen mit mehreren Strong-Entity-Typen umgesetzt. Um insbesondere den Vergleich mit dem von [RaS92] vorgestellten Clustering-Algorithmus zu ermöglichen, werden auch die Sub-/Supertyp-Beziehungen aufgelöst.

Analog zur Umsetzung der Beziehungstypen in Weak-Entity-Typen lassen sich die Relationship-Clusters als *Weak-Entity-Clusters* darstellen. Relationship-Clustering kann daher jetzt als *Weak-Entity-Clustering* bezeichnet werden. Da jedoch ein Weak-Entity-Cluster nicht an einem Beziehungstyp teilnehmen kann, muß das Konzept des Simple-Relationship-Clustering, wenn auch in vereinfachter Form, weiterhin unterstützt werden, um die Beziehungen der Weak-Entity-Clusters zu modellieren. Das Übersichtsdiagramm der zweiten Beispielsvariante ist in Abb. 4.42 zu sehen. Die Pfeile, die auf der Ebene des Detaildiagramms die Identifikationsabhängigkeit darstellen, sind in einem Übersichtsdiagramm als Hinweis auf den Beziehungsaspekt eines solchen Clusters zu verstehen.

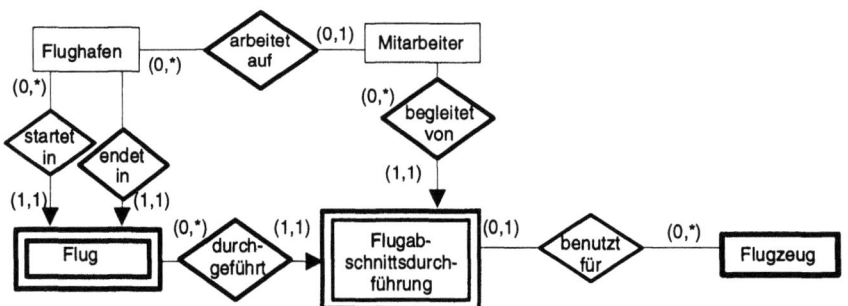

Abb. 4.42: Übersichtsdiagramm mit Weak-Entity-Clusters

Die *Entity-Clusters* werden wie zuvor unter Verwendung von Dominance-Grouping und Abstraction-Grouping - falls Generalisierung unterstützt wird - gebildet. Insbesondere bei Verwendung von binären Entity-Relationship-Modellen ist zu beachten, daß für Dominance-Grouping zur Bildung von Entity-Clusters nur solche Entity-Typen zu berücksichtigen sind, die entweder ausschließlich von der Cluster-Basis dominiert werden oder ausschließlich die Cluster-Basis dominieren.

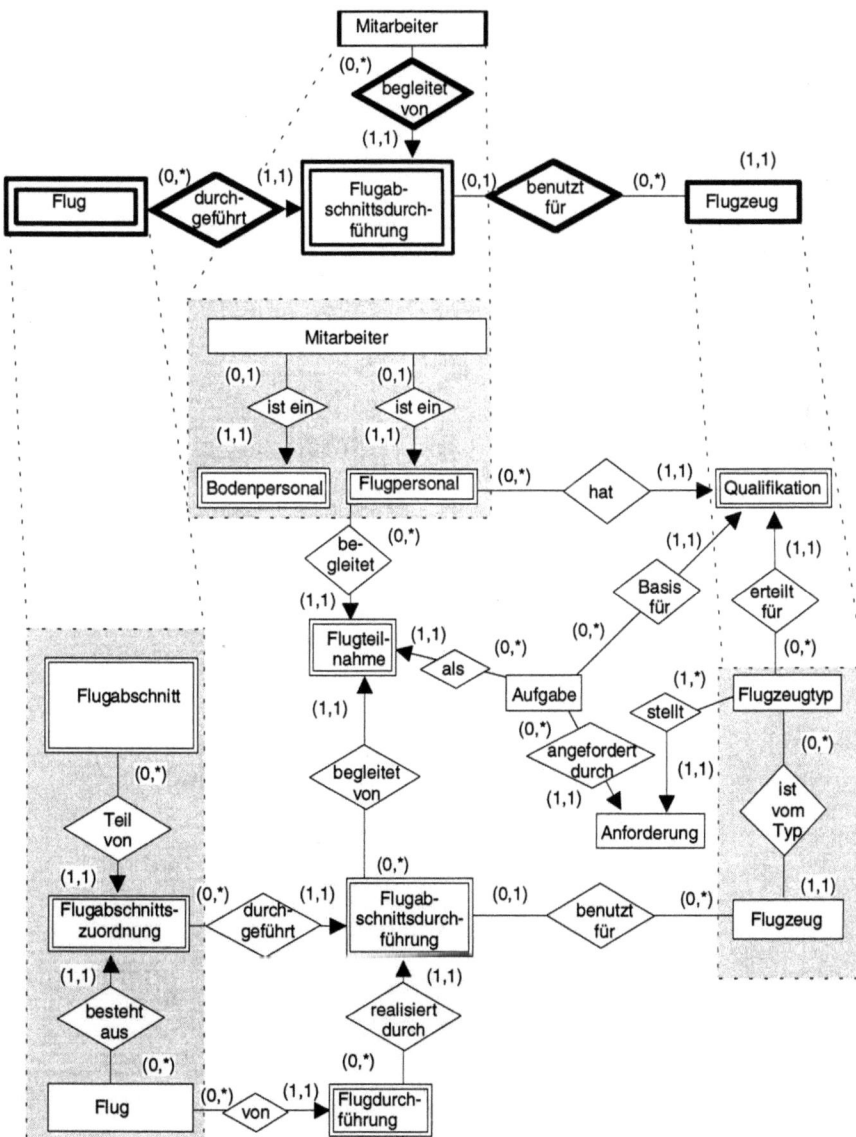

Abb. 4.43: Kontextsensitive Darstellung der Verfeinerung des Weak-Entity-Clusters
Flugabschnittsdurchführung

Die *Complex-Weak-Entity-Clusters* werden analog zum Complex-Relationship-Clustering gebildet. Die zum Cluster `Flugabschnittsdurchführung` gehörenden Entity-Typen und Beziehungstypen sind in Abb. 4.43 aus Gründen der Übersichtlichkeit nicht grau hinterlegt. Alle nicht grau hinterlegten Entity-Typen und Beziehungstypen sind Bestandteile der Verfeinerung des Weak-Entity-Clusters `Flugabschnittsdurchführung`.

Complex-Relationship-Clustering ist in einem binären Entity-Relationship-Modell eine spezielle Form des Dominance-Grouping. Der Weak-Entity-Typ wird als Basis des Dominance-Grouping verwendet und mit den ihn dominierenden Entity-Typen zusammengefaßt. Signifikant ist in diesem Fall, daß ein solcher Weak-Entity-Typ mehreren Strong-Entity-Typen zugeordnet ist. Simple-Relationship-Clustering wird eingesetzt, um die Complex-Weak-Entity-Clusters mit anderen Entity-Clusters und Entity-Typen zu verknüpfen. Diese Clustering-Operation läßt sich iterativ anwenden und bildet die Grundidee der oben eingeführten Bottom-Up-Vorgehensweise für Complex-Relationship-Clustering.

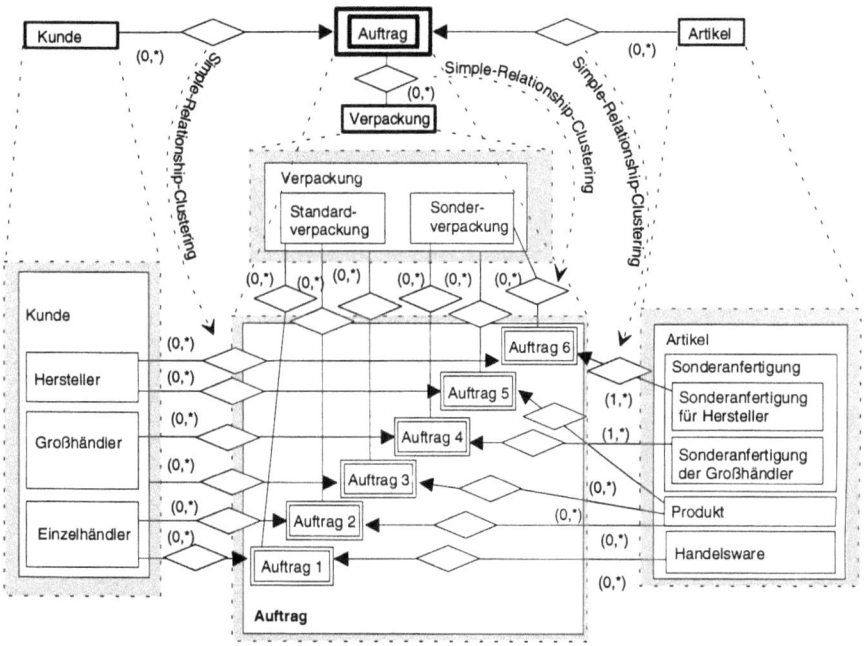

Abb. 4.44: Verfeinerung von Abb. 4.10

Das Konzept des *Simple-Weak-Entity-Clustering* zur Modellierung generischer Beziehungen kann, wie in Abb. 4.44 gezeigt, aus dem Simple-Relationship-Clustering abgeleitet werden. Der Simple-Relationship-Cluster wird dann als Weak-Entity-Typ mit Subtypen dargestellt, der mit den anderen Entity-Typen durch Simple-Relationship-Clusters verknüpft ist. Dies ist jedoch *nur dann* auf eine sinnvolle Art und Weise möglich, wenn der verwendete binäre Entity-Relationship-Modell-Ansatz ein Subtypkonzept zur Verfügung stellt, ansonsten ist keine geeignete Umsetzung des Simple-Relationship-Clustering zur Modellierung generischer Beziehungen möglich.

4.6 Vergleich: Binäres Entity-Relationship-Modell

Stellvertretend für die binären Clustering-Ansätze [FeM86, Mis91, RaS92] wird der Algorithmus des *Entity Tree Clustering* von [RaS92] auf das Beispiel angewendet.

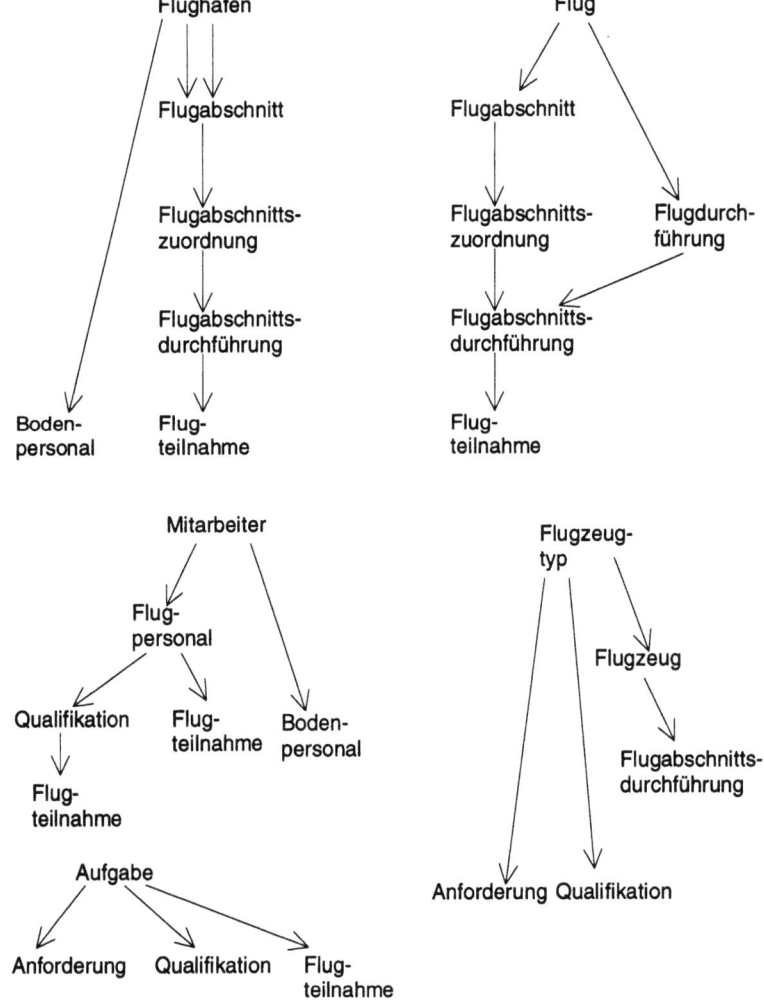

Abb. 4.45: Clustering-Bäume nach [RaS92]

Zunächst stellen [RaS92] Clustering-Bäume (Abb. 4.45) auf. Als Wurzeln werden alle Entity-Typen verwendet, die nur mit einer Maximumkardinalität > 1 an Beziehungstypen teilnehmen. Als Nachfolger eines Knotens werden alle Entity-Typen festgelegt, die zu ihm in Beziehung stehen und hinsichtlich derer der Knoten eine Maximumkardinalität > 1 besitzt. Auf diese Weise lassen sich die Clustering-Bäume sukzessive aufbauen. Es ist zu beachten, daß es sich um keine echten Baumstrukturen handelt: Sowohl im Baum mit der Wurzel Flug als auch im Baum mit der Wurzel Flughafen gibt es Knoten mit mehreren Vorgängern. Im Unterschied zu der in Kapitel 4.4 vorgestellten Vorgehensweise werden hier nur Entity-Typen als Knoten des Baumes verwendet. Die Bäume werden zu einem Cluster-Graphen verschmolzen (Abb. 4.46).

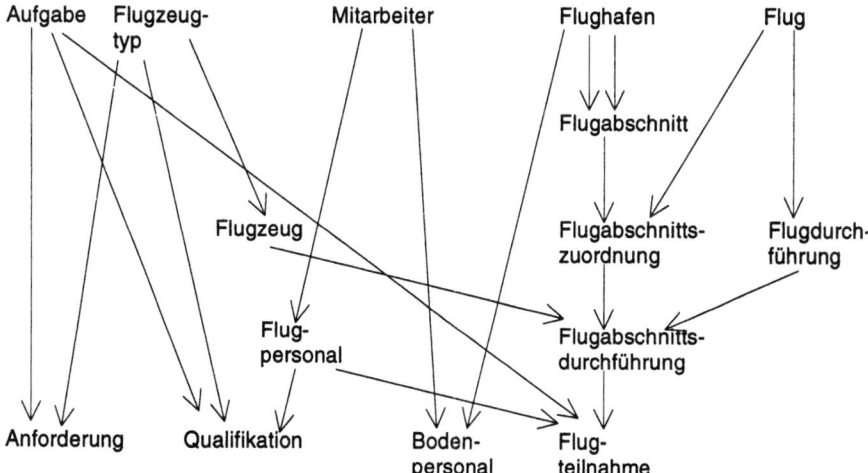

Abb. 4.46: Cluster-Graph nach [RaS92]

Der Algorithmus von [RaS92] basiert auf iterativem Dominance-Grouping. Zunächst werden alle Entity-Typen, die keine anderen dominieren, mit den sie dominierenden Entity-Typen zusammengefaßt. Dabei wird im Gegensatz zum Weak-Entity-Clustering für jeden dominierenden Entity-Typ ein eigener Cluster angelegt, d. h. der dominierte Entity-Typ kann in mehreren Clusters enthalten sein. Diese Clustering-Schritte werden solange wiederholt bis kein Clustering mehr möglich ist. Die Regeln zur Bildung der Clusters sowie zur Bildung der Beziehungen zwischen den Clusters sind in [RaS92] vollständig beschrieben; ihre Vorstellung an dieser Stelle ist aufgrund des Umfangs nicht möglich.

Anforderung wird in Aufgabe und Flugzeugtyp aufgenommen. Qualifikation
wird in Aufgabe, Flugzeugtyp und Flugpersonal aufgenommen. Bodenpersonal wird in Mitarbeiter und Flughafen aufgenommen. Flugteilnahme wird in
Flugpersonal, Aufgabe und Flugabschnittsdurchführung aufgenommen. Die
entstandenen Clusters werden dann wiederum jeweils in ihre Vorgänger aufgenommen. Letztendlich wird für jede Quelle des Cluster-Graphen ein Cluster angelegt, der alle Entity- und
Beziehungstypen des untergeordneten Clustering-Baumes enthält. Der schrittweise Aufbau
der Clusters ist nur notwendig, um die Beziehungen zwischen den Clusters und um Zwischen-
ebenen zu ermitteln.

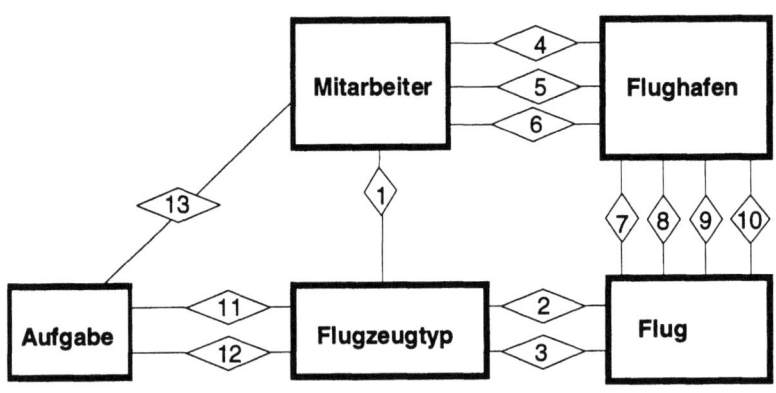

1	Qualifikation	7	Flugabschnittsdurchführung
2	Flugabschnittszuordnung	8	Flugabschnittsdurchführung
3	Flugabschnittsdurchführung	9	Flugabschnittszuordnung
4	Bodenpersonal	10	Flugabschnittszuordnung
5	Flugteilnahme	11	Anforderung
6	Flugteilnahme	12	Qualifikation
		13	Flugteilnahme

Abb. 4.47: Übersichtsdiagramm entsprechend dem Algorithmus von [RaS92]

In Abb. 4.47 wird das durch den Algorithmus erzeugte Übersichtsdiagramm dargestellt. Die
Beschriftung einer Beziehung gibt an, über welchen Entity-Typ die Beziehung zwischen zwei
Clusters abgeleitet wurde.
Im Gegensatz zu dem in der vorliegenden Arbeit neu vorgestellten Ansatz werden die
zwischen den Clusters bestehenden Beziehungen nicht abstrahiert. Während hinsichtlich der
Entity-Typen ein abstrahiertes Diagramm gebildet wird, werden hinsichtlich der Beziehungs-
typen die Detailinformationen nicht zusammengefaßt.

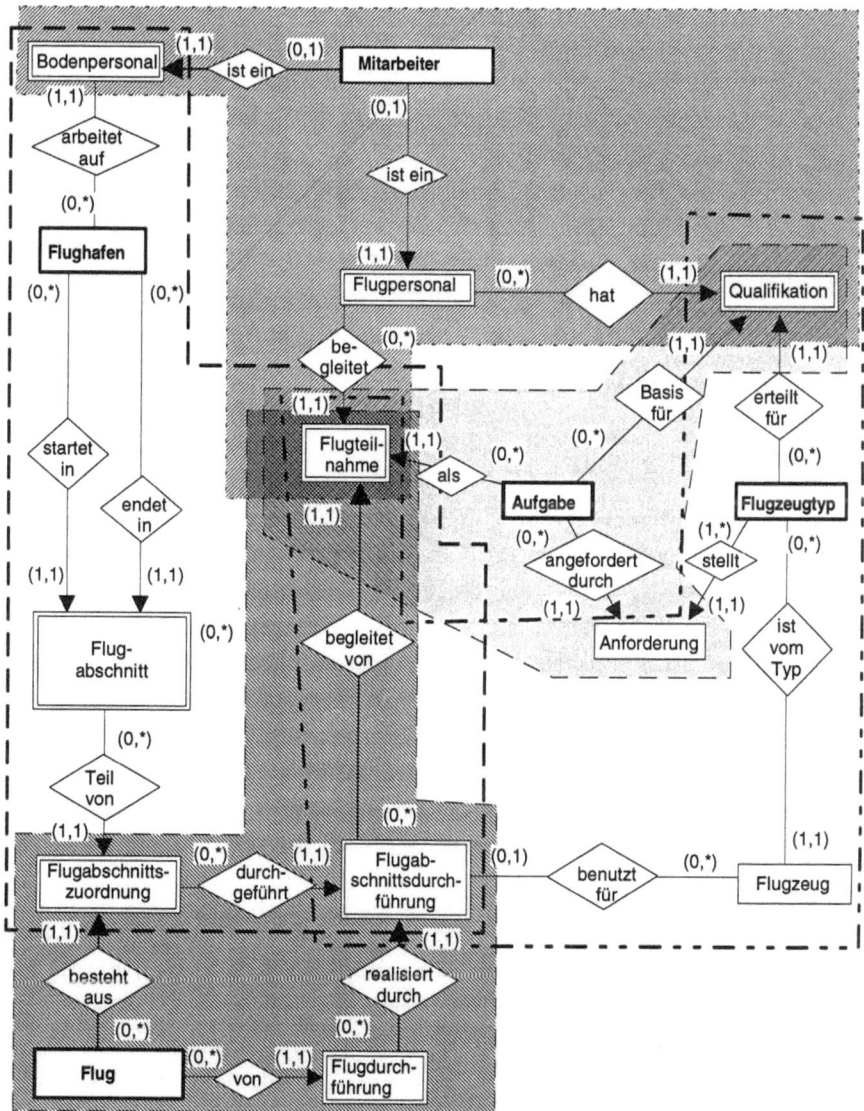

Abb. 4.48: Bildung der Entity-Clusters entsprechend dem Algorithmus von [RaS92]

Abb. 4.48 zeigt die in die Entity-Clusters aus Abb. 4.47 aufgenommenen Ausschnitte des Detaildiagramms; die sich überlappenden Entity-Clusters sind nach den fett umrandeten Entity-Typen benannt. Die in mehreren Clusters enthaltenen Entity-Typen sind im allgemeinen solche, die bei der Auflösung von (m:n)-Beziehungstypen entstanden sind. Gerade dieser Umstand zeigt, daß auch in diesem Ansatz Beziehungsaspekte - d. h. der Bezug zu anderen Entity-Clusters - in die Entity-Clusters aufgenommen werden. Ein Redesign innerhalb eines einzelnen Clusters ist schwierig, da sich die Auswirkungen solcher Änderungen aufgrund der Überlappungen im allgemeinen auf mehrere Clusters erstrecken. Die primäre Zielsetzung dieses Algorithmus liegt jedoch nicht in der Unterstützung des Designs bzw. Redesigns, sondern in der vereinfachten Repräsentation komplexer Schemata auf Basis des jeweiligen Detailschemas und in der Unterstützung der Schema- bzw. View-Integration [SHO95].

4.7 Abgrenzung und Tool-Unterstützung

4.7.1 Abgrenzung

Entity-Clustering im Sinne von [FeM86, TWB89, Mis91, RaS92, AkC93] ist eher ein Instrument, um große Entity-Relationship-Diagramme komprimiert darzustellen, als eine Methodik, die den Entwurfsvorgang als solchen unterstützt. Alle Ansätze gehen bottom-up vor. Änderungen müssen daher stets im Detaildiagramm durchgeführt werden, eine Unterstützung des eigentlichen Entwurfsvorgangs entfällt. Im Anschluß an die Änderungen auf Detailebene muß der Clustering-Prozeß wiederholt werden. Der Einsatz dieser Technik bei einem Top-Down-Design bzw. einem Redesign gestaltet sich schwierig, da es in diesem Fall nicht nur um eine abstrahierte graphische Repräsentationsform geht, die in gewisser Weise losgelöst vom Detaildiagramm betrachtet wird, sondern auch um eine sowohl semantisch als auch realitäts-bezogen sinnvolle Zuordnung der Objekte der Detailebene zu den Entity-Clusters der abstra-hierten Diagramme.

Ein Vergleich mit den Ansätzen von [TWB89, RaS92] ist in den vorangegangenen Kapiteln erfolgt. Der Ansatz von [FeM86] läßt sich im wesentlichen nachbilden, indem in einem binä-ren Entity-Relationship-Modell lediglich die Technik des Complex-Weak-Entity-Clustering eingesetzt wird. Dabei wird auf die Möglichkeiten des hier verwendeten Entity-Clustering und Simple-Relationship-Clustering verzichtet. Der Ansatz von [Mis91] ist dem von [RaS92] ähnlich, es wird eine hierarchische Strukturierung des Entity-Relationship-Diagramms ausge-nutzt. Da [Mis91] keine Überlappungen der Entity-Clusters zuläßt, ist es schwierig, Entity-Typen, die sich bei [RaS92] mehreren Clusters zuordnen lassen, einem bestimmten Cluster zuzuweisen. [AkC93] ermitteln aufgrund von semantischen Distanzen die Clusters des abstrahierten Diagramms. Aufgrund unterschiedlicher Distanzdefinitionen lassen sich sowohl Ergebnisse ähnlich zu [FeM86] als auch zu [TWB89] erzielen. Das wichtigste zu lösende

Problem ist, eine allgemeingültige Distanzdefinition zu finden, die für beliebige Detaildia-gramme verwendbar ist. Außerdem wird keine Möglichkeit aufgezeigt, wie auch Relation-ship-Clusters ermittelt werden können.

Das Nested-Entity-Relationship-Modell [CJA89] hingegen legt der Abstraktion andere Regeln zugrunde und vermischt Konzepte des erweiterten Entity-Relationship-Modells - Generalisierung, Aggregation und Gruppierung - mit den Abstraktionskonzepten, während in allen anderen Ansätzen diese höchstens als Entscheidungskriterien zur Bildung von Clusters dienen. Interessant ist die Interpretation der Clusters als komplexe Objekte, die jedoch nicht so weit geht wie der in Kapitel 5 skizzierte Ansatz.

4.7.2 Ausblick auf eine Tool-Unterstützung

Im folgenden werden die grundlegenden Anforderungen an ein Tool skizziert, das die zuvor vorgestellten Techniken unterstützt. Um eine undurchschaubare Komplexität zu vermeiden, sollte das Tool in zwei unterschiedlichen Modi betrieben werden können.

Binärer Modus:
In diesem Modus wird ein binäres Entity-Relationship-Modell unterstützt, das um die Mög-lichkeit der Generalisierung erweitert ist. Es werden jedoch weder (m:n)-Beziehungstypen noch Beziehungstypen mit Grad > 2 unterstützt. Dieser Modus entspricht dem Konzept, das von vielen CASE-Tools unterstützt wird.

Erweiterter Modus:
In diesem Fall wird ein um Generalisierung und Aggregation erweitertes Entity-Relationship-Modell unterstützt, das die Bildung von Beziehungstypen in keiner Weise einschränkt. Hinge-gen ist für einen Weak-Entity-Typ prinzipiell nur ein Strong-Entity-Typ zulässig. Diese Einschränkung verhindert die äquivalente, aber strukturell inkompatible Darstellung von Beziehungstypen.

Das Tool muß den Wechsel zwischen diesen Modi jederzeit unterstützen und automatisch die entsprechenden Umsetzungen zwischen den Darstellungen der unterschiedlichen Modi durch-führen. Die Unterscheidung ist nur deshalb notwendig, weil einerseits zwischen dem Relation-ship-Clustering und dem Weak-Entity-Clustering Unterschiede hinsichtlich der Überwachung der jeweiligen Regeln bestehen und andererseits die Vermischung beider Konzepte nicht zur Verständlichkeit eines Diagramms beiträgt.

Tool-Unterstützung: Top-Down-Clustering

Während des Top-Down-Entwurfs werden die Clusters entsprechend den Anforderungen des Anwenders verfeinert. Das Tool überwacht und erzwingt die Einhaltung der Regeln. Sobald ein Entity-Cluster angelegt wird, werden die notwendigen Simple-Relationship-Clusters automatisch angelegt.

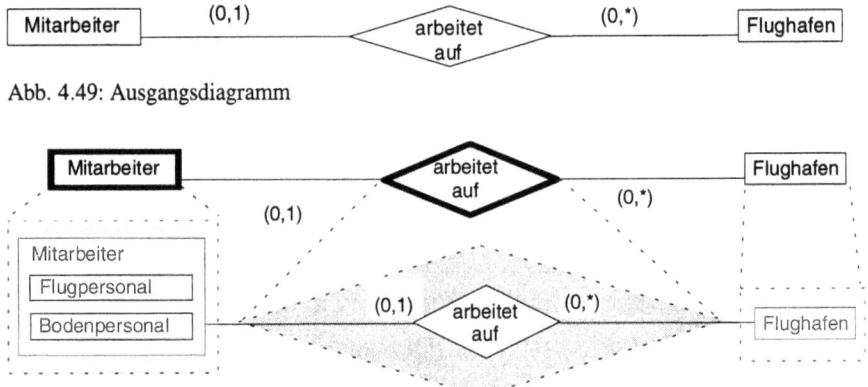

Abb. 4.49: Ausgangsdiagramm

Abb. 4.50: Automatisch generierte Clusters nach dem Einfügen der Subtypen

Dies ist im folgenden Beispiel zu erkennen. Ausgehend von dem in Abb. 4.49 gezeigten Entity-Relationship-Diagramm wird der Entity-Typ Mitarbeiter durch zwei Subtypen verfeinert. Automatisch werden aufgrund der Struktur der Subtyphierarchie der Entity-Cluster Mitarbeiter, die Entity-Clusters für seine Verfeinerungen Flugpersonal und Bodenpersonal und der Simple-Relationship-Cluster arbeitet auf angelegt, wie in Abb. 4.50 dargestellt. Danach sind manuelle Änderungen möglich, in Abb. 4.51 sind beispielsweise die Kardinalitäten im verfeinerten Diagramm modifiziert und anstelle von Mitarbeiter nimmt der Subtyp Bodenpersonal an dem Beziehungstyp teil.

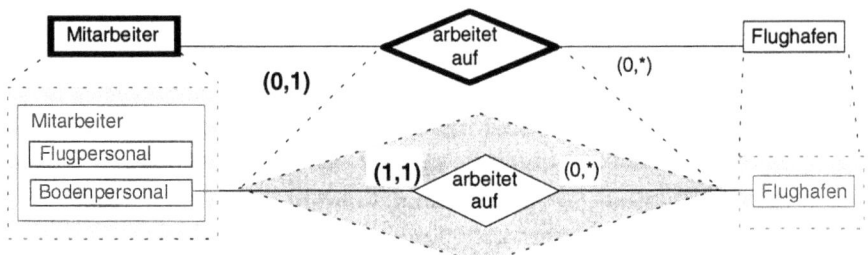

Abb. 4.51: Veränderungen durch den Anwender

Zahlreiche andere Operationen müssen während des Design bzw. Redesign durch das Tool unterstützt werden. Es muß möglich sein, Clusters umzustrukturieren, aufzuteilen und zusammenzufassen. Ganze Abstraktionsebenen müssen sich einfügen bzw. eliminieren lassen. Relationship-Clusters müssen sich in Beziehungstypen bzw. Entity-Clusters in Entity-Typen und umgekehrt transformieren lassen.

Tool-Unterstützung: Bottom-Up-Clustering

Im Rahmen des Bottom-Up-Clustering muß die vorgestellte Vorgehensweise sowohl im binären als auch im erweiterten Modus unterstützt werden. Außerdem muß es möglich sein, die Vorgehensweise nicht nur auf das globale Schema, sondern auch auf einzelne Subschemata unter Berücksichtigung bereits existierender Clusters anzuwenden.

4.7.3 Resümee

Der Grundgedanke des in der vorliegenden Arbeit eingeführten Entity-Relationship-Modell-Clustering besteht darin, zunächst die wichtigsten und zentralen Entity-Typen und die groben Beziehungstypen zwischen ihnen zu bestimmen. Diese Beziehungstypen werden dann mittels Simple- und Complex-Relationship-Clustering verfeinert und präzisiert. Die Entity-Typen werden ebenfalls verfeinert. Entity-Clustering wird einerseits dazu verwendet, Generalisierungshierarchien festzulegen und andererseits Entity-Typen durch Dominance-Grouping exakter zu beschreiben. Wenn die Beziehungstypen des Übersichtsdiagramms geeignet gewählt werden, besteht die Möglichkeit, den Detailentwurf ihrer Verfeinerungen durch unterschiedliche Teams parallel durchführen zu lassen.

Die Clusters sind *disjunkt*; die Verbindung zu anderen Relationship-Clusters kann nur durch Entity-Clusters oder Relationship-Clusters dargestellt werden, die an anderen Relationship-Clusters teilnehmen. Aufgrund dieser Einschränkung können Änderungen in einem Cluster keine unvorhersehbaren Auswirkungen in anderen Clusters bewirken, da sich solche Änderungen nur in der kontextsensitiven Darstellung durchführen lassen. Dies unterstützt die kooperative Erstellung von großen Entity-Relationship-Schemata.

In diesen Clustering-Ansatz sind nach der ersten Fassung aus [JOS93] noch zahlreiche Erfahrungen aus verschiedenen Praxisprojekten in den Bereichen öffentliche Verwaltung, Dienstleistung und Industrie eingeflossen. Da kein kommerzielles Tool zur Verfügung stand und steht, das die vorgestellte Clustering-Technik unmittelbar unterstützt, wurden geeignete

Ausschnitte des Detaildiagramms als Sichten modelliert, die der kontextsensitiven Darstellung der jeweiligen Clusters entsprachen. Der Ansatz erwies sich als geeignet, schnell den Überblick zu erlangen, Schemata neu zu erstellen bzw. bereits bestehende Schemata zu restrukturieren.

Dieser Ansatz geht über andere Ansätze hinaus:

- Er kann insbesondere im Rahmen eines *Top-Down-Datenbankentwurfs* eingesetzt werden, um die schrittweise Analyse des Anwendungsbereichs oder des Unternehmens und damit den schrittweisen Entwurf des zugehörigen Informationsschemas zu unterstützen.
- Er läßt sich für das *Datenbank-Reengineering* einsetzen. Die unterschiedlichen Abstraktionsebenen werden während des eventuell notwendigen Reverse Engineering wie bisher bottom-up erstellt. Im Anschluß daran erfolgt dann das Redesign im Gegensatz zu bestehenden Ansätzen top-down.
- Er läßt nicht nur die Bildung abstrahierter Entities, sondern auch die Bildung abstrahierter Beziehungen durch Relationship-Clustering zu.
- Eine spezielle Clustering-Technik, das Simple-Relationship-Clustering, läßt sich zur Modellierung *zusätzlicher Integritätsbedingungen* verwenden. Die Darstellung dieser Integritätsbedingungen läßt sich jedoch ausblenden, wenn sie zum allgemeinen Verständnis nicht erforderlich ist.

Als weitere Einsatzgebiete sind die folgenden denkbar:

- *Standarddiagramme* bzw. Referenzschemata für spezielle Branchen können entworfen und dann unternehmensindividuell angepaßt werden.
- Dieser Ansatz läßt sich auch im Rahmen der *View-* und *Schemaintegration* verwenden. Die Integration wird zunächst auf abstrahierter Ebene durchgeführt, indem zuerst die Entity-Clusters miteinander verschmolzen und dann die Complex-Relationship-Clusters integriert werden. Ein Ansatz hierzu wird in [SHO95] vorgestellt und legt den Clustering-Algorithmus von [RaS92] zugrunde. Diese Überlegungen lassen sich auf den in dieser Arbeit vorgestellten Clustering-Ansatz übertragen.

5 Komplexe Objekte in Abläufen

Petri-Netze lassen sich als allgemeine Beschreibungssprache für Abläufe einsetzen. Aufgrund ihrer graphischen Darstellung eignen sie sich zur kooperativen Erstellung von Prozeßschemata und unterstützen die Kommunikation zwischen Organisatoren, Systemanalytikern und Anwendern. Mit den bisher vorgestellten Prädikate/Transitionen-Netzen kann die Manipulation komplexer Objekte nur eingeschränkt modelliert werden. Die in Geschäftsprozessen und Abläufen zu bearbeitenden Objekte sind im allgemeinen jedoch komplex strukturiert. Beispiele für komplex strukturierte Objekte in Büroabläufen sind Formulare und Listen in Papierform oder in Form von Bildschirmmasken.

Die Nachteile der Prädikate/Transitionen-Netze in diesem Zusammenhang werden ausführlich in [Obe95] diskutiert. Die Manipulation komplexer Objekte und insbesondere die Manipulation einzelner Komponenten komplexer Objekte im Ablauf ist nicht unmittelbar modellierbar. Einerseits kann auf die Modellierung der komplexen Struktur verzichtet werden, andererseits kann eine Normalisierung durchgeführt werden, die "flache" Objekte erzwingt.
Im ersten Fall läßt sich die Manipulation einzelner Komponenten jedoch überhaupt nicht darstellen. Beispielsweise wird das komplexe Objekt Auftrag dann ohne komplexe Struktur, d. h. ohne Auftragspositionen, modelliert; die Bearbeitung einzelner Auftragspositionen ist in diesem Fall nicht mehr darstellbar.
Im zweiten Fall wird im Rahmen der Normalisierung ein komplex strukturiertes Objekt in seine einfach strukturierten Bestandteile zerlegt. Dann läßt sich das ursprüngliche komplexe Objekt nicht mehr als ganzes manipulieren, sondern nur noch die einzelnen Komponenten für sich. Ein Auftrag kann beispielsweise nicht mit all seinen Positionen als ein Objekt im Ablauf betrachtet und bearbeitet werden, vielmehr ist das Objekt Auftrag in seine Bestandteile Auftragskopf und Auftragspositionen - und gegebenenfalls noch weiter - zu zerlegen. In einem Ablauf läßt sich dann die Bearbeitung einzelner Auftragspositionen einfach, aber die Bearbeitung eines Auftrags als ganzes nur umständlich darstellen. Dies führt dann häufig zu "künstlichen" Stellen, in denen abgelegt wird, daß ein Auftrag "gesperrt" ist und einzelne Positionen nicht manipuliert werden dürfen, um zu modellieren, daß der Auftrag als ganzes bearbeitet wird.

Mit den zur Verfügung stehenden Mitteln ist es schwierig zu modellieren, daß sowohl verschiedene Teile eines Objekts parallel von unterschiedlichen Personen bearbeitet werden können als auch das ganze Objekt insgesamt in Bearbeitung sein kann.

Beispielsweise kann ein Mitarbeiter ein Entity-Relationship-Teildiagramm eines Entity-Rela-tionship-Schemas entwerfen, während ein anderer Mitarbeiter sich gleichzeitig mit einem anderen Teildiagramm beschäftigt und für dieses die Qualitätssicherung durchführt. Es muß jedoch zu Archivierungszwecken auch möglich sein, das Schema als ganzes zu bearbeiten (z. B. zu archivieren), ohne daß Teildiagramme zum selben Zeitpunkt bearbeitet werden.

Um diese Problemstellungen zu lösen, wird in [ObS92, OSS93, Obe95] ein neuer Typ von Petri-Netzen vorgestellt, die als *NF^2-Relationen/Transitionen-Netze* (NR/T-Netze) bezeich-net werden. Die Markierung einer Stelle in einem NF^2-Relationen/Transitionen-Netz ist eine NF^2-Relation [ScS86], d. h. in einer Stelle können komplex strukturierte Objekte abgelegt werden. Die Beschriftung der Netze läßt sowohl den Zugriff auf Objekte als ganzes als auch den Zugriff auf einzelne Teilobjekte zu.

Ziel der nachfolgenden Ausführungen ist es, die Möglichkeiten der NF^2-Relationen/Tran-sitionen-Netze im Rahmen der integrierten Unternehmensmodellierung zu nutzen. Der Begriff des integrierten Unternehmensschemas wird dabei in dem Sinn interpretiert, daß zwar trotz Integration unterschiedliche Teilschemata - Ablaufschema, Informationsschema, Organisa-tionsschema - zu erstellen, jedoch die Abhängigkeiten und Zusammenhänge zwischen den Teilschemata ebenfalls zu spezifizieren und zu dokumentieren sind. Zu diesem Zweck ist das mit NF^2-Relationen/Transitionen-Netzen erstellte Ablaufschema sowohl mit dem Organisa-tionsschema als auch mit dem Informationsschema zu verknüpfen.

Der Bezug zum Organisationsschema kann, wie in Kapitel 3 dargestellt, durch die Zuordnung der Transitionen zu den verschiedenen Organisationseinheiten oder zu den Geschäftsfunktio-nen der Aufbauorganisation erfolgen.

Es gibt verschiedene Ansätze, um Informations- und Ablaufschema zu integrieren, in denen Entity-Relationship-Modelle mit einer Variante der Petri-Netze kombiniert werden [EKT86, HPR93, Sak83b, SoK86]. Zusätzlich zu diesen Ansätzen geht INCOME über die Interpreta-tion einzelner Stellen als Entity- oder Beziehungstypen hinaus. Wie in Kapitel 3.4.5 skizziert wurde, besteht die Möglichkeit, flache[1] Schemaausschnitte eines Entity-Relationship-Schemas den Stellen der Prädikate/Transitionen-Netze zuzuweisen und so die in den Stellen abgelegten Objekte zu beschreiben.

---

[1] "flach" heißt, daß die beschriebenen Objekte keine komplexe Struktur aufweisen, sondern sich als Relationen in erster Normalform darstellen lassen.

Basierend auf diesem Konzept stellt die vorliegende Arbeit einen neuen Ansatz vor, der die NF^2-Relationenschemata der einzelnen Stellen des Ablaufschemas mit dem Informationsschema verknüpft. Es wird vorgeschlagen, die komplexen Objekttypen als hierarchisch strukturierte Sichten auf das globale Informationsschema zu interpretieren.

Die komplexen Objekttypen können sowohl in Form von SHM-Schemata [SmS77, Bro81, BrR84] als auch in Form von Schemata des der vorliegenden Arbeit zugrunde gelegten erweiterten Entity-Relationship-Modells dargestellt werden. Es werden beide Modelle berücksichtigt, da beide Vor- und Nachteile hinsichtlich ihrer Modellierungsmöglichkeiten bieten. SHM-Schemata eignen sich besser zur graphischen Darstellung der hierarchischen Struktur der komplexen Objekttypen. Hingegen ermöglicht die Verwendung der Konzepte des erweiterten Entity-Relationship-Modells, daß sowohl das globale Informationsschema als auch die Sichten mit dem gleichen Modellierungsansatz dargestellt werden. Dies ist wichtig, weil sich große Schemata besser mit dem Entity-Relationship-Modell als mit SHM darstellen lassen. Große SHM-Schemata sind verglichen mit großen Entity-Relationship-Schemata im allgemeinen unübersichtlicher, da ein globales Schema normalerweise nicht hierarchisch strukturiert ist und sich die Strukturen unterschiedlicher Objekte des globalen Schemas häufig überschneiden.

Zunächst wird ein Überblick über das Konzept der NF^2-Relationen/Transitionen-Netze gegeben. Dieser Überblick umfaßt eine kurze Einführung in NF^2-Relationen und in SHM. Im Anschluß werden die Möglichkeiten der Integration zu einem Unternehmensschema exemplarisch dargestellt. Danach werden Regeln zur Bildung der zugehörigen Sichten vorgestellt. Abschließend erfolgt ein Ausblick auf die Möglichkeiten zur Kombination mit dem Entity-Relationship-Modell-Clustering.

5.1 NF^2-Relationen/Transitionen-Netze

Informale Ausführungen zur Ausdrucksmächtigkeit der NF^2-Relationen/Transitionen-Netze sind in [OSS93], formale Ausführungen in [ObS92] zu finden. Eine vollständige formale und exemplarische Einführung in NF^2-Relationen/Transitionen-Netze erfolgt in [Obe95].

5.1.1 NF^2-Relationen

Da Stellen eines solchen Netzes NF^2-Relationen [ScS86] sind, wird dieses Konzept zunächst kurz erläutert. Für die formale Definition, wie sie den NF^2-Relationen/Transitionen-Netzen zugrunde liegt, wird auf [ObS92, San92, San93] verwiesen.

Das Schema einer NF^2-Relation ist hierarchisch strukturiert und setzt sich aus atomaren und relationenwertigen Attributen zusammen. Ein Attribut heißt *atomar*, wenn es nicht zusammengesetzt und nicht mengenwertig ist. Ein relationenwertiges Attribut wird hingegen durch ein eigenes Relationenschema beschrieben; es ist mengenwertig und kann zusammengesetzt sein. In Abb. 5.1 ist ein Formular für die Anforderung einer Crew für einen bestimmten Flug abgebildet. Abb. 5.2 zeigt die Darstellung dieses Formulars als NF^2-Relation.

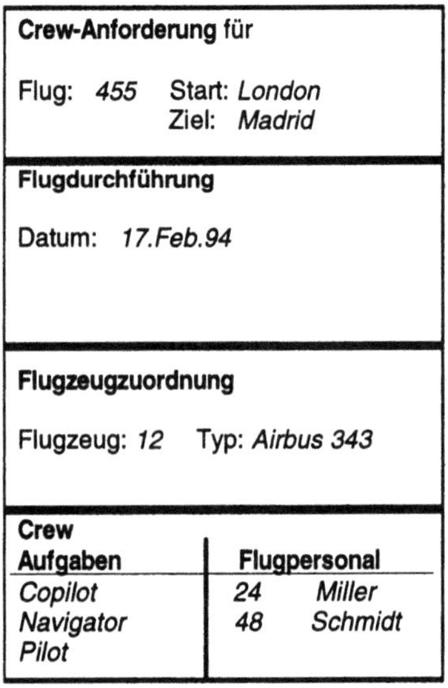

Crew-Anforderung für
Flug: *455*   Start: *London*   Ziel: *Madrid*

Flugdurchführung
Datum: *17.Feb.94*

Flugzeugzuordnung
Flugzeug: *12*   Typ: *Airbus 343*

Crew		
Aufgaben	**Flugpersonal**	
Copilot	*24*	*Miller*
Navigator	*48*	*Schmidt*
Pilot		

Abb. 5.1: Komplexes Büroobjekt

Das Schema der NF^2-Relation Crewanforderung (Abb. 5.2) setzt sich aus den *atomaren* Attributen F#, Start, Ziel, Datum, Flugzeug, Flugzeugtyp und dem *relationenwertigen* Attribut Crew zusammen, das wiederum durch ein Relationenschema definiert wird. Das Schema eines relationenwertigen Attributs wird auch als *Subschema*, die zugehörige Relation als *Subrelation* bezeichnet. Ein zu einem Objekt der Realwelt gehörender Eintrag - eine Zeile in der Relation - wird *Tupel* genannt, die Tupel innerhalb von Subrelationen werden als *Subtupel* bezeichnet. Einem atomaren Attribut kann für ein Tupel genau ein nicht zusammengesetzter Wert zugewiesen werden. Relationenwertige Attribute setzen sich wiederum aus atomaren und relationenwertigen Attributen zusammen; einem relationenwertigen Attribut kann nicht nur ein einzelner zusammengesetzter Wert, sondern eine Menge von zusammengesetzten oder nicht zusammengesetzten Werten zugewiesen werden.

Crewanforderung								
F#	Start	Ziel	Datum	Flugzeug	Flugzeugtyp	Crew		
						Aufgabe	Nr	Name
455	London	Madrid	17.Feb.94	12	Airbus 343	Copilot	24	Miller
						Navigator	48	Schmidt
						Pilot		
417	Paris	New York	27.Feb.94	17	Boing 747	Pilot		
						Navigator		
						Copilot		

Abb. 5.2: NF^2-Relation Crewanforderung

Den atomaren Attributen entsprechen die Eintragsfelder im Formular, in denen jeweils nur ein Wert eingetragen werden darf. Die relationenwertigen Attribute entsprechen zumeist tabellarisch angeordneten Feldern, in denen mehrere Einträge möglich sind.

5.1.2 NF^2-Relationen/Transitionen-Netze

Am Beispiel eines Ausschnitts (Abb. 5.3) des Geschäftsvorfalls Flugvorbereitung werden die Konzepte der NF^2-Relationen/Transitionen-Netze sowie der Beschriftung mit sogenannten Filtertabellen eingeführt [Obe95, ObS92, OSS93].

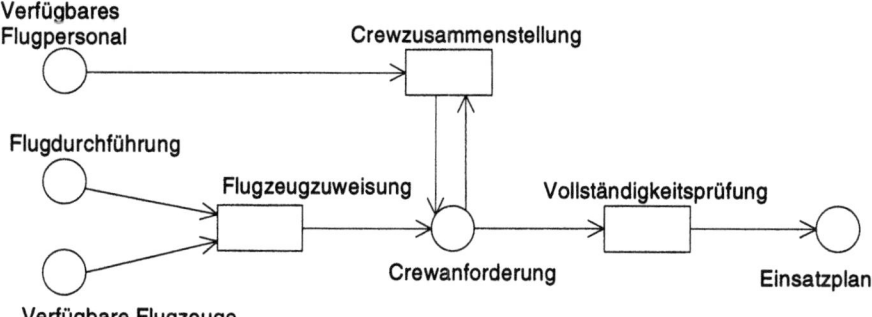

Abb. 5.3: Ausschnitt aus dem Geschäftsvorfall Flugvorbereitung

Der Geschäftsvorfall des Beispiels aus Abb. 5.3 läßt sich einschließlich der zugrundeliegenden Business Rules verbal folgendermaßen beschreiben:

- Die Transition Flugzeugzuweisung entnimmt eine geplante Flugdurchführung aus der Stelle Flugdurchführung und ein Flugzeug mit mehr als 50 Plätzen einschließlich der Aufgaben, die den einzelnen Besatzungsmitgliedern zuzuweisen sind, aus der Stelle Verfügbare Flugzeuge und fügt ein Objekt mit den entsprechend zusammengestellten Informationen in die Stelle Crewanforderung ein.

- Die Transition Crewzusammenstellung wählt Mitarbeiter des verfügbaren Flugpersonals mit der entsprechenden Qualifikation aus und aktualisiert die Crewanforderung, indem sie den Mitarbeiter in die Crew aufnimmt, ihm eine Aufgabe zuweist und die zugewiesene Aufgabe aus der Menge der noch zuzuweisenden Aufgaben entfernt.

- Sobald alle Aufgaben zugewiesen sind, kann die Vollständigkeitsprüfung erfolgreich abgeschlossen und der Einsatzplan abgelegt werden.

In diesem Beispiel ist lediglich ein Ausschnitt aus einem Geschäftsprozeß modelliert. Es wird beispielsweise nicht dargestellt, daß Flugzeuge und Mitarbeiter weiteren Flügen zu anderen Zeitpunkten zugeordnet werden können.

Die Stellen und ihre Markierungen im Beispielnetz lassen sich durch die nachfolgenden NF^2-Relationen (Abb. 5.4 - 5.8) beschreiben.

Ein Mitarbeiter des verfügbaren Flugpersonals (Abb. 5.4) wird durch seine Angestelltennummer, seinen Namen und seine Qualifikationen beschrieben, welche jeweils durch die Kombination einer Aufgabe mit einem bestimmten Flugzeugtyp definiert sind.

Verfügbares Flugpersonal			
Angnr	Name	Qualifikation	
		Aufgabe	Flugzeugtyp
1	Smith	Pilot	Boing 747
		Navigator	Airbus 343
		Copilot	Airbus 343
4	Brown	Pilot	Airbus 343
		Pilot	Boing 747
6	Henry	Navigator	Boing 747

Abb. 5.4: NF^2-Relation Verfügbares Flugpersonal

Die verfügbaren Flugzeuge werden durch die Identifikationsnummer, den Typ, die Anzahl der Plätze und die Menge der zu besetzenden Aufgaben beschrieben. In Abb. 5.5 setzt sich das relationenwertige Attribut Aufgaben nicht aus mehreren Attributen, sondern aus einem einzigen zusammen. Es ist dennoch relationenwertig, da für ein bestimmtes Flugzeug verschiedene Ausprägungen des Attributs Aufgabe vorliegen können. Dieses Attribut beschreibt die Aufgaben, die während eines Flugs den Mitgliedern der Besatzung zuzuweisen sind.

Verfügbare Flugzeuge			
Flugzgnr	Flugzeugtyp	Plätze	Aufgaben
			Aufgabe
1	Boing 747	40	Pilot
			Copilot
2	Boing 747	179	Navigator
			Copilot
			Pilot
3	Airbus 343	148	Pilot
			Copilot

Abb. 5.5: NF^2-Relation Verfügbare Flugzeuge

In Abb. 5.6 wird eine Relation, die sich in der ersten Normalform [Cod70] befindet, verwendet, um die anstehenden Flugdurchführungen zu beschreiben. Eine Relation in erster Normalform enthält nur atomare Attribute, d.h. sie enthält keine relationenwertigen Attribute. Eine Flugdurchführung wird durch jeweils einen Wert für die Flugnummer, den Start- und den Zielflughafen sowie das Datum des Flugs beschrieben.

Flugdurchführung			
F#	Start	Ziel	Datum
417	Paris	New York	25.Mär.94
455	London	Madrid	17.Feb.94
234	Frankfurt	Dallas	20.Mär.94
417	Paris	New York	27.Feb.94
234	Frankfurt	Dallas	17.Mär.94
65	Madrid	London	17.Mär.94

Abb. 5.6: NF^2-Relation Flugdurchführung

Eine Crewanforderung (Abb. 5.7) wird durch die Informationen zur Flugdurchführung und zum eingesetzten Flugzeug beschrieben. Außerdem wird festgehalten, welche Aufgaben

noch zuzuweisen sind und welche Aufgaben wem in der bereits zusammengestellten Crew
zugewiesen sind.

Crewanforderung								
F#	Start	Ziel	Datum	Flugzgnr	Flugzeugtyp	Aufgaben	Crew	
						Aufgabe	Angnr	Aufgabe
455	London	Madrid	17.Feb.94	12	Airbus 343	Pilot	24	Copilot
							48	Navigator
417	Paris	New York	27.Feb.94	17	Boing 747	Pilot		
						Navigator		
						Copilot		

Abb. 5.7: NF^2-Relation Crewanforderung

Das Relationenschema Einsatzplan (Abb. 5.8) ist analog zu Crewanforderung
strukturiert, lediglich auf die Menge der noch zu besetzenden Aufgaben wird verzichtet.

Einsatzplan							
F#	Start	Ziel	Datum	Flugzgnr	Flugzeugtyp	Crew	
						Angnr	Aufgabe
555	London	Moskau	17.Jan.94	32	Airbus 343	77	Copilot
						54	Pilot
						98	Navigator
917	Bombay	New York	27.Jan.94	44	Boing 747	64	Pilot
						23	Copilot

Abb. 5.8: NF^2-Relation Einsatzplan

Um den Ablauf beschreiben zu können, ist es notwendig zu spezifizieren, wie Tupel und Subtupel in eine NF^2-Relation eingefügt bzw. aus ihr entfernt werden. Das besondere an dem hier
verwendeten Ansatz ist, daß nicht nur vollständige Tupel einer solchen Relation manipuliert
werden können, sondern auch Subtupel eines bestehenden Eintrags, ohne daß deshalb das
ganze Tupel dem Zugriff durch andere Operationen entzogen wird. Es ist also möglich, daß
mehrere Subtupel parallel zueinander bearbeitet werden. Die theoretischen Grundlagen sind in
[San92, ObS92] beschrieben.

Es ist nicht nur möglich, ein Tupel entweder als Subtupel oder als eigenständiges Tupel zu
interpretieren, sondern auch beide Gesichtspunkte geeignet zu kombinieren. Für jedes relationenwertige Attribut kann individuell festgelegt werden, ob auf die Menge der zugehörigen
Werte als ganzes zugegriffen wird oder ob nur eine Teilmenge dieser Werte angesprochen
werden soll.

Die Kanten eines NF^2-Relationen/Transitionen-Netzes werden mit sogenannten *Filtertabellen* [Obe95, ObS92] beschriftet, um die auf den Stellen durchzuführenden Operationen zu beschreiben:

- Filtertabellen besitzen eine hierarchische Struktur entsprechend dem der Stelle zugehörigen NF^2-Relationenschema. Daher kann der Zugriff auf Werte innerhalb von Subtupeln formuliert werden.

- Filtertabellen beschreiben im allgemeinen nicht einzelne Tupel, sondern Mengen von Tupeln. Dies ermöglicht die Verarbeitung von relationenwertigen Attributen.

- In Filtertabellen wird zwischen zwei Typen von Termen unterschieden: *offene Terme* und *geschlossene Terme*. Syntaktisch werden geschlossene Terme durch einen Überstrich gekennzeichnet. Ein geschlossener Term $\overline{X}$ beschreibt den Zugriff auf den ganzen, unteilbaren Mengenwert. Im Gegensatz dazu beschreiben offene Terme den Zugriff auf eine Teilmenge eines relationenwertigen Attributs.

Einfügen   **Crewanforderung**   **Löschen**

Abb. 5.9: Einfüge- und Löschoperationen für `Crewanforderung`

Abb. 5.10 zeigt Filtertabellen, die als Definition von Einfüge- bzw. Löschoperationen auf die NF^2-Relation `Crewanforderung` aus (Abb. 5.7) interpretiert werden können. Nachfolgend wird davon ausgegangen, daß mit diesen Filtertabellen die Kanten aus Abb. 5.9 beschriftet werden. Die Variablen werden mit Großbuchstaben geschrieben, alle anderen Angaben beschreiben konkrete Werte. Die Variable `D` steht für `Datum`, `A` für `Aufgabe` und `C` für `Crew`. Die Variablen werden entweder bei der Auswahl eines Tupels oder vor dem Einfügen eines Tupels mit Werten instantiiert.

(a) *Einfügen*: Wenn kein Tupel mit `F# 455`, `Start London`, ... existiert, wird ein neues Objekt mit `F# 455`, `Start London`, ... in `Crewanforderung` eingefügt. Die Menge der zuzuweisenden Aufgaben besteht aus `Pilot` und `Copilot`. Der Umstand, daß noch keine Crew zusammengestellt ist, wird durch eine leere Menge dargestellt.

Wenn bereits ein Tupel mit `F# 455`, `Start London`, ... existiert, werden lediglich `Pilot` und `Copilot` in die bereits existierende Menge der zuzuweisenden Aufgaben eingefügt. Der Inhalt des relationenwertigen Attributs `Crew` bleibt unverändert.

Löschen: Die Einträge Pilot und Copilot werden aus der Menge der zuzuweisenden Aufgaben des Tupels mit F# 455, Start London, ... gelöscht.

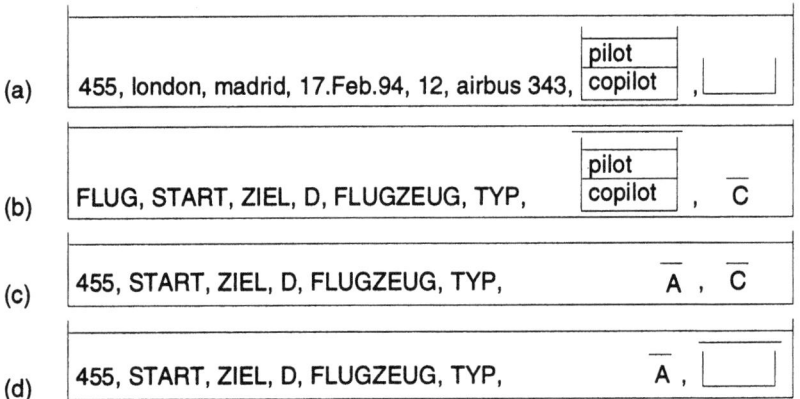

(a)   455, london, madrid, 17.Feb.94, 12, airbus 343, | pilot | | copilot | ,

(b)   FLUG, START, ZIEL, D, FLUGZEUG, TYP, | pilot | | copilot | , $\overline{C}$

(c)   455, START, ZIEL, D, FLUGZEUG, TYP, $\overline{A}$, $\overline{C}$

(d)   455, START, ZIEL, D, FLUGZEUG, TYP, $\overline{A}$,

Abb. 5.10: Filtertabellen für die NF^2-Relation Crewanforderung

(b) *Einfügen:* Es wird ein neues Tupel als *eigenständiges* Tupel eingefügt, da für alle relationenwertigen Attribute geschlossene Terme verwendet werden. Die Menge der zuzuweisenden Aufgaben besteht genau aus den Einträgen Pilot und Copilot. Die Variablen FLUG, START, ZIEL, D, FLUGZEUG und TYP müssen entsprechend instantiiert werden.

   Löschen: Es wird ein Tupel, bei dem die Menge der zuzuweisenden Aufgaben aus Pilot und Copilot besteht, als ganzes gelöscht, da für alle relationenwertigen Attribute geschlossene Terme verwendet werden.

(c) *Einfügen:* Es wird ein neues Tupel mit F# 455 als *eigenständiges* Tupel eingefügt, da für alle relationenwertigen Attribute geschlossene Terme verwendet werden. Die Variablen müssen entsprechend instantiiert werden.

   Löschen: Das Tupel mit F# 455 wird als ganzes gelöscht, da für alle relationenwertigen Attribute geschlossene Terme verwendet werden.

(d) *Einfügen:* Es wird ein neues Tupel mit F# 455 als *eigenständiges* Tupel eingefügt, für das noch keine Crew zusammengestellt ist. Die Variablen müssen entsprechend instantiiert werden.

   Löschen: Das Tupel mit F# 455 wird als ganzes gelöscht, sofern ihm noch keine Crew zugeordnet ist.

Filtertabellen können in beliebiger Tiefe entsprechend dem zugehörigen NF^2-Relationen-schema geschachtelt werden. Werte, mit denen geschlossene Terme instantiiert werden, werden als atomare Werte behandelt. Ein Tupel kann nur dann als ganzes gelöscht werden, wenn *alle* relationenwertigen Attribute durch geschlossene Terme spezifiziert werden. Wenn ein relationenwertiges Attribut durch einen offenen Term spezifiziert wird, können nur Werte des offenen Terms entfernt werden. Beim Einfügen müssen die Werte, die einen geschlossenen Term instantiieren, als ganzes eingefügt werden; bei offenen Termen hingegen werden die entsprechenden Subrelationen um die angegebenen Subtupel ergänzt.

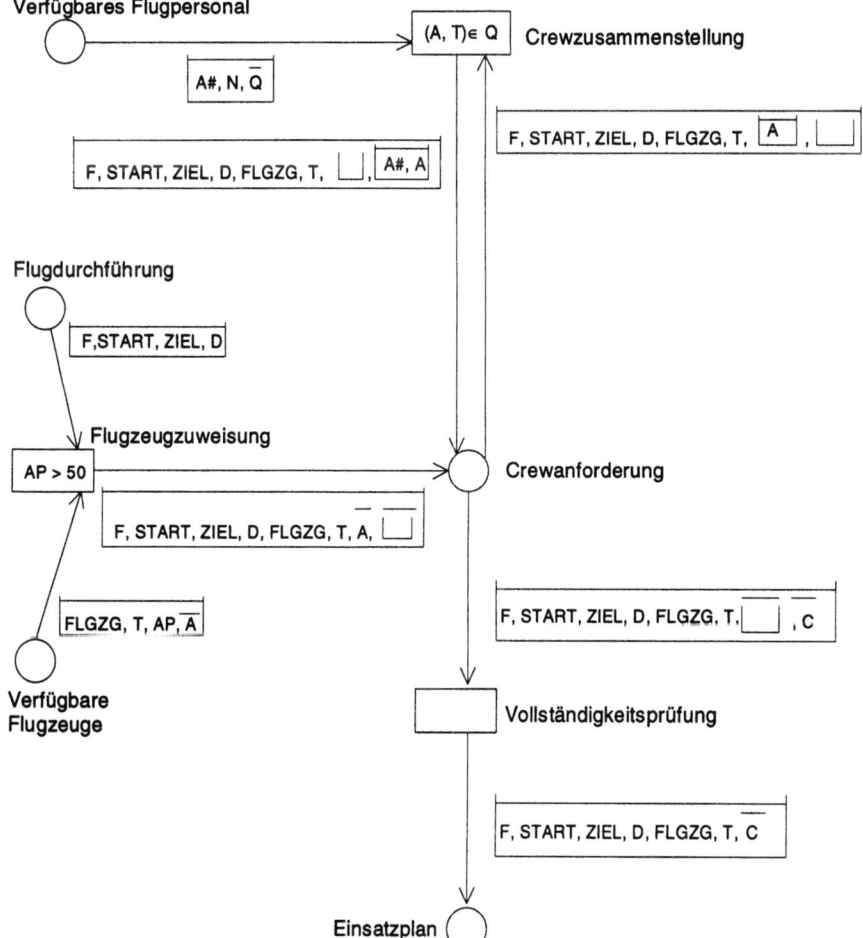

Abb. 5.11: Mit Filtertabellen beschrifteter Netzausschnitt

Abb. 5.11 zeigt das Netz aus Abb. 5.3 mit den entsprechend beschrifteten Kanten. Die Variable D steht für Datum, A für Aufgabe, A# für Angestelltennr, F für Flugnr, T für Flugzeugtyp, NP für Anzahl der Plätze, Q für Qualifikation und C für Crew. Im folgenden wird die Beschriftung des Netzes aus Abb. 5.11 erklärt:

- Flugzeugzuweisung

   Verfügbare Flugzeuge → Flugzeugzuweisung:
   Es wird ein Tupel eines Flugzeugs mit mehr als 50 Plätzen einschließlich der Aufgaben, die den einzelnen Besatzungsmitgliedern zuzuweisen sind, aus der Stelle Verfügbare Flugzeuge entfernt, da der Term des einzigen relationenwertigen Attributs Aufgaben geschlossen ist.

   Flugdurchführung → Flugzeugzuweisung:
   Das Tupel einer geplanten Flugdurchführung wird aus der Stelle Flugdurchführung entnommen. In diesem Fall liegen keine relationenwertigen Attribute vor, deshalb werden keine geschlossenen Terme benötigt.

   Flugzeugzuweisung → Crewanforderung:
   In die Stelle Crewanforderung wird ein neues Tupel eingefügt, weil die Terme aller relationenwertigen Attribute geschlossen sind. Die Menge der bereits zugewiesenen Aufgaben wird mit der leeren Menge initialisiert, da noch keine Zuweisungen erfolgt sind.

- Crewzusammenstellung

   Verfügbares Flugpersonal → Crewzusammenstellung:
   Aus der Stelle Verfügbares Flugpersonal wird das Tupel eines Mitarbeiters des Flugpersonals als ganzes entfernt, da für das relationenwertige Attribut Qualifikation ein geschlossener Term verwendet wird.

   Crewanforderung → Crewzusammenstellung:
   Aus der Stelle Crewanforderung wird ein Tupel nicht als ganzes entfernt, sondern eine zuzuweisende Aufgabe wird aus der Subrelation Aufgaben gelöscht. Die Variable A steht in diesem Fall für ein einzelnes Subtupel der Subrelation Aufgaben, da sie innerhalb eines offenen Terms verwendet wird. Die Transitionsbedingung stellt sicher, daß der Mitarbeiter entsprechend der Aufgabe qualifiziert ist.
   An die Tupel aus der Stelle Crewanforderung wird keine Bedingung hinsichtlich der bereits zugewiesenen Aufgaben gestellt. Deshalb wird das Symbol der leeren Menge als offener Term in der Filtertabelle verwendet. Dies bedeutet, daß die leere Menge in der

Subrelation `Crew` enthalten sein muß. Diese Bedingung ist in jedem Fall erfüllt, da die leere Menge Teilmenge jeder Menge ist.

Bei mehrfachem Schalten der Transition `Crewzusammenstellung` zum gleichen Zeitpunkt läßt sich ein und dieselbe `Crewanforderung` mehrfach parallel bearbeiten, da nicht ein Tupel als ganzes, sondern nur einzelne Subtupel manipuliert werden. Es kann also Personal für unterschiedliche Aufgaben gleichzeitig zugewiesen werden

`Crewzusammenstellung` → `Crewanforderung`:
Eine Kombination aus der Angestelltennummer und der jetzt zugewiesenen Aufgabe wird in die Subrelation `Crew` eingefügt. Dies wird modelliert, indem für die Subrelation ein offener Term verwendet wird. Die Transitionsformel stellt sicher, daß Aufgaben nur solchen Mitarbeitern zugewiesen werden, die entsprechend qualifiziert sind. In die Subrelation `Aufgaben` wird nichts eingefügt, daher wird das Symbol der leeren Menge als offener Term verwendet.

• `Vollständigkeitsprüfung`

`Crewanforderung` → `Vollständigkeitsprüfung`:
Ein Tupel wird als ganzes aus der Stelle `Crewanforderung` gelöscht, da für alle relationenwertige Tupel geschlossene Terme verwendet werden. Die `Vollständigkeitsprüfung` erfolgt erst, wenn alle Aufgaben zugewiesen sind. Daher wird für die noch zu besetzenden Aufgaben das Symbol der leeren Menge als geschlossener Term verwendet. In diesem Fall muß die Subrelation nicht die leere Menge enthalten, sondern sie selbst muß leer sein.

`Vollständigkeitsprüfung` → `Einsatzplan`:
Ein Tupel wird als ganzes in die Stelle `Einsatzplan` eingefügt, da für alle relationenwertigen Attribute geschlossene Terme verwendet werden.

❑

Wenn eine Filtertabelle für ein relationenwertiges Attribut einen offenen Term enthält, können unterschiedliche Subtupel parallel bearbeitet werden. Wenn alle Terme geschlossen sind, kann das Tupel nur als ganzes von einer Transition bearbeitet werden.

Die atomaren Attribute eines (Sub-)Tupels können nur dann manipuliert werden, wenn man für alle Subrelationen des (Sub-)Tupels geschlossene Terme verwendet. Beispielsweise dürfen in der Transition `Crewzusammenstellung` weder die Flugnummer noch der Startflughafen oder andere atomare Attribute verändert werden, da sonst beim parallelen Schalten dieser Transition Inkonsistenzen entstehen können.

5.2 Modellierung komplexer Objekttypen

Für die Ablaufmodellierung existieren Möglichkeiten zur graphischen Darstellung von Prozeßschemata in Form von Petri-Netzen. Für die graphische Darstellung komplexer, hierarchisch strukturierter Objekte bietet sich das *Semantic Hierarchy Model* (kurz SHM, auch semantisch hierarchisches Objektmodell) [SmS77, Bro81, BrR84] an. Dieses Modell verwendet die Typkonstruktoren *Aggregation, Generalisierung* und *Gruppierung*. Die Grundelemente des SHM sind Objekttypen, auf welche die Typkonstruktoren angewendet werden können. Im Gegensatz zum Entity-Relationship-Modell unterscheidet das semantisch hierarchische Objektmodell nicht zwischen Attributen und Objekttypen, vielmehr sind Objekttypen entweder *elementar* (z.B. STRING, REAL, ...) oder sie werden auf Basis anderer Objekte mittels der Typkonstruktoren definiert.

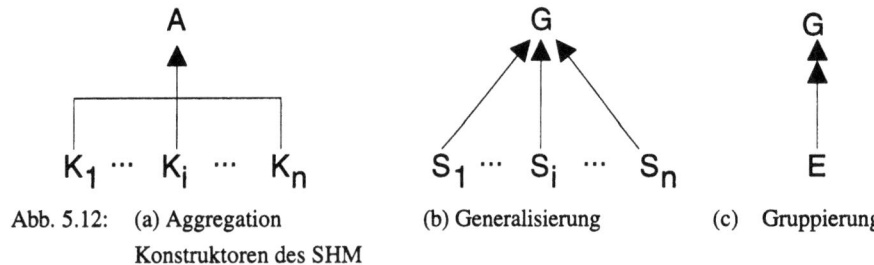

Abb. 5.12:   (a) Aggregation   (b) Generalisierung   (c) Gruppierung
Konstruktoren des SHM

Da die Abstraktionskonzepte im erweiterten Entity-Relationship-Modell bereits eingeführt wurden, wird nur kurz auf die graphische Darstellung eingegangen (Abb. 5.12):

- A ist eine *Aggregation* der Komponenten K_i, $i = 1, ..., n$.
  A setzt sich aus den K_i zusammen.

- G ist die *Generalisierung* von S_i, $i = 1, ..., n$.
  Die S_i erben die Struktur von G.
  Die S_i werden auch als *Spezialisierung* von G bezeichnet.

- S ist eine Menge (*Gruppierung*, Grouping, Assoziation) von Objekten des Elementtyps E.

Die Darstellung der Objekte durch SHM-Schemata wird exemplarisch für das vorhergehende Beispiel durchgeführt. Die Strukturen der NF^2-Relationenschemata lassen sich direkt in SHM-Schemata umsetzen. Für formale Betrachtungen zur Umsetzung von SHM-Schemata in NF^2-Relationenschemata und umgekehrt wird auf [LaS87, Len94] verwiesen.

Jedes Relationenschema bzw. Subschema wird in einem SHM-Schema als Aggregation der atomaren Attribute und als Gruppierung der relationenwertigen Attribute dargestellt.

In Abb. 5.14 wird zunächst jedes Relationenschema bzw. Subschema aus Abb. 5.13 - Verfügbares Flugpersonal, Qualifikation - als Aggregation der atomaren Attribute - Angnr und Name für Verfügbares Flugpersonal bzw. Aufgabe und Flugzeugtyp für Qualifikation - modelliert. Das relationenwertige Attribut Qualifikation wird als Elementtyp der Gruppierung Verfügbares Flugpersonal dargestellt.

Verfügbares Flugpersonal			
Angnr	Name	Qualifikation	
		Aufgabe	Flugzeugtyp

Abb. 5.13: NF²-Relationenschema Verfügbares Flugpersonal

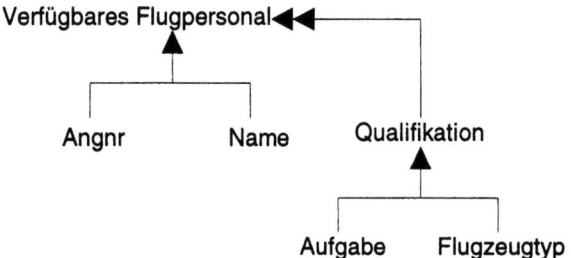

Abb. 5.14: SHM-Schema Verfügbares Flugpersonal

Alle weiteren NF²-Relationenschemata (Abb. 5.15 + 5.17 + 5.19 + 5.21) werden analog in SHM-Schemata umgesetzt (Abb. 5.16 + 5.18 + 5.20 + 5.22).

Verfügbare Flugzeuge			
Flugzgnr	Flugzeugtyp	Plätze	Aufgaben
			Aufgabe

Abb. 5.15: NF²-Relationenschema Verfügbare Flugzeuge

Auch in Abb. 5.16 werden die atomaren Attribute des NF²-Relationenschemas aus Abb. 5.15 als Komponenten einer Aggregation und die relationenwertigen Attribute als Elemente einer Gruppierung dargestellt. Die aus nur einer Komponente bestehende Aggregation Aufgaben aus Abb. 5.16 wird beibehalten, um die einheitliche Umsetzung von Subschemata unabhängig davon zu gewährleisten, ob ein Subschema aus einem (Abb. 5.15) oder aus mehreren Attributen (Abb. 5.13) besteht.

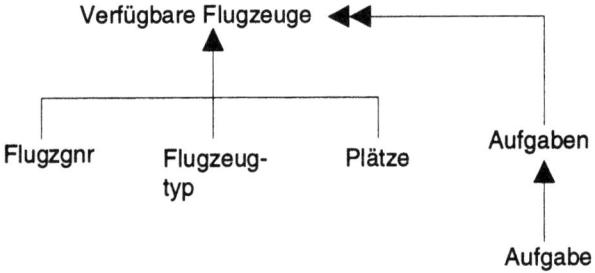

Abb. 5.16: SHM-Schema Verfügbare Flugzeuge

Ein Relationenschema in erster Normalform (Abb. 5.17) wird dementsprechend als Aggregation (Abb. 5.18) modelliert.

Flugdurchführung			
F#	Start	Ziel	Datum

Abb. 5.17: NF^2-Relationenschema Flugdurchführung

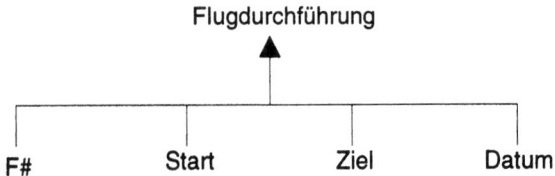

Abb. 5.18: SHM-Schema Flugdurchführung

Die Besonderheit des NF^2-Relationenschemas aus Abb. 5.19 ist, daß es zwei voneinander unabhängige relationenwertige Attribute enthält: Aufgaben und Crew. Entsprechend werden die Typkonstruktoren für die Definition der Gruppierungen in Abb. 5.20 unabhängig voneinander modelliert.

Crewanforderung								
F#	Start	Ziel	Datum	Flugzgnr	Flugzeugtyp	Aufgaben	Crew	
						Aufgabe	Angnr	Aufgabe

Abb. 5.19: NF^2-Relationenschema Crewanforderung

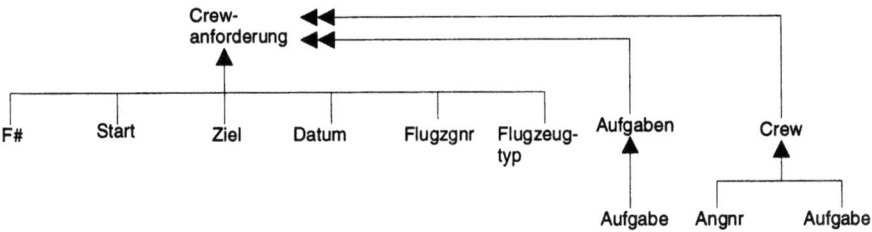

Abb. 5.20: SHM-Schema Crewanforderung

Analog läßt sich das NF^2-Relationenschema Einsatzplan (Abb. 5.21) als SHM-Schema (Abb. 5.22) darstellen.

Einsatzplan							
F#	Start	Ziel	Datum	Flugzgnr	Flugzeugtyp	Crew	
						Angnr	Aufgabe

Abb. 5.21: NF^2-Relationenschema Einsatzplan

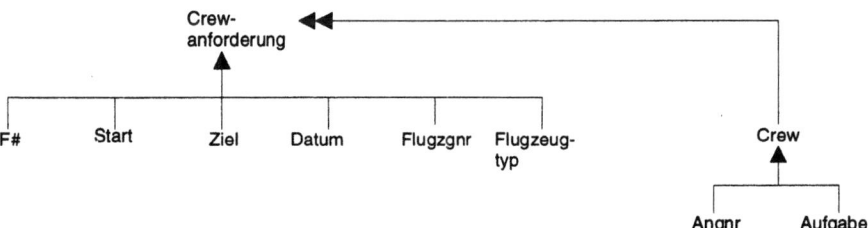

Abb. 5.22: SHM-Schema Einsatzplan

Sinngemäß zur oben gegebenen Darstellung als SHM-Schemata können die Konstrukte des erweiterten Entity-Relationship-Modells verwendet werden, um die komplexen Objekttypen als EER-Schemata zu modellieren. Im nachfolgenden Abschnitt wird die Modellierung als SHM-Schemata und als EER-Schemata berücksichtigt.

5.3 Komplexe Objekte auf Basis von Entity-Relationship-Views

In Abschnitt 5.1 wurde der Ausschnitt eines Geschäftsprozesses unter Verwendung komplexer Objekttypen modelliert. Die komplexen Objekttypen können als NF^2-Relationenschemata beschrieben werden. Graphisch lassen sich die NF^2-Relationenschemata als SHM-

Schemata [Obe95, LaS87] oder als Schemata im erweiterten Entity-Relationship-Modell darstellen.

Wenn es darum geht, Objekte aus einem lokalen Gesichtspunkt heraus - d. h. für eine Stelle eines Petri-Netzes - zu modellieren, sind diese Möglichkeiten ausreichend. Probleme entstehen, wenn nicht nur die lokalen Objektschemata für einzelne Stellen relevant sind, sondern der Bezug zu einem globalen Informationsschema hergestellt werden soll und muß, um das Informationsschema und das Geschäftsprozeßschema zu einem *integrierten* Unternehmensschema zusammenzuführen.

Im folgenden wird eine Trennung der lokalen und der globalen Aspekte vorgeschlagen. Die globalen Aspekte werden hierzu in einem globalen, konzeptuellen Informationsschema modelliert. Im Gegensatz dazu werden die lokalen Aspekte in Form von komplexen Objekttypen modelliert, die vom konzeptuellen Schema abzuleiten bzw. auf der Basis des globalen Informationsschemas zu definieren sind. In diesem Abschnitt wird beschrieben, wie komplexe Objekttypen auf Basis eines globalen Entity-Relationship-Schemas definiert werden können. Die Struktur der komplexen Objekte wird jeweils als SHM-Schema und als erweitertes Entity-Relationship-Schema dargestellt, da beide Ansätze Vor- und Nachteile hinsichtlich ihrer Modellierungsmöglichkeiten bieten.

SHM-Schemata eignen sich besser zur graphischen und damit auch zur anschaulichen Darstellung der hierarchischen Struktur von komplexen Objekttypen. Mit SHM lassen sich beispielsweise im Rahmen einer Anforderungsanalyse die Struktur von Formularen, Bildschirmmasken und Berichten einfach darstellen, da diese im allgemeinen auf hierarchischen Strukturen basieren. Große SHM-Schemata sind im Vergleich zu großen Entity-Relationship-Schemata im allgemeinen unübersichtlicher, da ein globales Schema normalerweise nicht hierarchisch strukturiert ist und da sich die Strukturen unterschiedlicher Objekte des globalen Schemas häufig überschneiden. Außerdem lassen sich zwar Objekte als solche darstellen, die explizite Modellierung von Beziehungen ist jedoch nicht möglich, wenn diese von ihrer Semantik her über die Bedeutung der Typkonstruktoren Aggregation, Gruppierung und Generalisierung hinausgehen.

Die Verwendung der Konzepte des erweiterten Entity-Relationship-Modells ermöglicht es, daß sowohl das globale Informationsschema als auch die Sichten mit dem gleichen Modellierungsansatz dargestellt werden. Zur Modellierung globaler Informationsschemata ist das Entity-Relationship-Modell geeigneter, da die erstellten Schemata auch bei einer entsprechenden

Größe übersichtlicher bleiben. Außerdem ist zu berücksichtigen, daß sich das Entity-Relation-ship-Modell, wenn auch in verschiedenen Ansätzen, in der Praxis durchgesetzt hat.

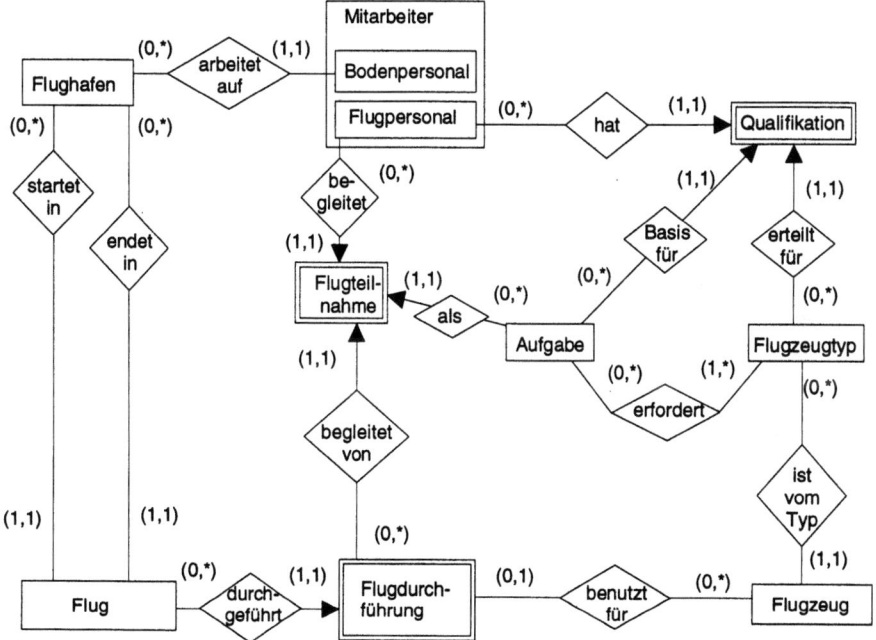

Abb. 5.23: Vereinfachtes Informationsschema für das Beispiel der Fluggesellschaft

Im folgenden wird das Beispiel aus Kapitel 4 in leicht vereinfachter Form als globales Infor-mationsschema (Abb. 5.23) zugrunde gelegt: Auf die Flugabschnitte wird in diesem Fall verzichtet.

In Abb. 5.24 wird ein typisches Formular aus der Bürowelt der Fluggesellschaft dargestellt, das als komplexer Objekttyp zu interpretieren ist. Der komplexe Objekttyp läßt sich als Entity-Relationship-View [LaD83, Lin87] darstellen. Der Ausschnitt des Informationssche-mas, der die zur Beschreibung des Objekttyps notwendigen Informationen enthält, ist in Abb. 5.25 abgebildet. Die grundlegende Idee des hier vorgestellten Ansatzes ist, die komplexen Objekttypen als *Sicht* bzw. *View* auf das konzeptuelle Schema zu interpretieren. Zunächst wird exemplarisch in diese Überlegungen eingeführt, danach wird das in [Lin87] vorgestellte View-Konzept modifiziert. Abschließend werden die dem Ableitungsvorgang zugrundeliegenden Regeln detailliert beschrieben.

Crew-Anforderung für
Flug: *455*   Start: *London*   Ziel: *Madrid*
Flugdurchführung
Datum: *17.Feb.94* Startzeit: *9.00*
Flugzeugzuordnung
Flugzeug: *12*   Typ: *Airbus 343*

zuzuweisende Aufgaben	**Crew** Nr. Name
Copilot *Navigator* *Pilot*	*24 Miller* *48 Schmidt*

Abb. 5.24: Formular aus dem Büroablauf

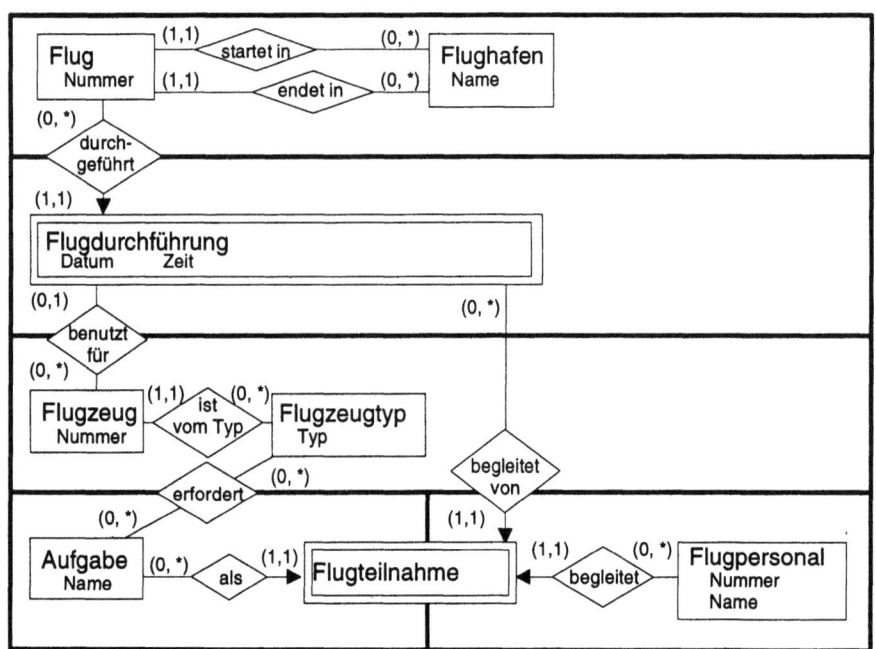

Abb. 5.25: Darstellung des Formulars als Sicht auf das konzeptuelle Schema

5.3.1 Vorgehensweise zur Ableitung komplexer Objekttypen

Die einzelnen Phasen der Ableitung komplexer Objekttypen aus dem globalen Informations-schema können folgendermaßen gegliedert werden:

⓪ Bevor mit der Ableitung des komplexen Objekttyps begonnen wird, muß zunächst unabhängig vom globalen Schema festgelegt werden, welche Informationen in den komplexen Objekttyp aufgenommen werden sollen.

① Bestimme den *Kern-Entity-Typ* des komplexen Objekttyps.
Der Kern-Entity-Typ des komplexen Objekttyps ist der Entity- oder Aggregationstyp, dessen Identifikator auch Identifikator des komplexen Objekttyps ist.

② Bestimme den Ausschnitt des konzeptuellen Informationsschemas, der die Informationen enthält, die dem komplexen Objekttyp zugrunde liegen.

③ Definiere eine Entity-Relationship-View, die der Struktur des komplexen Objekttyps ent-spricht, gemäß den in 5.3.2 vorgestellten Regeln.

④ Leite das SHM- bzw. EER-Schema des komplexen Objekttyps aus der Struktur der View ab.

Weder der Ausschnitt des Informationsschemas noch die View werden automatisch erzeugt bzw. abgeleitet, vielmehr sind beide explizit vom Designer bzw. Anwender zu spezifizieren.

Der komplexe Objekttyp Flugroute, der die Route eines bestimmten Flugs beschreibt, läßt sich folgendermaßen aus dem konzeptuellen Schema ableiten:

① Zunächst wird der Entity-Typ Flug als *Kern-Entity-Typ des komplexen Objekttyps* Flugroute festgelegt, da der Identifikator von Flug dem Identifikator des komplexen Objekttyps entspricht.

② Dann werden die Entity- und Beziehungstypen, welche die für den Objekttyp erforder-lichen Informationen beschreiben, in den Schemaausschnitt (Abb. 5.26a) aufgenommen.
In einem Zwischenschritt (Abb. 5.26b) werden alle Kardinalitäten ausgeblendet, die aus Sicht des Kern-Entity-Typs nicht erforderlich sind. Nur die Kardinalitäten, die hinsicht-lich des Kern-Entity-Typs relevant sind, werden angegeben. Aus der Sicht von Flug ist relevant, daß sich ein Flug auf genau einen Start- und genau einen Zielflughafen bezieht. Hingegen ist unter diesem Gesichtspunkt nicht relevant, daß ein bestimmter Flugha-fen Start- bzw. Zielflughafen vieler Flüge sein kann.

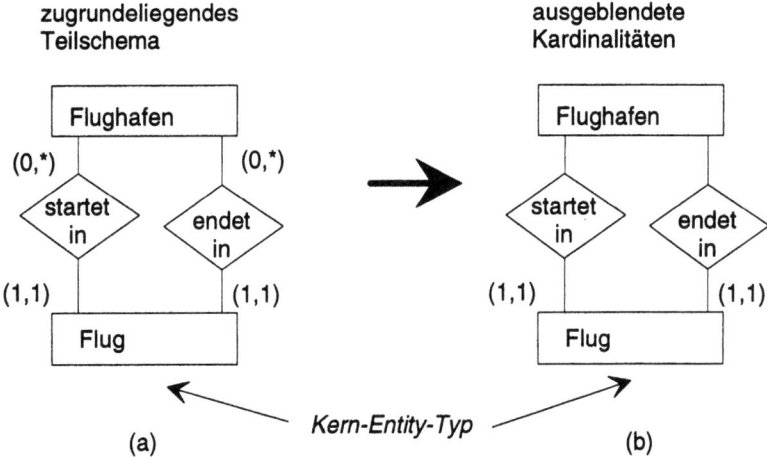

Abb. 5.26: Ableitung des komplexen Objekttyps mit Kern-Entity-Typ Flug

③ In diesem Beispiel stimmt der Ausschnitt des Informationsschemas mit der dem Objekttyp zugrundeliegenden View überein.

④ Die Struktur des komplexen Objekttyps ist in Abb. 5.27a als SHM-Schema und in Abb. 5.27b als EER-Schema dargestellt, um beide Modellierungsmöglichkeiten zu veranschaulichen.

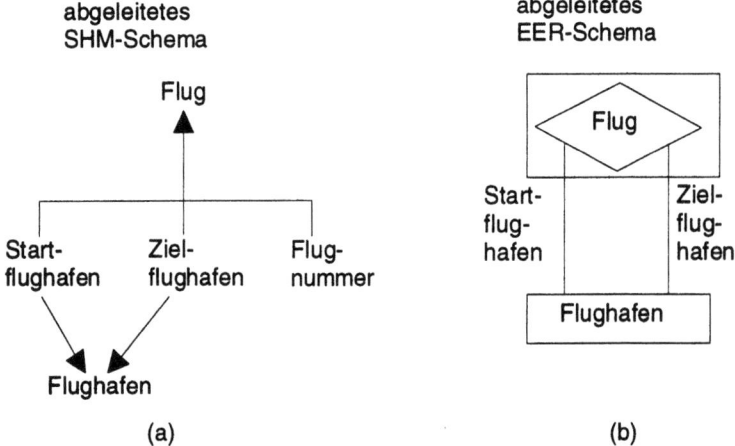

Abb. 5.27: Komplexer Objekttyp mit Kern-Entity-Typ Flug als SHM-Schema und als EER-Schema

Anhand der Kardinalitäten in Abb. 5.26b wird die Struktur des komplexen Objekttyps bestimmt. Elementtypen der Gruppierungstypen werden auf Basis von Maximumkardinalitäten > 1 und die Komponenten von Aggregationstypen aufgrund von Maximumkardinalitäten = 1 bestimmt. Durch eine Maximumkardinalität = 1 wird ausgedrückt, daß genau eine Komponente zugeordnet ist; diesem Sachverhalt entspricht die Aggregation. Die Gruppierung besagt, daß eine Menge von Objekten zugeordnet ist, dies wird durch eine Maximumkardinalität > 1 ausgedrückt.

Da hier nur Maximumkardinalitäten = 1 auftreten, werden die Attribute von Flug und Flughafen sowohl im Sinn von Startflughafen als auch im Sinn von Zielflughafen als Komponenten des Aggregationstyps Flug - entspricht dem komplexen Objekttyp Flugroute - modelliert. Flugnummer ist ein Attribut von Flug und wird ebenfalls als Bestandteil der Aggregation modelliert.

Die View-Bildung läßt auch eine alternative Ableitung zu. Bei der View-Bildung in Abb. 5.28b werden in der View die zwei Entity-Typen Startflughafen und Zielflughafen modelliert, die beide auf dem Entity-Typ Flughafen des konzeptuellen Schemas basieren. Diese Trennung wird auch in der Darstellung der komplexen Objekttypen in Abb. 5.29 beibehalten.

Es ist also durchaus möglich, daß derselbe Entity-Typ des konzeptuellen Schemas mehreren verschiedenen Entity-Typen einer View gleichzeitig zugrunde liegt.

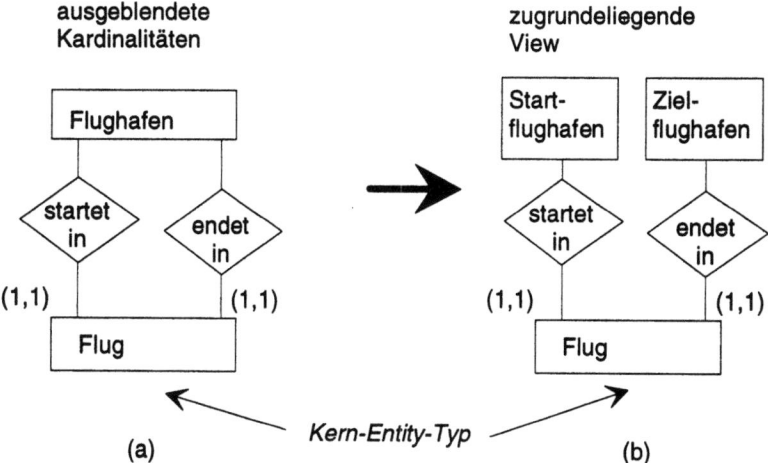

Abb. 5.28: Alternative Ableitung des komplexen Objekttyps Flug

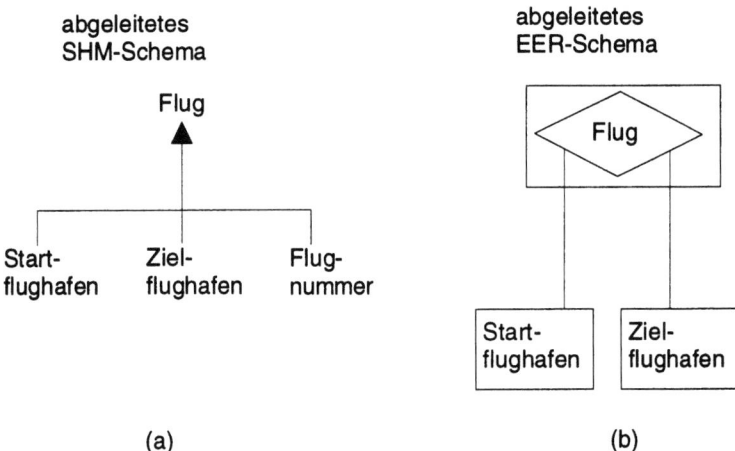

(a)   (b)

Abb. 5.29: Komplexer Objekttyp mit Kern-Entity-Typ Flug als SHM-Schema und als EER-
Schema

Nachfolgend wird ein komplexer Objekttyp Flugabwicklung abgeleitet, der einen
bestimmten Flug zu einer bestimmten Zeit mit einem bestimmten Flugzeug und mit einer
bestimmten Besatzung modelliert:

① Zunächst wird der Entity-Typ Flugdurchführung als *Kern-Entity-Typ des komplexen Objekttyps* festgelegt, da der Identifikator von Flugdurchführung auch der
Identifikator des komplexen Objekttyps Flugabwicklung ist.

② In Abb. 5.30 ist der Ausschnitt des Informationsschemas dargestellt, der alle relevanten
Entity- und Beziehungstypen beinhaltet.

Der Beziehungstyp erfordert ist mit unterbrochenen Linien gezeichnet, da es sich
hier um einen *integritätssichernden* Beziehungstyp handelt: Einem Besatzungsmitglied
wird nur eine Aufgabe zugewiesen, die der Flugzeugtyp erfordert.

③ In Abb. 5.31 ist die Entity-Relationship-View dargestellt. Auch hier sind die zur Bildung
des komplexen Objekttyps nicht relevanten Kardinalitäten bereits ausgeblendet. Im
Gegensatz zum vorhergehenden Beispiel werden in der View verschiedene Entity- und
Beziehungstypen des konzeptuellen Schemas zu einem neuen Entity-Typ zusammengefaßt.

In Abb. 5.31 sind aus Gründen der anschaulichen Darstellung anstelle eines eigenen
neuen Entity-Namens die Namen der zusammengefaßten Entity- und Beziehungstypen
eingetragen. Diese werden mit '*' verknüpft. Das Symbol '*' wird verwendet, um in

Anlehnung an eine Join-Operation verschiedene miteinander verbundene Objekte zu einem einzigen Objekt zusammenzufassen. Die Möglichkeiten der View-Bildung werden im nachfolgenden Abschnitt ausführlich erläutert.

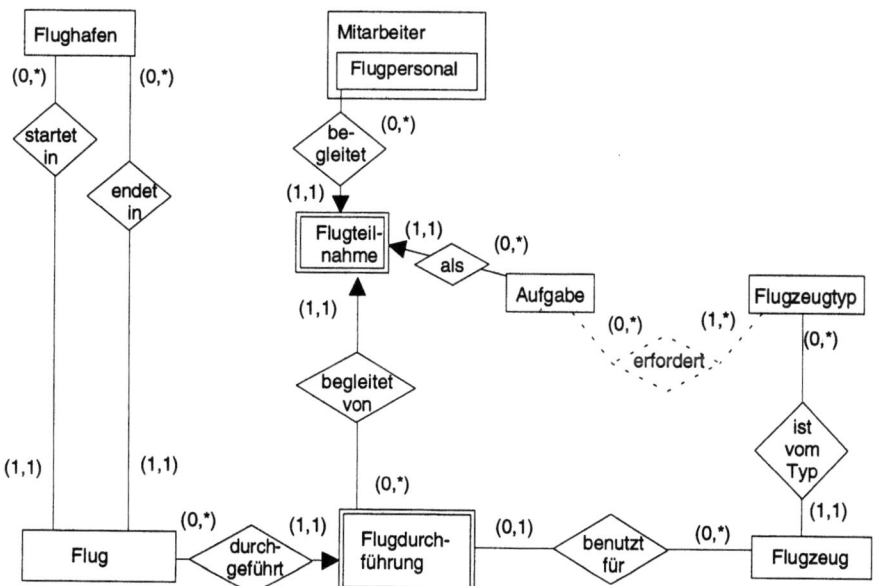

Abb. 5.30: Ausschnitt des Informationsschemas mit Kern-Entity-Typ Flugdurchfüh-
            rung

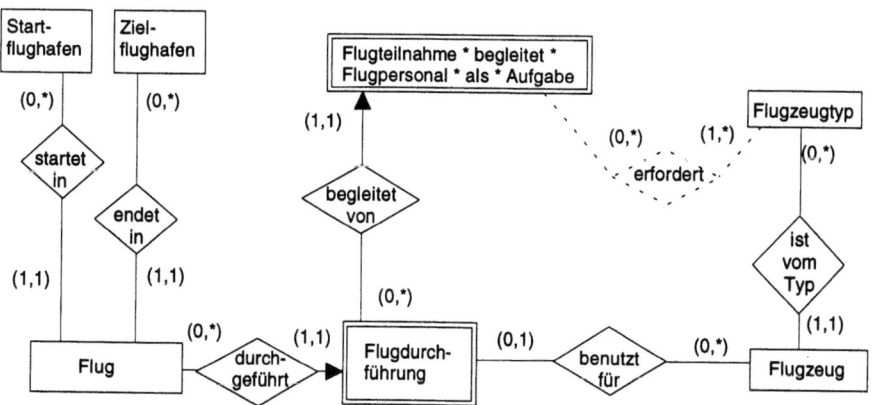

Abb. 5.31: View mit Kern-Entity-Typ Flugdurchführung

④ Abb. 5.32 zeigt das SHM-Schema. Auch hier wird anstelle eines eigenen Namens der
Verweis auf die zugrundeliegenden Entity-Typen eingetragen. Flug und Flugzeug
werden als Komponenten von Flugdurchführung modelliert, da die Maximumkardinalität von Flugdurchführung hinsichtlich der verknüpfenden Beziehungstypen = 1 ist. Flug wird wie zuvor als Aggregationstyp modelliert. Flugzeug wird als
Aggregationstyp mit dem Attribut Flugzeugnr und Flugzeugtyp als Komponenten
dargestellt, da letzterer durch einen entsprechenden Beziehungstyp mit Flugzeug verknüpft ist. Flugteilnahme wird als Elementtyp des Gruppierungstyps Flugdurchführung modelliert, da die Maximumkardinalität von Flugdurchführung hinsichtlich des verknüpfenden Beziehungstyps > 1 ist.

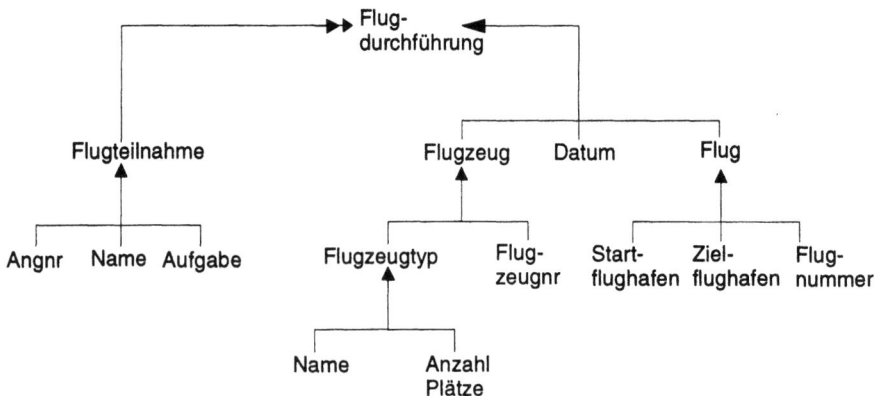

Abb. 5.32: SHM-Schema des komplexen Objekttyps

In Abb. 5.33 ist das EER-Schema des komplexen Objekttyps dargestellt. Dabei werden die
unterschiedlichen Modellierungsmöglichkeiten im semantisch hierarchischen Objektmodell
und im Entity-Relationship-Modell deutlich. Während das SHM-Schema die Struktur der
zugrundeliegenden View wiedergibt, ist die Struktur im EER-Schema nur bedingt zu erkennen. Diese Unterschiede sind dadurch begründet, daß das Konstrukt der Aggregation in SHM
eine andere Semantik besitzt als im hier verwendeten Extended-Entity-Relationship-Modell.
SHM unterscheidet nicht zwischen Entity-Typen und Attributen, daher entspricht der Aggregationstyp des SHM sowohl dem Entity-Typ - Aggregation seiner Attribute - als auch dem
Aggregationstyp des EER-Modells.

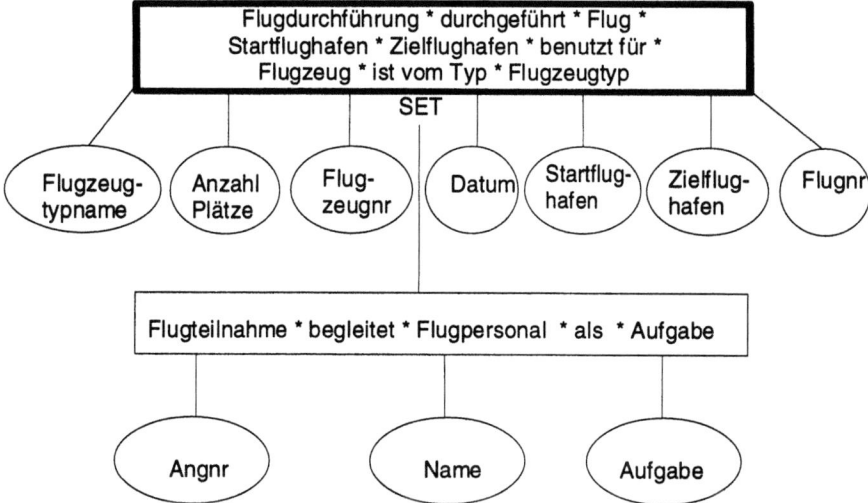

Abb. 5.33: EER-Schema des komplexen Objekttyps

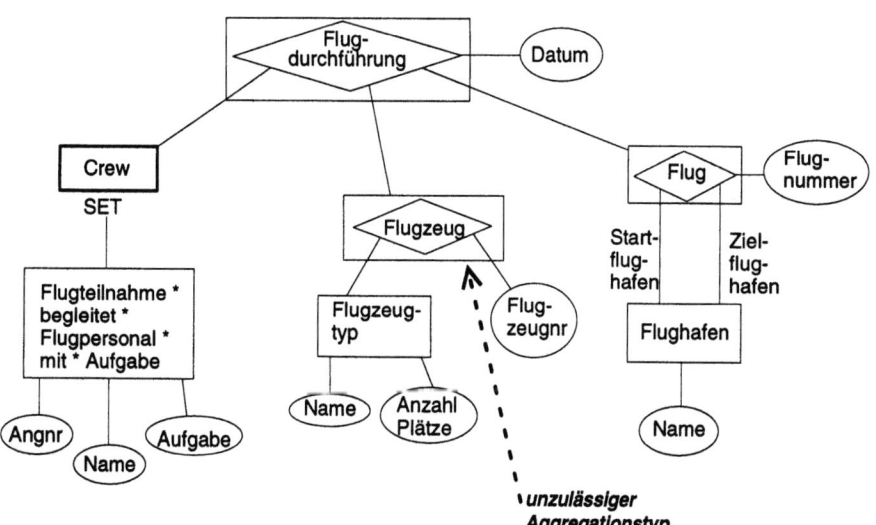

Abb. 5.34: Eingeschränkte Modellierung im erweiterten Entity-Relationship-Modell

Darüber hinaus unterscheidet das EER-Modell zwischen zwei verschiedenen Arten von Komponenten (Abb. 5.34) eines Aggregationstyps: Entity-Typen und Beziehungsattribute. An einem Aggregationstyp müssen mindestens zwei Entity-Typen teilnehmen, d. h. es kann kein Aggregationstyp abgeleitet werden, der sich aus nur *einem* Entity-Typ und einem oder

mehreren Attributen zusammensetzt: Der Aggregationstyp Flugzeug in Abb. 5.34 ist daher
unzulässig. Dies hat zur Folge, daß im erweiterten Entity-Relationship-Modell Aggregationstypen nicht beliebig geschachtelt werden können. Um eine Fallunterscheidung in Zusammenhang mit geschachtelten Aggregationstypen zu vermeiden, werden alle Komponenten ineinander geschachtelter Aggregationstypen als Attribute des Entity-Typs auf der höchsten Ebene
dargestellt (Abb. 5.33).

Die Vor- und Nachteile des semantisch hierarchischen Objektmodells sowie des erweiterten
Entity-Relationship-Modells wurden oben bereits ausführlich diskutiert.

Flugdurchführung									
Crew			Typ	Anzahl Plätze	Flugzeugnr	Datum	Startflug-hafen	Zielflug-hafen	Flugnr
Angnr	Name	Aufgabe							

Abb. 5.35: Umsetzung in ein NF^2-Relationenschema

Die genannten Einschränkungen gelten teilweise auch für NF^2-Relationen, da es nicht
möglich ist, zusammengesetzte Attribute zu modellieren, die nicht mehrwertig und damit auch
nicht relationenwertig sind. Dies bedeutet, daß sich geschachtelte Aggregationstypen auch im
NF^2-Relationenmodell nicht modellieren lassen, da jedes Subschema per Definition einem
Gruppierungstyp entspricht, dessen Elementtyp dann jedoch wieder ein Aggregationstyp sein
kann. Beim Übergang von einem SHM-Schema (Abb. 5.32) zu einem NF^2-Relationenschema
(Abb. 5.35) sind deshalb die geschachtelten Aggregationstypen - Flugzeug, Flugzeug-
typ und Flug - aufzulösen. Sie sind im NF^2-Relationenschema aus Abb. 5.35 nicht mehr als
Einheit zu erkennen, vielmehr werden nur die jeweils detailliertesten Komponenten als atoma-
re Attribute dargestellt. Das NF^2-Relationenschema aus Abb. 5.35 ist die unmittelbare
Umsetzung des EER-Schemas aus Abb. 5.33.

Falls es dennoch erforderlich ist, beliebig geschachtelte Aggregationen zu modellieren, besteht
die Möglichkeit atomare[2] Entity-Typen [JaS93] einzusetzen. Jedes Attribut wird als eigener
Entity-Typ dargestellt und jeder Entity-Typ ist als Aggregation der seinen Attributen entsprechenden Entity-Typen zu modellieren (Abb. 5.36).

---

[2]   Ein Entity-Typ heißt *atomar*, wenn er nur aus einem atomaren Attribut besteht.

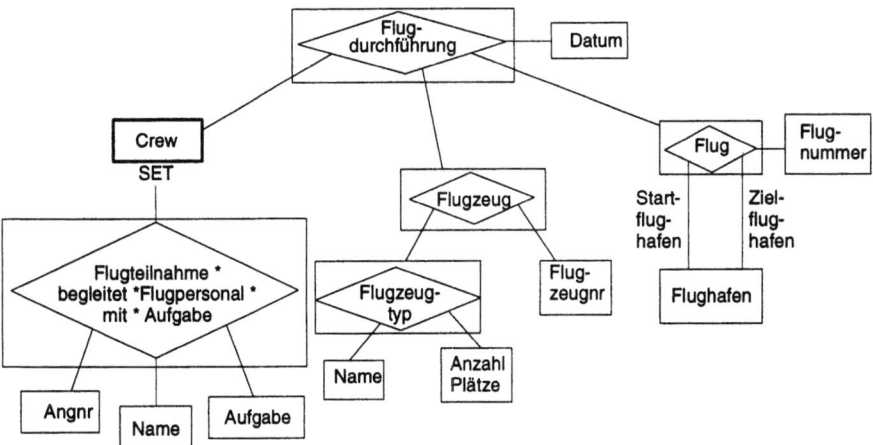

Abb. 5.36: Verwendung atomarer Entity-Typen

Bis jetzt wurden zur Modellierung des globalen Informationsschemas lediglich binäre Beziehungstypen und die Generalisierung als Erweiterung verwendet. In Abb. 5.37 ist ein äquivalentes Informationsschema zu sehen, in dem zusätzlich Beziehungstypen mit Grad > 2 und Aggregationstypen verwendet werden.

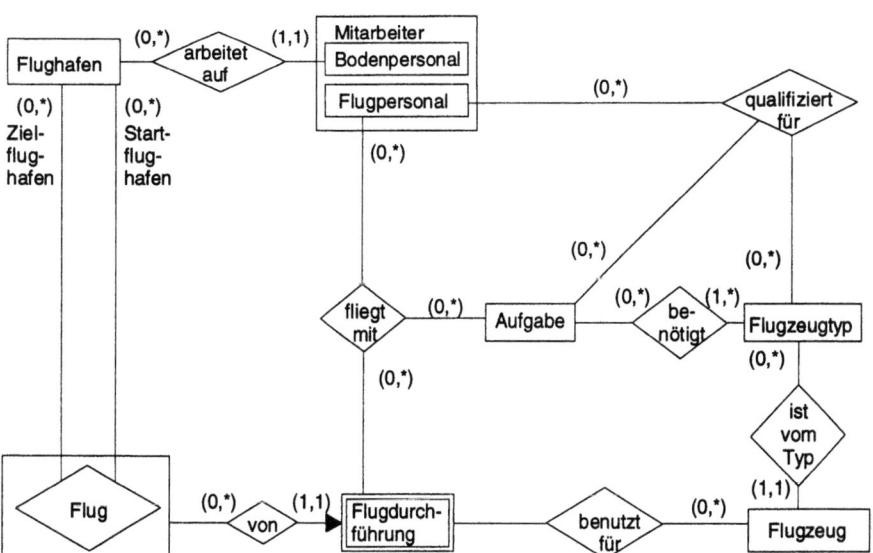

Abb. 5.37: EER-Schema des Beispiels der Fluggesellschaft

Auf Basis des Aggregationstyps Flug läßt sich der komplexe Objekttyp Flug des ersten Beispiels (Abb. 5.26 - Abb. 5.29) unmittelbar ableiten. In diesem speziellen Fall entspricht der komplexe Objekttyp des globalen Schemas der Struktur des abgeleiteten Objekttyps.

Es ist jedoch schwieriger, einen komplexen Objekttyp abzuleiten, der nicht den Strukturen der im globalen Schema verwendeten komplexen Objektstrukturen entspricht. Es kann daher sinnvoll sein, in einem Zwischenschritt sowohl Aggregations- und Gruppierungstypen als auch Beziehungstypen mit Grad > 2 aufzulösen und erst danach die komplex strukturierten Objekttypen aus dem globalen Informationsschema abzuleiten.

In Abb. 5.38 + Abb. 5.39 wird der komplexe Objekttyp Flugplan, der alle Flüge ausgehend von einem bestimmten Flughafen zusammenfaßt, abgeleitet.

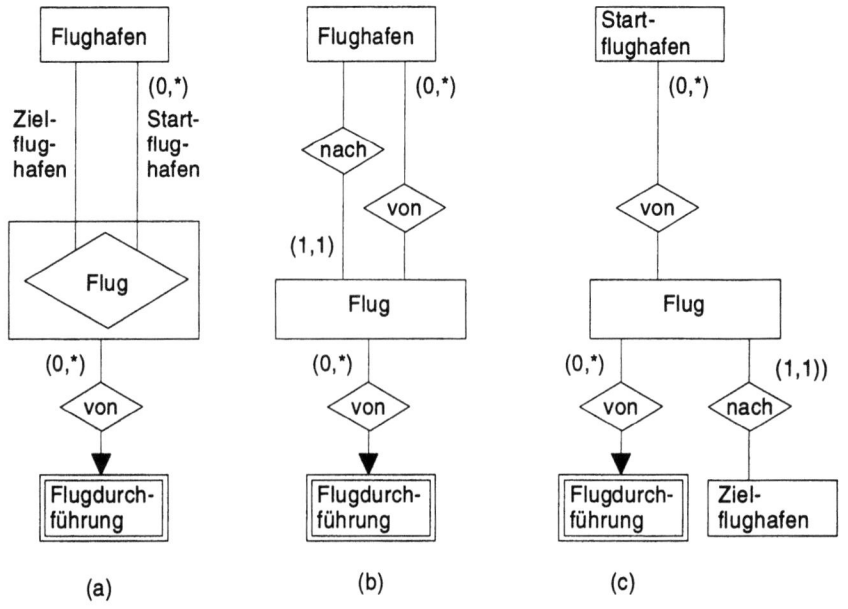

Abb. 5.38: Ableitung des komplexen Objekttyps mit Zwischenschritten

Der Kern-Entity-Typ ist Flughafen im Sinn von Startflughafen. Die intuitive Ableitung des komplexen Objekttyps wird anschaulicher, wenn sie in mehreren Schritten dargestellt wird. Abb. 5.38a zeigt den Ausschnitt des konzeptuellen Schemas, der die relevanten Entity- und Beziehungstypen enthält. Zunächst wird in einem Zwischenschritt (Abb. 5.38b) der Aggregationstyp Flug aufgelöst. In Abb. 5.38c werden in der View die Entity-Typen Startflughafen und Zielflughafen eingeführt, die beide auf dem Entity-Typ Flughafen des konzeptuellen Schemas basieren. In Abb. 5.39a ist die strukturgebende View abgebildet, während in Abb. 5.39b das endgültige SHM-Schema des komplexen Objekttyps zu sehen ist.

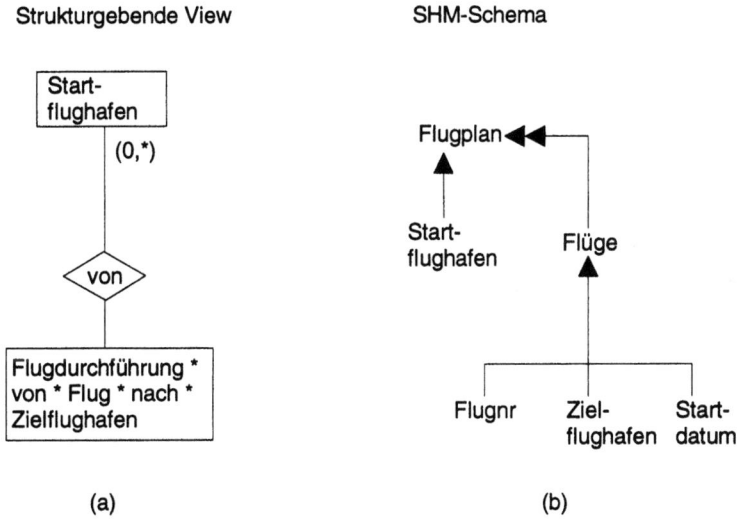

(a)   (b)

Abb. 5.39: View und SHM-Schema des komplexen Objekttyps

5.3.2 Ein View-Konzept für ein Entity-Relationship-Modell

Bereits in [LaD83, Lin87] wird vorgeschlagen, auch *externe Sichten* - im folgenden *Views* - mit dem Entity-Relationship-Modell zu modellieren. Diese Views werden auf Basis des globalen konzeptuellen Schemas definiert. Obwohl es zahlreiche Abfragesprachen [AtC81, CEC85, CzE87, ElW81, MaR83a/b, Roe85, SuM86, Vel85, ZhM83] für das Entity-Relationship-Modell gibt und verschiedene dieser Sprachen sich auch zur Definition von Views [CEC85, CzE87, Roe85] einsetzen lassen, existiert bis heute keine Sprache, welche die Konsistenz der View in bezug auf das konzeptuelle Schema sicherstellt. Im Gegensatz zur Sichtenbildung im Relationenmodell wird hier nicht eine Abfrage gegen das Gesamtschema formuliert, die eine Menge von Tupeln als Ergebnis liefert, sondern es muß eine strukturierte Sicht gebildet werden, die sich ihrerseits wiederum durch Entity- und Beziehungstypen beschreiben läßt. Entity- und Beziehungstypen in einer Entity-Relationship-View werden als *externe* Entity-Typen bzw. *externe* Beziehungstypen bezeichnet. Aufgrund dieses wesentlichen Unterschieds zwischen der View-Bildung im Relationenmodell und im Entity-Relationship-Modell werden Regeln benötigt, die gewährleisten, daß die Struktur einer Entity-Relationship-View hinsichtlich der Struktur des konzeptuellen Schemas konsistent ist. Bereits [Lin87] gibt aus diesem Grund Regeln für die Ableitung von Views an. Eine modifizierte Form dieser Regeln wird in der vorliegenden Arbeit vorgestellt. Zum einen ermöglicht der hier eingeführte Begriff der (maximalen) flachen Umgebung eine kompaktere Formulierung der Ableitungsregeln. Zum anderen wurden die Regeln an das in der vorliegenden Arbeit verwendete Entity-Relationship-Modell angepaßt. Dieses unterstützt beispielsweise keine mehrwertigen Attribute. Regeln, die sich in [Lin87] nur auf binäre Beziehungstypen anwenden lassen, sind so verallgemeinert, daß sie auch auf Beziehungstypen mit mehr als zwei Teilnehmern angewendet werden können. Außerdem ist im vorliegenden Ansatz die Verwendung von Aggregationstypen möglich. Während es bei [Lin87] nur zulässig ist, in der View Supertypen durch einen ihrer Subtypen zu ersetzen, besteht hier auch die Möglichkeit, die Subtypen durch ihren Supertyp zu ersetzen. Für die externe Schemadefinition ist diese Erweiterung sinnvoll, da es in einer View möglicherweise nicht relevant ist darzustellen, welche Eigenschaften subtypspezifisch sind und welche Eigenschaften dem Supertyp zuzuordnen sind.

Definition 5.1 - (maximale) flache Umgebung:
Gegeben sei ein Entity-Relationship-Schema δ:$<\mathcal{E}, \mathcal{R}>$, es gelten die folgenden Definitionen:

- Die *flache Umgebung U* mit Radius 1 und einem Entity-Typ E als *Zentrum* (kurz $U_1(E)$) ist definiert durch

$$U_1(E) = \{E\} \cup$$
$$\{E' \in \mathcal{E} \mid E \in sub(E')\} \cup$$
$$\{E' \in \mathcal{E} \mid E' \in sub(E)\} \cup$$
$$\{R \in \mathcal{R} \mid \exists\, N: E/N \in part(R) \wedge max(E/N, R) = 1\}$$

- Die *flache Umgebung U* mit Radius 1 und einem Beziehungstyp R als *Zentrum* (kurz $U_1(R)$) ist definiert durch

$$U_1(R) = \{R\} \cup$$
$$\{X \in \mathcal{R} \cup \mathcal{E} \mid \exists\, N: X/N \in part(R)\} \cup$$
$$\{R' \in \mathcal{R} \mid \exists\, N: R/N \in part(R') \wedge max(R/N, R') = 1\}$$

- Die *flache Umgebung U* mit Radius n+1 eines Entity- oder Beziehungstyps X (kurz $U_{n+1}(X)$) ist definiert durch

$$U_{n+1}(X) = \bigcup_{X' \in U_n(X)} U_1(X')$$

- Die flache Umgebung U mit Radius n eines Entity- oder Beziehungstyps X heißt *maximale flache Umgebung* (kurz $U_{max}(X) = U_n(X)$), wenn gilt:

$$U_n(X) = U_{n+1}(X)$$

❏

Die flache Umgebung eines Entity-Typs mit Radius 1 umfaßt den Entity-Typ selbst, seine unmittelbaren Subtypen, seinen unmittelbaren Supertyp sowie alle Beziehungstypen, an denen er teilnimmt und hinsichtlich derer die Maximumkardinalität des Entity-Typs 1 ist. Die flache Umgebung eines Beziehungstyps mit Radius 1 beinhaltet den Beziehungstyp selbst, die Teilnehmer des Beziehungstyps sowie alle weiteren Beziehungstypen, an denen er teilnimmt und hinsichtlich derer die Maximumkardinalität des betrachteten Beziehungstyps 1 ist. Die Umgebungen können sukzessive erweitert werden. Eine Umgebung, die nicht mehr erweitert werden kann, wird als maximal bezeichnet. Die Umgebung wird als flach bezeichnet, da für jede Ausprägung des Zentrums der Umgebung maximal eine Ausprägung für jeden Typ der Umgebung existiert, es sei denn, es gibt verschiedene Pfade vom Zentrum zu einem Typ der Umgebung.

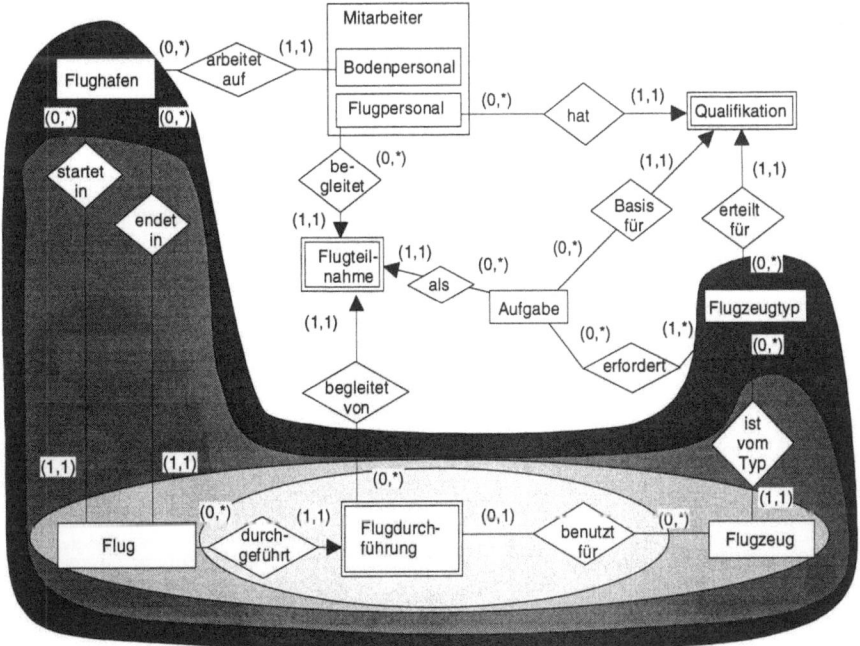

Abb. 5.40: Umgebungen U_1, U_2, U_3, $U_4 = U_{max}$ mit Zentrum Flugdurchführung

In Abb. 5.40 sind die flachen Umgebungen mit den Radien 1 bis 4 und Flugdurchführung als Zentrum eingezeichnet:

U_1(Flugdurchführung) = { Flugdurchführung, benutzt für, durchgeführt}

U_2(Flugdurchführung) = { Flugdurchführung, benutzt für,
                         durchgeführt, Flug, Flugzeug}
U_3(Flugdurchführung) = { Flugdurchführung, benutzt für,
                         durchgeführt, Flug, Flugzeug,
                         startet in, endet in, ist vom Typ}
U_4(Flugdurchführung) = { Flugdurchführung, benutzt für,
                         durchgeführt, Flug, Flugzeug,
                         startet in, endet in, ist vom Typ,
                         Flugzeugtyp, Flughafen}
                       = U_{max}(Flugdurchführung)

Die maximale flache Umgebung entspricht der Umgebung U_4. In diesem Beispiel ist zu beachten, daß zwei unterschiedliche Flughäfen zu einer Ausprägung der Basis zugeordnet sind; dabei handelt es sich jedoch um genau einen Start- und genau einen Zielflughafen.

In Abb. 5.41 ist die Umgebung mit Radius 1 sowie die maximale flache Umgebung mit Zentrum Flugteilnahme eingezeichnet.

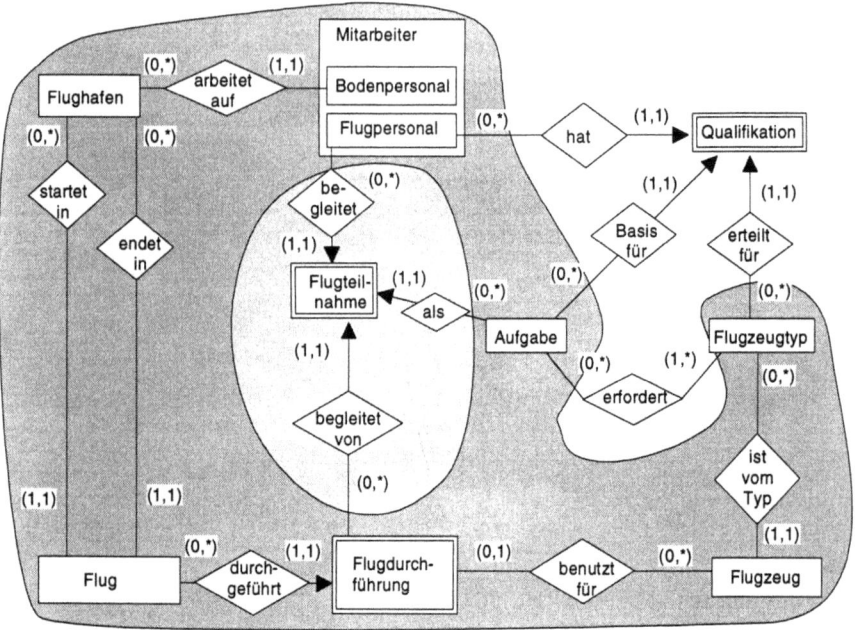

Abb. 5.41: U_1(Flugteilnahme) und U_{max}(Flugteilnahme)

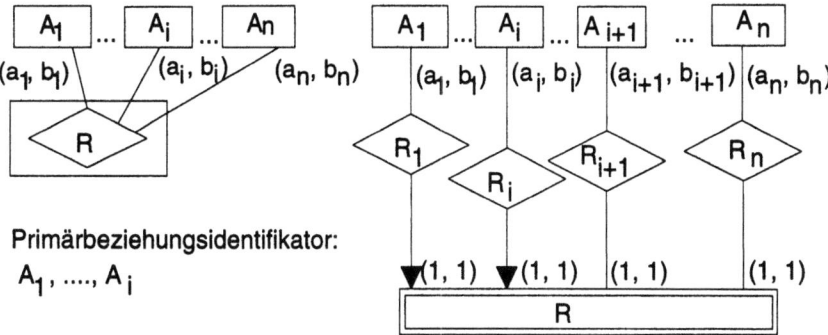

Abb. 5.42: Auflösung von Beziehungs- bzw. Aggregationstypen
Umwandlung von Entity-Typen in Beziehungs- bzw. Aggregationstypen

Zur Vorbereitung der View-Bildung kann es sinnvoll sein, in einem Zwischenschritt die bereits in Kapitel 2 vorgestellten Schematransformationen vorzunehmen. In Abb. 5.42 wird nochmals die Möglichkeit einer Umwandlung von Beziehungs- bzw. Aggregationstypen in Entity-Typen und umgekehrt dargestellt.

Externe Entity-Typen werden so definiert, daß ihnen ein bestimmter Entity-Typ des konzeptuellen Schemas als Basis [LaD83, Lin87] zugrunde gelegt wird. Einem externen Entity-Typ können alle Eigenschaften von anderen Entity- und Beziehungstypen zugeordnet werden, wenn einer Ausprägung seiner Basis genau eine Ausprägung dieser anderen Entity- und Beziehungstypen über eine bestimmte Verkettung von Entities und Beziehungen zugeordnet werden kann. Bei den Entity- und Beziehungstypen, deren Eigenschaften zugeordnet werden können, handelt es sich um die, welche in der maximalen flachen Umgebung der Basis des externen Entity-Typs enthalten sind. Es ist jedoch nicht möglich, einem solchen Entity-Typ Eigenschaften anderer Entity-Typen zuzuordnen, die nicht auf eine solche Weise mit ihm verknüpft sind. Gemäß der maximalen flachen Umgebung aus Abb. 5.40 ist es nicht möglich, einer Flugdurchführung eine bestimmte Aufgabe zuzuordnen. Ferner kann es, wie in Abschnitt 5.3.1 gezeigt, durchaus sinnvoll sein, mehreren externen Entity-Typen denselben Entity-Typ des konzeptuellen Schemas zugrunde zu legen. Außerdem muß nicht jeder Ausprägung des konzeptuellen Schemas eine Ausprägung in der View gegenüberstehen. Wenn beispielsweise nur die Flugpläne für Flughäfen in der Schweiz von Interesse sind, kann eine View so definiert werden, daß für alle anderen Flughäfen keine Ausprägung innerhalb der View existiert.

Definition 5.2 - Regeln zur Ableitung externer Entity-Typen:

Für die Ableitung externer Entity-Typen gelten die folgenden Regeln, die miteinander kombiniert werden können:

- Jeder externe Entity-Typ E' basiert auf einem Entity-Typ E des konzeptuellen Schemas. Einem externen Entity-Typ kann implizit auch ein Beziehungs- oder Aggregationstyp zugrunde liegen. In diesem Fall ist zuvor eine entsprechende Schematransformation durchzuführen, die den Beziehungs- bzw. Aggregationstyp in einen Entity-Typ umwandelt. Alternativ kann zunächst ein externer Beziehungstyp abgeleitet werden, der dann auf der Ebene des externen Schemas entsprechend zu transformieren ist.

- Es können mehrere verschiedene externe Entity-Typen auf dem gleichen Entity-Typ im konzeptuellen Schema basieren.

- Die Menge der Attribute eines externen Entity-Typs E' mit Basis E ist eine Teilmenge der Attribute der Entity- und Beziehungstypen der maximalen flachen Umgebung $U_{max}(E)$. Diese Teilmenge muß so gewählt werden, daß zusammen mit den externen Beziehungstypen, an denen der externe Entity-Typ teilnimmt, eine Identifikation des externen Entity-Typs möglich ist. Es ist unzulässig, einen externen Entity-Typ so zu definieren, daß einer Ausprägung eines externen Entity-Typs mehrere Ausprägungen des zugrundeliegenden Entity-Typs im konzeptuellen Schema entsprechen.

- Für einen externen Entity-Typ können weitere Attribute definiert werden, deren Werte abgeleitet oder berechnet werden.

- Die Attribute des externen Entity-Typs können umbenannt werden.

- Für den externen Entity-Typ kann ein Selektionskriterium spezifiziert werden, so daß nicht zu jedem Entity des Typs der Basis eine Ausprägung in der Entity-Relationship-View existiert.

❑

Analog lassen sich die Regeln zur Definition externer Beziehungstypen begründen. Für einen externen Beziehungstyp können die Teilnehmer des zugrundeliegenden Beziehungstyps des konzeptuellen Schemas durch externe Entity-Typen ersetzt werden. Diese externe Entity-Typen müssen auf Entity-Typen basieren, in deren maximaler flacher Umgebung der Teilnehmer des konzeptuellen Schemas enthalten ist. Dieser Sachverhalt läßt sich auch wie folgt formulieren: Jeder externe Entity-Typ bzw. externe Beziehungstyp X kann an jedem externen Beziehungstyp teilnehmen, der auf einem Beziehungstyp basiert, welcher entweder in der maximalen flachen Umgebung von X enthalten ist oder wenn an ihm ein Entity- oder Beziehungstyp der maximalen flachen Umgebung von X teilnimmt. Darüber hinaus ist sinnvoll, mehrere Beziehungstypen durch eine Join-Operation in einem einzigen externen Beziehungstyp zusammenzufassen und eine Projektion auf die Teilnehmer von Beziehungstypen zuzulassen.

Definition 5.3 - Regeln zur Ableitung externer Beziehungstypen:

Für die Ableitung externer Beziehungstypen gelten die folgenden Regeln, die miteinander kombiniert werden können:

- Jeder externe Beziehungstyp B basiert auf einem oder mehreren Beziehungstypen im konzeptuellen Schema. Basiert ein externer Beziehungstyp auf mehreren Beziehungstypen des konzeptuellen Schemas, so ist eine entsprechende Join-Operation zu spezifizieren. Einem externen Beziehungs- bzw. Aggregationstyp kann implizit auch ein Entity-Typ zugrunde liegen. In diesem Fall muß entweder zuvor eine entsprechende Schematransformation durchgeführt werden, die den Entity-Typ in einen Beziehungstyp umwandelt, oder es ist zunächst ein externer Entity-Typ abzuleiten und dann auf Ebene des externen Schemas eine entsprechende Transformation durchzuführen.

- Es können mehrere verschiedene externe Beziehungstypen auf dem gleichen Beziehungstyp im konzeptuellen Schema basieren.

- Die Menge der Attribute eines externen Beziehungstyps B ' mit Basis B ist eine Teilmenge der Attribute der Entity- und Beziehungstypen der maximalen flachen Umgebung $U_{max}(B)$.

- Für den externen Beziehungstyp können weitere Attribute definiert werden, deren Werte abgeleitet oder berechnet sind.

- Jeder Teilnehmer X des Beziehungstyps B, der B ' zugrunde liegt, kann für B ' durch einen externen Entity- bzw. Beziehungstyp Y ' ersetzt werden, der auf Y basiert, wenn $X \in U_{max}(Y)$.

- Die Attribute des externen Beziehungstyps können umbenannt werden.

- Für den externen Beziehungstyp kann ein Selektionskriterium spezifiziert werden, so daß nicht zu jeder Beziehung des Typs der Basis eine Ausprägung in der Entity-Relationship-View existiert.

- Beziehungstypen des konzeptuellen Schemas können durch einen Join verknüpft werden, um einen externen Beziehungstyp abzuleiten. Es seien zwei Beziehungstypen B_1 und B_2 gegeben, mit

$part(B_1) = \{A_1, ..., A_m, C_1, ..., C_n\}, part(B_2) = \{C_1, ..., C_n, D_1, ..., D_k\}$.

B_1 und B_2 lassen sich dann folgendermaßen zu B' verknüpfen:

B' = B_1 * B_2, d. h. für jeden Zeitpunkt t gilt:

$$B't = \{ \ b:<a_1, ..., a_m, c_1, ..., c_n, d_1, ..., d_k> \ | $$
$$b_1:<a_1, ..., a_m, c_1, ..., c_n> \in B_1t,$$
$$b_2:<c_1, ..., c_n, d_1, ..., d_k> \in B_2t \ \}$$

- Externe Beziehungstypen lassen sich durch Projektion ableiten. Im externen Schema bleiben dann Teilnehmer des zugrundeliegenden Beziehungstyps unberücksichtigt. Es sei ein Beziehungstyp B gegeben, mit

$$part(B) = \{E_1, ..., E_i, ..., E_m\}$$

B läßt sich auf B' mit $part(B') = \{E_1, ..., E_i\}$, $1 \le i < m$, wie folgt projizieren:

B' = $\Pi_{E_1, ..., E_i}$ B, d. h. für jeden Zeitpunkt t gilt:

$$B't = \{ \ b':<e_1, ..., e_i> \ | \ b:<e_1, ..., e_i, ..., e_m> \in Bt \ \}$$

- Wenn ein externer Beziehungstyp als Aggregationstyp interpretiert wird, ist die Projektion insoweit eingeschränkt, daß die Identifikation im Sinn des ursprünglichen Beziehungstyps weiterhin erhalten bleiben muß. Es ist in diesem Fall unzulässig einen externen Aggregationstyp so zu definieren, daß einer Ausprägung des externen Aggregationstyps mehrere Ausprägungen des zugrundeliegenden Aggregationstyps im konzeptuellen Schema entsprechen.

❏

Das Join-Symbol '*' wurde in der graphischen Darstellung der Views nicht nur zur Spezifikation von Joins verwendet, sondern auch um darzustellen, welcher Ausschnitt aus der maximalen flachen Umgebung dem externen Entity-Typ zugrunde gelegt ist und welche Pfade verwendet werden.

5.3.3 Schrittweise Ableitung komplex strukturierter Objekttypen

In diesem Abschnitt wird die Vorgehensweise zur schrittweisen Ableitung komplexer Objekttypen eingeführt.

Definition 5.4 - Kern-Entity-Typ eines komplexen Objekttyps:

Der *Kern-Entity-Typ eines komplexen Objekttyps* ist der Entity-, Aggregations- oder Beziehungstyp des konzeptuellen Schemas, dessen Identifikator auch der Identifikator des komplexen Objekttyps ist.

❏

Definition 5.5 - struktureller Beziehungstyp, integritätssichernder Beziehungstyp:

- Ein Beziehungstyp wird genau dann als *struktureller Beziehungstyp* bezeichnet, wenn er zur Bildung der hierarchischen Struktur des komplexen Objekttyps verwendet wird.

- Ein Beziehungstyp wird genau dann als *integritätssichernder Beziehungstyp* bezeichnet, wenn eine Entity-Kombination der an dem integritätssichernden Beziehungstyp teilnehmenden Entity-Typen nur dann Bestandteil des komplexen Objekttyps ist, wenn sie in der entsprechenden Kombination an einer Beziehung des integritätssichernden Beziehungstyps teilnimmt.

- Ein externer Beziehungstyp in einer Entity-Relationship-View wird genau dann als *externer struktureller Beziehungstyp* bezeichnet, wenn ein struktureller Beziehungstyp seine Basis bildet.

- Ein externer Beziehungstyp in einer Entity-Relationship-View wird genau dann als *externer integritätssichernder Beziehungstyp* bezeichnet, wenn seine Basis ein integritätssichernder Beziehungstyp ist.

❑

Definition 5.6 - indirekt untergeordnet, direkt untergeordnet:

- In einer als Baum strukturierten Entity-Relationship-View wird ein Beziehungstyp R genau dann einem anderen Beziehungstyp R' als *direkt untergeordnet* bezeichnet, wenn R an R' teilnimmt und R im Baum R' untergeordnet ist.

- In einer als Baum strukturierten Entity-Relationship-View wird ein Beziehungstyp R genau dann einem anderen Beziehungstyp R' als *indirekt untergeordnet* bezeichnet, wenn ein Entity-Typ E dem Beziehungstyp R' untergeordnet und dem Beziehungstyp R übergeordnet ist, d. h. E nimmt sowohl an R als auch an R' teil.

❑

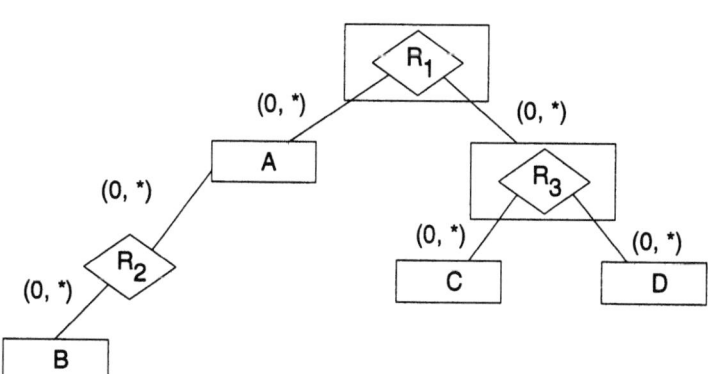

Abb. 5.43: Indirekte und direkte Unterordnung

Entsprechend der Definition 5.6 sind in der als Baum strukturierten Sicht in Abb. 5.43 der Beziehungstyp R_2 dem Beziehungstyp R_1 indirekt und der Beziehungstyp R_3 dem Beziehungstyp R_1 direkt untergeordnet.

Vorgehensweise 5.7 - Ableitung des SHM-Schemas eines komplexen Objekttyps von einem globalen Entity-Relationship-Schema:

① Bestimme den Kern-Entity-Typ des komplexen Objekttyps.

② Bestimme den Ausschnitt des globalen konzeptuellen Schemas, der die für den komplexen Objekttyp erforderlichen Informationen enthält.

Der Ausschnitt des Informationsschemas muß als Baum mit dem Kern-Entity-Typ als Wurzel strukturiert werden. Die ausgewählten Entity-Typen und die strukturellen Beziehungstypen bilden die Knoten des Baumes.

③ Bestimme die integritätssichernden Beziehungstypen.

④ Definiere eine Entity-Relationship-View gemäß den zuvor vorgestellten Regeln, so daß aus dem Aufbau der View die hierarchische Struktur des komplexen Objekttyps abgeleitet werden kann.

Die View muß als Baum mit einer Wurzel, welcher der Kern-Entity-Typ zugrunde liegt, den externen Entity-Typen und den externen strukturellen Beziehungstypen als Knoten strukturiert werden.

⑤ Definiere das zugehörige SHM-Schema auf Grundlage der View entsprechend den folgenden Regeln:

- Lege für die Wurzel, jeden Aggregationstyp und jeden Beziehungstyp des Baumes einen SHM-Aggregationstyp an.

- Die Komponententypen eines angelegten SHM-Aggregationstyps X' im Falle eines zugrundeliegenden Entity-Typs - nur für die Wurzel möglich - oder Beziehungsbzw. Aggregationstyps X sind

  (a) die Attribute des zugrundeliegenden Entity- oder Beziehungs- bzw. Aggregationstyps,

  (b) die Attribute von Entity-Typen, die an dem zugrundeliegenden Beziehungsbzw. Aggregationstyp X teilnehmen und die ihm in der Baumstruktur untergeordnet sind,

(c) die SHM-Aggregationstypen C_1, ..., C_m, welche Beziehungs- bzw. Aggregationstypen entsprechen, die X direkt oder indirekt - d. h. über einen Entity-Typ
Y - untergeordnet sind, falls die Maximumkardinalität von X bzw. Y hinsichtlich
der den C_1, ..., C_m zugrundeliegenden Beziehungstypen = 1 ist.

- Ein SHM-Aggregationstyp, der auf X basiert, ist SHM-Gruppierungstyp mit dem
  SHM-Aggregationstyp, der auf Y basiert, als Elementtyp, wenn Y im Baum X direkt
  oder indirekt über einen Entity-Typ Z untergeordnet ist und wenn die Maximumkardinalität von X bzw. Z hinsichtlich des Beziehungstyps, der Y zugrunde liegt, > 1
  ist.

- Generalisierungshierarchien werden unmittelbar aus der zugrundeliegenden View
  übernommen (Abb. 5.44). Zusätzlich kann die Verwendung von Rollennamen in eine
  SHM-Generalisierung umgesetzt werden.

☐

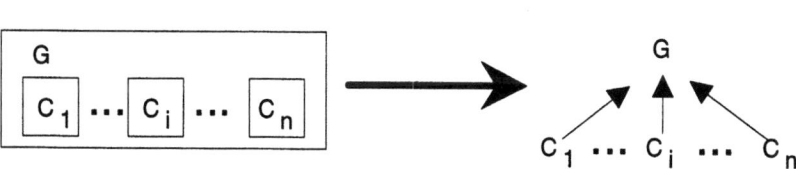

Abb. 5.44: Ableitung einer SHM-Generalisierung

In Abb. 5.45 wird für A, R_1 und R_2 jeweils ein SHM-Aggregationstyp angelegt. Gemäß
Regel (a) werden a_1, a_2, a_3 als Komponenten von A, d als Komponente von R_1 und e als
Komponente von R_2 modelliert. Die Regel (b) wird verwendet, um b_1, b_2, b_3 als Kom-
ponente von R_1 und um c_1, c_2, c_3 als Komponenten von R_2 darzustellen. Aufgrund von
Regel (c) wird R_1 Komponente von A. A wird als Gruppierung von R_2 modelliert, da
$max(A, R_2) = *$.

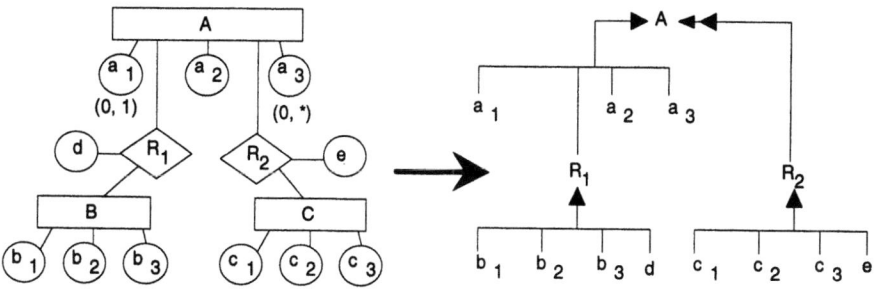

Abb. 5.45: Ableitung eines SHM-Schemas

In Abb. 5.46 wird für A, R_1 und R_2 jeweils ein SHM-Aggregationstyp angelegt. Gemäß Regel (a) werden a_1, a_2, a_3 als Komponenten von A, x als Komponente von R_1 und y als Komponente von R_2 modelliert. Die Regel (b) wird verwendet, um b_1, b_2, b_3, c_1, c_2, c_3 als Komponenten von R_1 und um d_1, d_2, d_3, e_1, e_2, e_3 als Komponenten von R_2 darzustellen. Aufgrund von Regel (c) wird R_1 Komponente von A. A wird als Gruppierung von R_2 modelliert, da *max*(A, R_2) = *.

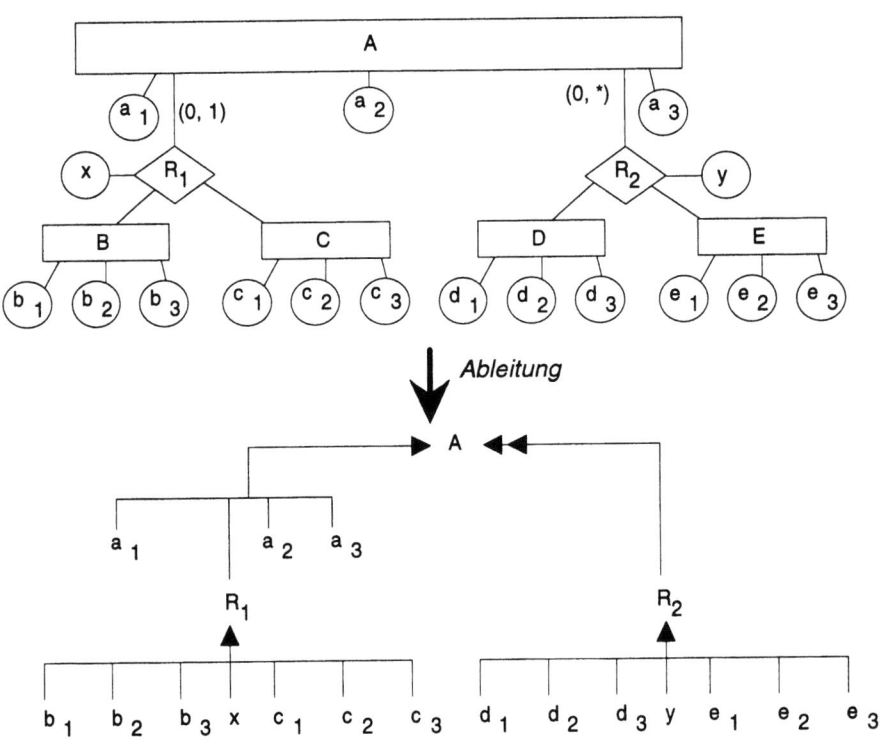

Abb. 5.46: Ableitung eines SHM-Schemas

In Abb. 5.47 wird für A, R_1 und R_2 jeweils ein SHM-Aggregationstyp angelegt. Gemäß Regel (a) werden a_1, a_2, a_3 als Komponenten von A, x als Komponente von R_1 und y als Komponente von R_2 modelliert. Die Regel (b) wird verwendet, um b_1, b_2, b_3, c_1, c_2, c_3 als Komponenten von R_1 und um d_1, d_2, d_3, e_1, e_2, e_3 als Komponenten von R_2 darzustellen. Aufgrund von Regel (c) wird R_1 Komponente von A. R_1 wird als Gruppierung von R_2 modelliert, da *max*(R_1, R_2) = *.

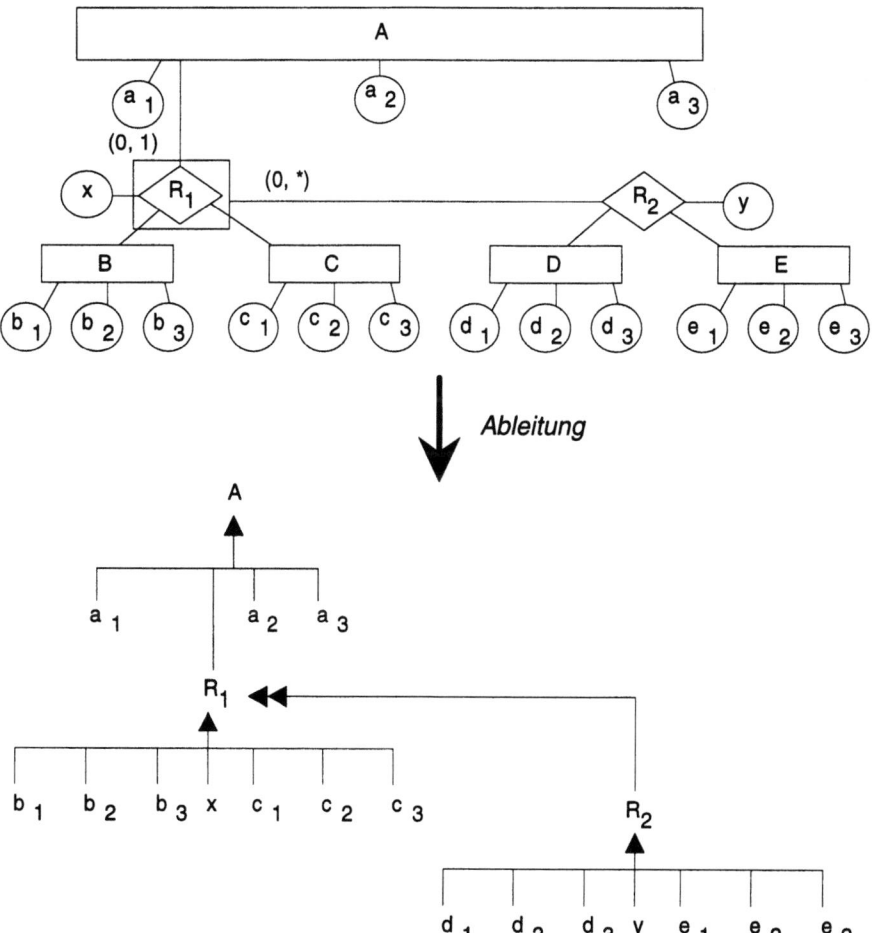

Abb. 5.47: Ableitung eines SHM-Schemas

In Abb. 5.48 wird für A, R_1 und R_2 jeweils ein SHM-Aggregationstyp angelegt. Gemäß Regel (a) werden a_1, a_2, a_3 als Komponenten von A, x als Komponente von R_1, y als Komponente von R_2 und z als Komponente von R_3 modelliert. Die Regel (b) wird verwendet, um b_1, b_2, b_3, c_1, c_2, c_3 als Komponenten von R_1 und um d_1, d_2, d_3, e_1, e_2, e_3 als Komponenten von R_3 darzustellen. Aufgrund von Regel (c) werden R_1 Komponente von A und R_3 Komponente von R_2. R_1 wird als Gruppierung von R_2 modelliert, da $max(R_1, R_2) = *$.

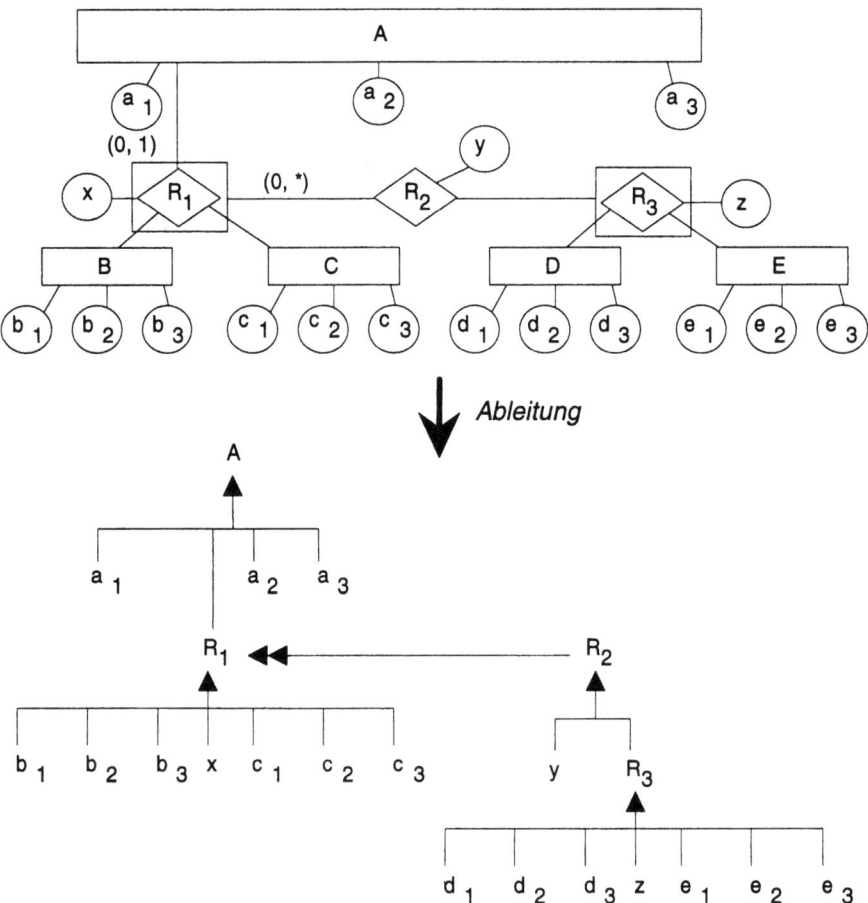

Abb. 5.48: Ableitung eines SHM-Schemas

Analog zu den SHM-Schemata können auch EER-Schemata abgeleitet werden. Aus den bereits zuvor diskutierten Gründen ist es nicht möglich, Aggregationstypen beliebig zu schachteln. Anstelle geschachtelter Aggregationstypen, wird ein einziger Entity-Typ definiert, der alle Attribute der ineinander geschachtelten Aggregationstypen umfaßt. Gruppierungstypen werden wie oben gebildet. In Abb. 5.49 + Abb. 5.50 wird die entsprechende Umsetzung für EER-Schemata angegeben.

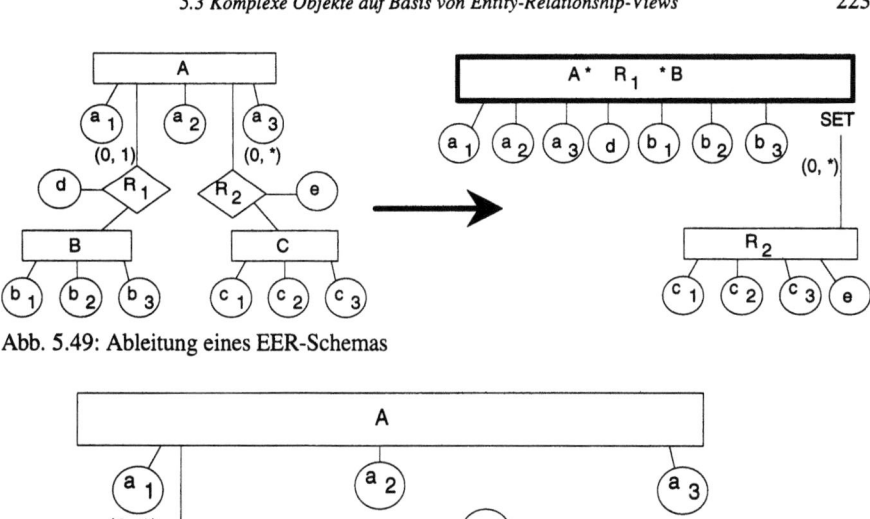

Abb. 5.49: Ableitung eines EER-Schemas

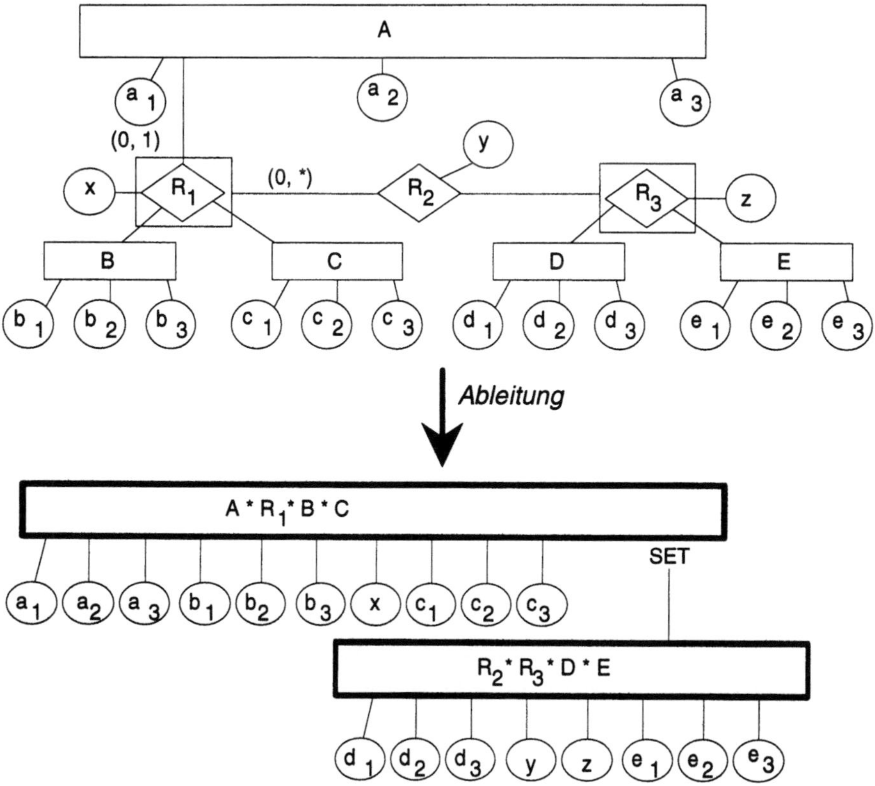

Abb. 5.50: Ableitung eines EER-Schemas

Alternativ können alle Attribute in atomare Entity-Typen umgewandelt werden. Basierend auf diesen lassen sich dann Aggregationstypen bestimmen, die den ursprünglichen Entity-Typen entsprechen. In diesem Fall können die Ableitungsregeln für SHM-Schemata angewendet werden. Als einzige Einschränkung ist zu berücksichtigen, daß in einem EER-Schema ein Objekttyp nicht gleichzeitig Gruppierungs- und Aggregationstyp sein kann. Deshalb wird in Abb. 5.51 der zusätzliche Gruppierungstyp X benötigt. In einem abschließenden Schritt können die Aggregationstypen, die nur aus atomaren Entity-Typen bestehen, zurück in Entity-Typen umgewandelt werden. In Abb. 5.51 sind dies R_1 und R_2.

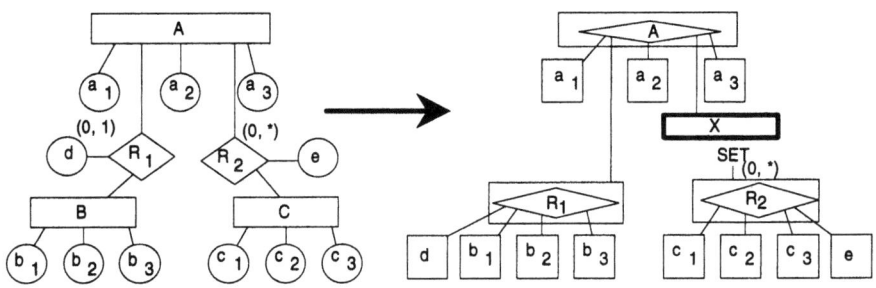

Abb. 5.51: Ableitung eines EER-Schemas

5.4 Ausblick: Entity- und Relationship-Clusters als Sichten

Es wurde gezeigt wie Ablaufschemata, die mit NF^2-Relationen/Transitionen-Netzen erstellt werden, mit Informationsschemata, die mit einem Entity-Relationship-Modell erstellt werden, integriert werden können. Die komplexen Objekttypen der im Ablauf manipulierten Objekte werden als hierarchisch strukturierte Sichten auf das Informationsschema modelliert. Aufgrund dieser Sichten können SHM-Schemata und NF^2-Relationenschemata abgeleitet werden.

Petri-Netze unterstützen die Darstellung unterschiedlicher Abstraktionsebenen durch die Möglichkeit zur Verfeinerung von Transitionen durch ganze Netze. Diese Technik kann mit dem Entity-Relationship-Modell-Clustering kombiniert werden. In diesem Fall werden die komplexen Objekttypen nicht auf der Ebene des Detaildiagramms, sondern auf einer höheren Abstraktionsebene festgelegt. Sollen bereits auf einem höheren Abstraktionsniveau Business Rules definiert werden, so ist die Interpretation der Clusters als Sichten unabdingbar, da Clusters nicht nur als Entwurfs- und Präsentationshilfsmittel eingesetzt werden, sondern auch instantiiert werden müssen. Entity-Clusters lassen sich direkt als hierarchisch strukturierte, komplexe Objekttypen interpretieren. Schwieriger ist hingegen die Interpretation von Relationship-Clusters - insbesondere von Complex-Relationship-Clusters - als Views. Hier besteht die Möglichkeit, Join und Projektion anzuwenden. Die nachfolgenden Ausführungen sind lediglich ein Ausblick auf ein mögliches Vorgehen. Analog können nicht nur die Clusters als Sichten interpretiert werden, sondern selbst wieder zur Ableitung von Sichten auf einer abstrakten Ebene verwendet werden.

5.4.1 Entity-Clusters als komplex strukturierte Objekttypen

In Abb. 5.52 wird für den Entity-Cluster Auftrag und in Abb. 5.53 für den Entity-Cluster Flugzeug das jeweilige SHM-Schema des komplexen Objekttyps angegeben. Die Clusters werden jeweils als View interpretiert. Für Entity-Clusters, die mittels Dominance-Grouping gebildet werden, wird die Cluster-Basis als Kern-Entity-Typ des komplexen Objekttyps festgelegt. Die Entity-Typen, welche die Basis des Entity-Clusters dominieren, werden als Komponenten einer Aggregation und die durch die Cluster-Basis dominierten Entity-Typen als Elemente einer Gruppierung modelliert.

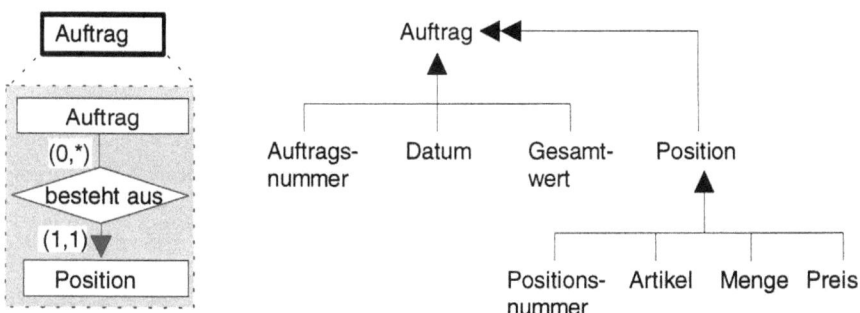

Abb. 5.52: Dominance-Grouping und abgeleitetes SHM-Schema der View

Abb. 5.53: Dominance-Grouping und abgeleitetes SHM-Schema der View

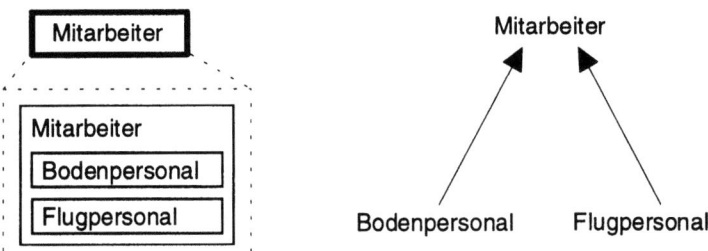

Abb. 5.54: Abstraction-Grouping und abgeleitetes SHM-Schema der View

Für Entity-Clusters, die durch Abstraction-Grouping erstellt werden, läßt sich die Generalisierungshierarchie unmittelbar im SHM-Schema abbilden (Abb. 5.54).

Bei der hier vorgestellten Sichtenbildung wurde jeweils der gesamte Cluster als komplex strukturierter Objekttyp modelliert. Parallel zur Hierarchie der Clusters kann eine Petri-Netz-Hierarchie aufgebaut werden. Da auf einer höheren Abstraktionsebene im allgemeinen nicht alle Detailinformationen benötigt werden, ist ein Verzicht auf die nicht relevanten Aspekte bei der Sichtenbildung möglich. So kann es sein, daß die Informationen über einzelne Auftragspositionen oder die Unterscheidung zwischen Flugpersonal und Bodenpersonal nicht relevant ist. In diesem Fall werden bei der Sichtenbildung nur die relevanten Ausschnitte des Clusters berücksichtigt.

5.4.2 Simple-Relationship-Clusters als externe Beziehungstypen

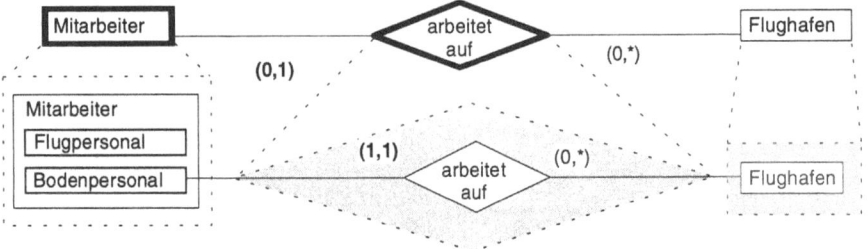

Abb. 5.55: Verfeinerung von Mitarbeiter mittels Entity-Clustering;
            Verfeinerung von arbeitet auf mittels Simple-Relationship-Clustering

Für Simple-Relationship-Clusters ist die Umsetzung in eine Entity-Relationship-View einfach. Ein Simple-Relationship-Cluster wird als externer Beziehungstyp interpretiert (Abb. 5.55).

Die Teilnehmer werden im Falle von Entity-Clusters durch die entsprechenden komplex strukturierten Objekttypen ersetzt.

In Abb. 5.56 muß eine weitere Möglichkeit eingeführt werden, um einen externen Beziehungstyp abzuleiten. Um die Beziehungstypen bestellt 1 bis bestellt 6 zu einem externen Beziehungstyp zusammenzufassen, ist die Vereinigung dieser Beziehungstypen zu bilden.

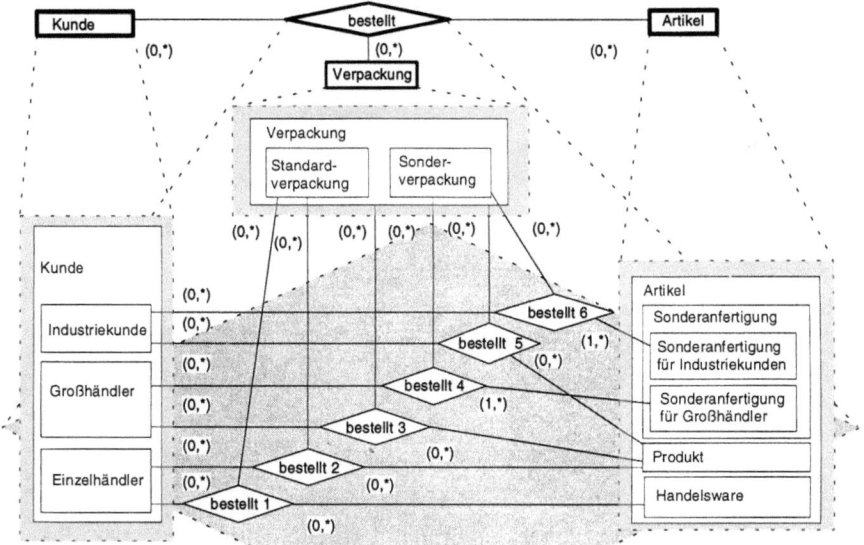

Abb. 5.56: Modellierung eines generischen Beziehungstyps

5.4.3 Complex-Relationship-Clusters als externe Beziehungstypen

Complex-Relationship-Clusters lassen sich ebenfalls als externe Beziehungstypen interpretieren. Der externe Beziehungstyp Durchführung der dem Complex-Relationship-Cluster aus Abb. 5.57 entspricht, kann durch einen Join der Beziehungstypen benutzt für, Flugabschnittsdurchführung und von sowie eine anschließende Projektion gebildet werden.

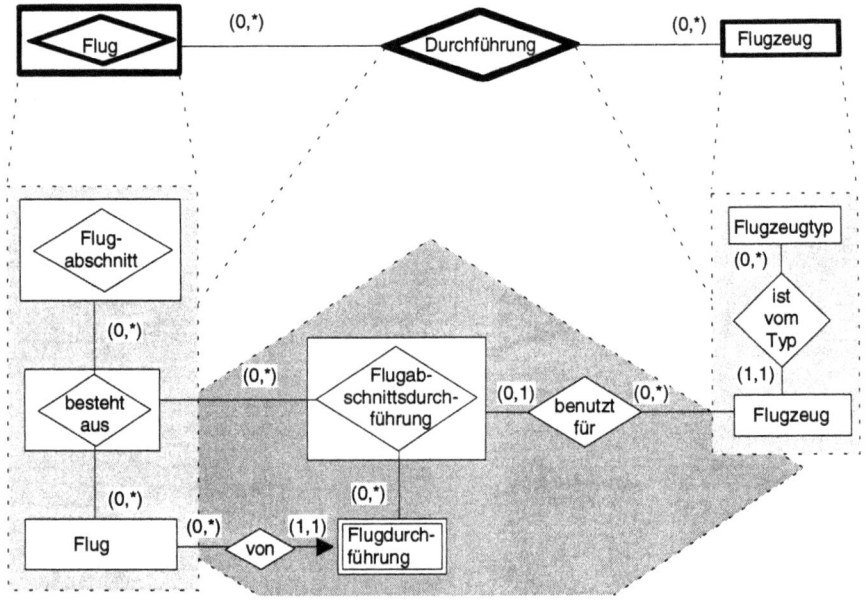

Abb. 5.57: Complex-Relationship-Cluster Durchführung

6 Zusammenfassung und Ausblick

6.1 Zusammenfassung

In der vorliegenden Arbeit wurden Erfahrungen im Hinblick auf den Einsatz einer Tool-Umgebung zur integrierten Unternehmensmodellierung sowie Resultate hinsichtlich der Weiterentwicklung bereits bestehender Ansätze zur Informationsmodellierung für große Informationsschemata und zur Integration von NF^2-Relationen/Transitionen-Netzen mit einem Entity-Relationship-Modell-Ansatz vorgestellt.

Praxiserfahrungen beim Einsatz von INCOME und Oracle CASE:

Zum einen wurden Stärken und Schwächen der genannten Tools bei der Umsetzung der unterstützten Techniken - binärer Entity-Relationship-Modell-Ansatz, Prädikate/Transitionen-Netze und der Funktionsmodellierung - aufgezeigt. Zum anderen wurde die Unterstützung der INCOME/Methode, der Oracle CASE-Methode bzw. des Information Engineering untersucht.

Die Stärken der Tool-Umgebung sind ihre klare Strukturierung, die durchgängige Unterstützung aller Phasen und der Phasenübergänge sowie der Umstand, daß ein datenbankgestütztes Dictionary als "Wissensbasis" eingesetzt wird. Auf die Möglichkeiten der Simulation wurde nur kurz eingegangen, da die vorliegende Arbeit ihren Schwerpunkt im Bereich der Modellierung setzt.

Im Praxiseinsatz wurde festgestellt, daß analog zur Hierarchisierung von Petri-Netzen auch eine Hierarchisierung von Entity-Relationship-Schemata benötigt wird, um die Handhabung wirklich großer Informationsschemata zu unterstützen. Außerdem sind die in Geschäfts- und Produktionsprozessen manipulierten Objekte im allgemeinen komplex strukturiert. Für die Modellierung von Abläufen unter Berücksichtigung von komplexen Objekttypen bieten sich NF^2-Relationen/Netze [ObS92, Obe94] an. Es wird jedoch noch ein Ansatz benötigt, der die Integration eines Ablaufschemas, das mit NF^2-Relationen/Transitionen-Netzen modelliert wird, und eines Informationsschemas, das mit einem Entity-Relationship-Modell-Ansatz erstellt wird, ermöglicht.

Entity-Relationship-Modell-Clustering:

Der in der vorliegenden Arbeit vorgestellte Ansatz präzisiert und erweitert die bereits bestehenden Entity-Clustering-Ansätze und ermöglicht es, nicht nur Entity-Clusters, sondern auch Relationship-Clusters zu bilden. Er geht über die bereits existierenden Ansätze hinaus, indem er nicht nur die abstrahierte Darstellung eines Detaildiagramms durch einen Bottom-Up-Algorithmus ermöglicht, sondern auch den Top-Down-Entwurf als solchen bzw. das Redesign eines Informationsschemas unterstützt. Die Vorgehensweise sowohl für den Top-Down-Entwurf als auch für die Abstraktion eines bereits existierenden Detailschemas wurden ausführlich erläutert.

Integration von Entity-Relationship-Modell und NF^2-Relationen/Transitionen-Netzen:

Die vorliegende Arbeit stellt einen Ansatz vor, der die NF^2-Relationenschemata der einzelnen Stellen des Ablaufschemas mit dem globalen Informationsschema verknüpft. Die komplexen Objekttypen wurden als hierarchisch strukturierte Sichten auf das globale Informationsschema modelliert. Auf die Weise wurde die Integration des globalen Informationsschemas mit dem Ablaufschema ermöglicht.

Abschließend wurde die Möglichkeit skizziert, Petri-Netz-Hierarchien mit Entity-Relationship-Cluster-Hierarchien zu kombinieren. Entity- und Relationship-Clusters lassen sich als Sichten auf das globale Informationsschema interpretieren und zur Modellierung von hierarchisch strukturierten, komplexen Objekttypen verwenden.

6.2 Ausblick

Nachdem der in der vorliegenden Arbeit vorgestellte Ansatz des Entity-Relationship-Modell-Clustering die bereits existierenden Ansätze erweitert, sind Untersuchungen notwendig um festzustellen, inwieweit sich der Ansatz für die Erstellung von Referenzschemata und deren unternehmensindividuelle Anpassung eignet. Zusätzlich ist zu prüfen, in welcher Form sich dieser Ansatz im Rahmen der *View-* und *Schemaintegration* verwenden läßt. Ein Ansatz, der auf dem Clustering-Algorithmus von [RaS92] basiert, wird in [SHO95] vorgestellt und kann auf das Entity-Relationship-Modell-Clustering übertragen werden.

Sowohl für das Entity-Relationship-Modell-Clustering als auch für die Integration von NF^2-Relationen/Transitionen-Netze mit dem Entity-Relationship-Modell steht die Implementierung in einem Prototypen noch aus.

Im Bereich des Entity-Relationship-Modells wird eine Sprache oder Algebra benötigt, die sich zur View-Definition eignet und welche die Konsistenz eines externen Schemas hinsichtlich des zugrundeliegenden globalen Schemas sicherstellt. Ein solche Sprache ist Voraussetzung, um Petri-Netz-Hierarchien mit Cluster-Hierarchien so zu kombinieren, wie es im Ausblick von Kapitel 5 skizziert wurde.

Literaturverzeichnis

[AkC93] J. Akoka, I. Comyn-Wattiau:
A framework for automatic clustering pf semantic models.
In: R. Elmasri, V. Kouramajian, B. Thalheim (Hrsg.): *Proc. of 12th International Conference on the Entity Relationship Approach.* Arlington, TX 1993, LNCS 823, Springer Verlag, Berlin, Heidelberg 1994, 438-450.

[AtC81] P. Atzeni, P. P. Chen:
Completeness of query languages for the entity-relationship model.
In: P. P. Chen (Hrsg.): *Proc. of the 2nd International Conference on the Entity-Relationship Approach.* Washington, D.C., USA 1981, North-Holland 1983, 109-122.

[AzPi86] N. Azar, E. Pichat:
Translation of an extended entity-relationship model into the universal relation with inclusions formalism.
In: S. Spaccapietra (Hrsg.): *Proc. of the 5th International Conference on the Entity-Relationship Approach.* Dijon, France 1986, North-Holland 1987, 253-270.

[BaL83] C. Batini, M. Lenzerini:
A methodology for data schema integration in the entity-relationship model.
In: C. G. Davis, S. Jajodia, P. A.-B. Ng, R. T. Yeh (Hrsg.): *Proc. of the 3rd International Conference on the Entity-Relationship Approach.* Anaheim, California, USA 1983, North-Holland 1983, 413-420.

[BaL84] C. Batini, M. Lenzerini:
A methodology for data schema integration in the entity relationship model.
In: *IEEE Transactions on Software Engineering* 10 (1984) 6, 650-664.

[BaL92] R. Barker, C. Longman:
*CASE*Method - Function and Process Modelling.*
Addison-Wesley Publ. Comp, Wokingham, England 1992.

[Bar90a] R. Barker:
*CASE*Method - Entity Relationship Modelling.*
Addison-Wesley Publ. Comp, Wokingham, England 1990.

[Bar90b]   R. Barker:
            CASE*Method - Tasks and Deliverables.
            Addison-Wesley Publ. Comp, Wokingham, England 1990.

[Bau90]   B. Baumgarten:
            Petri-Netze. Grundlagen und Anwendungen.
            BI-Wiss.-Verlag 1990.

[BCN92]   C. Batini, S. Ceri, S. B. Navathe:
            Conceptual Database Design - An Entity Relationship Approach.
            Benjamin Cummings, Reedwood City 1992.

[BDH87]   H. Briand, C. Ducateau, Y. Hebrail, D. Herin-Aime, J. Kouloumdjian:
            From minimal cover to entity-relationship diagram.
            In: S. T. March (Hrsg.): *Proc. of the 6th International Conference on the Entity-
            Relationship Approach.* New York, USA 1987, North-Holland 1988, 287-304.

[Ber76]   P. A. Bernstein:
            Synthesizing third normal form relations from functional dependencies.
            In: *ACM Transactions on Database Systems* 1 (1976) 4, 277-298.

[BHH85]   H. Briand, H. Habrias, J.-F. Hue, Y. Simon:
            Expert system for translating an E-R diagram into databases.
            In: P. P. Chen (Hrsg.): *Proc. of the 4th International Conference on the Entity-
            Relationship Approach.* Chicago Il, USA 1985, North-Holland 1986 199-206.

[BLN86]   C. Batini, M. Lenzerini, S. B. Navathe:
            A comparative analysis of methodologies for database schema integration.
            In: *ACM Computing Surveys* 18(1986) 4, 324-364.

[Bra85]   L. I. Brady:
            A universal relation assumption based on entities and relationships.
            In: P. P. Chen (Hrsg.): *Proc. of the 4th International Conference on the Entity-
            Relationship Approach.* Chicago Il, USA 1985, North-Holland 1986, 208-215.

[Bro81]   M. L. Brodie:
            Association: A database abstraction for semantic modeling.
            In: P.P. Chen (Hrsg.): *Proc. of the 2nd International Conference on the Entity-
            Relationship Approach.* Washington, D.C., USA 1981, North-Holland 1983,
            577-602.

[BrR84] M. L. Brodie, D. Ridjanovic:
On the design and specification of database transactions.
In: M. L. Brodie, D. Ridjanovic, J. W. Schmidt (Hrsg.): *On Conceptual Modelling*. Springer Verlag, Berlin, Heidelberg 1984, 278-306.

[BRR87] W. Brauer, W. Reisig, G. Rozenberg (Hrsg.):
Petri Nets: Central models and their properties, Advances in Petri Nets 1986. LNCS 254, Springer Verlag, Berlin, Heidelberg 1987.

[CaQ81] G. Caldiera, P. Quitadamo:
Conceptual representation of data and logical IMS design.
In: P.P. Chen (Hrsg.): *Proc. of the 2nd International Conference on the Entity-Relationship Approach*. Washington, D.C., USA 1981, North-Holland 1983, 299-318.

[CEC85] D. M. Campbell, D. W. Embley, B. Czejdo:
A relationally complete query language for an entity-relationship model.
In: P. P. Chen (Hrsg.): *Proc. of the 4th International Conference on the Entity-Relationship Approach*. Chicago Il, USA 1985, North-Holland 1986, 90-97.

[Che76] P. P. Chen:
The entity-relationship model: Toward a unified view of data.
In: *ACM Transaction on Database Systems* 1 (1976) 1, 166 - 192.

[CJA89] C. R. Carlson, W. Ji, A. K. Arora:
The nested entity-relationship model - A pragmatic approach to E-R comprehension and design layout.
In: F. H. Lochovsky (Hrsg.): *Proc. of the 8th International Conference on the Entity-Relationship Approach*. Toronto, Canada 1989, North-Holland 1990, 43-58.

[CNC81] I. Chung, F. Nakamura, P. P. Chen:
A decomposition of relations using the entity-relationship approach.
In: P.P. Chen (Hrsg.): *Proc. of the 2nd International Conference on the Entity-Relationship Approach*. Washington, D.C., USA 1981, North-Holland 1983, 149-172.

[Cod70] E. F. Codd:
A relational model of data for large shared data banks.
In: *Communications of the ACM* 13 (1976) 6, 377-387.

[Cod72]   E. F. Codd:
Further normalization of the data base relational model.
In: R. Rustin (Hrsg.): *Data Base Systems*. Prentice-Hall, Englewood Cliffs 1972, 33-64.

[CzE87]   B. Czejdo, D. W. Embley:
An approach to computation specification for an entity-relationship query language.
In: S. T. March (Hrsg.): *Proc. of the 6th International Conference on the Entity-Relationship Approach*. New York, USA 1987, North-Holland 1988, 337-352.

[DaA87]   K. H. Davis, A. K. Arora:
Converting a relational database model into an entity-relationship model.
In: S. T. March (Hrsg.): *Proc. of the 6th International Conference on the Entity-Relationship Approach*. New York, USA 1987, North-Holland 1988, 271-286.

[DaB89]   J. P. Davis, R. D. Bonnell:
Modeling semantics with concept abstraction in the EARL data model.
In: F. H. Lochovsky (Hrsg.): *Proc. of the 8th International Conference on the Entity-Relationship Approach*. Toronto, Canada 1989, North-Holland 1990, 95-110.

[Dam87]   C. N. G. Dampney:
Specifying a semantically adequate structure for information systems and databases.
In: S. T. March (Hrsg.): *Proc. of the 6th International Conference on the Entity-Relationship Approach*. New York, USA 1987, North-Holland 1988, 165-188.

[Dat90]   C. J. Date:
An introduction to datebase systems, Vol. 1.
5. Auflage, Addison Wesley, Reading, Mass. 1990.

[Dit89]   K. R. Dittrich:
Objektorientierte Datenbanksysteme.
In: *Informatik-Spektrum* 12 (1989), 215-218.

[DoC81]   A. Dogac, P. P. Chen:
Entity-relationship model in the ANSI/SPARC framework.
In: P. P. Chen (Hrsg.): *Proc. of the 2nd International Conference on the Entity-Relationship Approach.* Washington, D.C., USA 1981, North-Holland 1983, 357-374.

[DuA81]   R. Dumpala, A. K. Arora.:
Schema translation using the entity-relationship approach.
In: P. P. Chen (Hrsg.): *Proc. of the 2nd International Conference on the Entity-Relationship Approach.* Washington, D.C., USA 1981, North-Holland 1983, 337-356.

[EKT86]   J. Eder, G. Kappel, A M. Tjoa, A. A. Wagner:
BIER - The behaviour integrated entity relationship approach.
In: S. Spaccapietra (Hrsg.): *Proc. of the 5th International Conference on the Entity-Relationship Approach.* Dijon, France 1986, North-Holland 1987, 147-168.

[ElWi81]   R. Elmasri, G. Wiederhold:
GORDAS: A formal high-level query language for the entity-relationship model.
In: P. P. Chen (Hrsg.): *Proc. of the 2nd International Conference on the Entity-Relationship Approach.* Washington, D.C., USA 1981, North-Holland 1983, 49-72.

[EmL89]   D. W. Embley, T. W. Ling:
Synergistic database design with an extended entity-relationship model.
In: F. H. Lochovsky (Hrsg.): *Proc. of the 8th International Conference on the Entity-Relationship Approach.* Toronto, Canada 1989, North-Holland 1990, 111-128.

[EWH85]   R. Elmasri, J. Weeldreyer, A. Hevner:
The category concept: An extension to the entity-relationship model.
In: *Data & Knowledge Engineering* 1 (1985), 75-116.

[Feh92]   R. Fehling:
Hierarchische Petri-Netze: Beiträge zur Theorie und formale Basis für zugehörige Werkzeuge.
Verlag Dr Kovaç 1992.

[FeH95]   O. K. Ferstl, U. Hagemann:
           Simulation hierarchischer objekt- und transaktionsorientierter Modelle.
           In: W. König (Hrsg.): *Wirtschaftsinformatik 95*, Frankfurt, Physica-Verlag,
           Heidelberg 1995, 243-256.

[FeM86]   P. Feldman, D. Miller:
           Entity model clustering: Structuring a data model by abstraction.
           In: *The Computer Journal* 29 (1986) 4, 348-360.

[FeS93a]   O. K. Ferstl, E. J. Sinz:
           Geschäftsprozeßmodellierung.
           In: *Wirtschaftsinformatik* 36 (1993) 6, 589-592.

[FeS93b]   O. K. Ferstl, E. J. Sinz:
           Der Modellierungsansatz des semantischen Objektmodells (SOM).
           In: *Bamberger Beiträge zur Wirtschaftsinformatik* Nr. 18, Universität Bamberg
           1993.

[FeS94]   O. K. Ferstl, E. J. Sinz:
           From Business Process Modelling to the Specification of Distributed Business
           Application Systems - An Object Oriented Approach.
           In: *Bamberger Beiträge zur Wirtschaftsinformatik* Nr. 20, Universität Bamberg
           1994.

[FuN86]   A. L. Furtado, E. J. Neuhold:
           Formal techniques for database design.
           Springer Verlag, Berlin, Heidelberg 1986.

[GeL78]   H. J. Genrich, K. Lautenbach:
           Facts in place/transition nets.
           In: Mathematical Foundations of Computer Science 1978, Springer Verlag,
           Berlin, Heidelberg 1978.

[GeL81]   H. J. Genrich, K. Lautenbach:
           System modelling with high-level Peti nets.
           In: *Theoretical Computer Science* 13 (1981), 109-136.

[Gen87]   H. J. Genrich:
           Predicate/transition nets.
           In: [BRR87], 207-247.

[Gog94]   M. Gogolla:
          An Extended Entiy-Relationship Model.
          LNCS 767, Springer Verlag, Berlin, Heidelberg 1994.

[GPA92]   U. Gais, P. Patzina, U. Adler:
          Simulieren geht über probieren.
          Verlag Franz Vahlen GmbH, München 1992.

[HaC94]   M. Hammer, J. Champy:
          Business Reengineering: Die Radikalkur für das Unternehmen.
          Campus Verlag, Frankfurt 1994.

[Hai92]   J. L. Hainaut:
          A temporal statistical model for Entity-Relationship schemas.
          In: G. Pernul, A M. Tjoa (Hrsg.): *Proc. of the 11th International Conference on the Entity-Relationship Approach.* Karlsruhe, Germany 1992, LNCS 645, Springer Verlag, Berlin, Heidelberg 1992, 79-96.

[HBÖ95]   T. Hess, L. Brecht, H. Österle:
          Geschäftsstrategie - Prozeß - Informationssystem.
          In: W. König (Hrsg.): *Wirtschaftsinformatik 95*, Frankfurt, Physica-Verlag, Heidelberg 1995, 531-545.

[Hoh93]   U. Hohenstein:
          Formale Semantik eines erweiterten Entity-Relationship-Modells.
          B. G. Teubner, Stuttgart, Leipzig 1993.

[HPR93]   C. A. Heuser, E. M. Peres, G. Richter:
          Towards a complete conceptual model: Petri nets and Entity-Relationship diagrams.
          In: *Information Systems* 18 (1993) 5, 275-298.

[Hsu85]   C. Hsu:
          Structured database system analysis and design through entity relationship approach.
          In: P. P. Chen (Hrsg.): *Proc. of the 4th International Conference on the Entity-Relationship Approach.* Chicago Il, USA 1985, North-Holland 1986, 56-63.

[HTJ93]   J. L: Hainaut, C. Tonneau, M. Joris, M. Chandelon:
           Transformation-based database reverse engineering.
           In: R. Elmasri, V. Kouramajian, B. Thalheim (Hrsg.): *Proc. 12th International
           Conference on the Entity Relationship Approach.* Arlington, TX 1993, LNCS
           823, Springer Verlag, Berlin, Heidelberg 1994, 364-375.

[Jae94]   P. Jaeschke:
           Eine integrierte CASE-Umgebung zur Entwicklung von Informationssystemen:
           Ein Erfahrungsbericht.
           In: *EMISA-FORUM* (1994) 1, 38-42.

[Jae95a]   P. Jaeschke:
           Bedeutung und Einsatz eines integrierten Ansatzes zur Analyse, Simulation und
           Realisierung von Geschäftsprozessen.
           In: *EMISA-FORUM* (1995) 1, 44-47.

[Jae95b]   P. Jaeschke:
           Geschäftsprozeßmodellierung mit INCOME.
           In: J. Becker, G. Vossen (Hrsg.): *Geschäftsprozeßmodellierung und Workflow-
           Management.*
           International Thompson Publishing 1995.

[Jae95c]   P. Jaeschke:
           Realisierung effizienter Geschäftsprozesse.
           In: F. Schweiggert, E. Stickel (Hrsg.): *Informationstechnik und Organisation:
           Planung, Wirtschaftlichkeit und Qualität.*
           B. G. Teubner Verlag, German Chapter of the ACM, Stuttgart 1995.

[Jae96]   P. Jaeschke:
           Entity-Relationship-Modell-Clustering.
           Erscheint in: *EMISA-FORUM* (1996) 1.

[JaN83]   S. Jajodia, P.A. Ng:
           On representation of relational structures by entity-relationship diagrams.
           In: C. G. Davis, S. Jajodia, P. A.-B. Ng, R. T. Yeh (Hrsg.): *Proc. of the 3rd
           International Conference on the Entity-Relationship Approach.* Anaheim,
           California, USA 1983, North-Holland 1983, 249-264.

[JaS93]   P. Jaeschke, W. Stucky:
From conceptual to logical database design.
Forschungsbericht 282, Institut für Angewandte Informatik und Formale
Beschreibungsverfahren, Universität Karlsruhe 1993.

[JaS94]   P. Jaeschke, W. Stucky:
An integrated tool for information system development: Practical experience.
Forschungsbericht 297, Institut für Angewandte Informatik und Formale
Beschreibungsverfahren, Universität Karlsruhe 1993.

[Jen92]   K. Jensen:
Coloured Petri Nets. Basic Concepts, Analysis Methods and Practical Use.
Springer Verlag, Berlin, Heidelberg 1992.

[JNS83]   S. Jajodia, P.A. Ng, F.N. Springsteel:
The problem of equivalence for entity-relationship diagrams.
In: *IEEE Transactions on Software Engineering* 9 (1983) 5, 617-630.

[JoK89]   P. Johannesson, K. Kalman:
A method for translating relational schemas into conceptual schemas.
In: F. H. Lochovsky (Hrsg.): *Proc. of the 8th International Conference on the
Entity-Relationship Approach.* Toronto, Canada 1989, North-Holland 1990, 271-
286.

[JOS93]   P. Jaeschke, A. Oberweis, W. Stucky:
Extending ER model clustering by relationship clustering.
In: R. Elmasri, V. Kouramajian, B. Thalheim (Hrsg.): *Proc. 12th International
Conference on the Entity Relationship Approach.* Arlington, TX 1993, LNCS
823, Springer Verlag, Berlin, Heidelberg 1994, 451-462.

[JOS94]   P. Jaeschke, A. Oberweis, W. Stucky:
Deriving Complex Structured Object Types for Business Process Modelling.
In: P. Loucopoulos (Hrsg.): *Proc. 13th International Conference on the Entity
Relationship Approach.* Manchester, UK 1994, LNCS 881, Springer Verlag,
Berlin, Heidelberg 1994, 28-45.

[JOS96]   P. Jaeschke, A. Oberweis, W. Stucky:
An Extended Approach to Entity-Relationship-Model-Clustering.
Eingereicht für *Data & Knowledge Engineering.*

240   *Literaturverzeichnis*

[KnH93]   G. Knolmayer, H. Herbst:
          Business Rules.
          In: *Wirtschaftsinformatik* 35 (1993) 4, 386-390.

[KoL87]   W. Kozaczynski, L. Lilien:
          An extended entity-relationship (E^{2}R) database specification and its automatic
          verification and transformation into the logical relational design.
          In: S. T. March (Hrsg.): *Proc. of the 6th International Conference on the Entity-
          Relationship Approach.* New York, USA 1987, North-Holland 1988, 533-549.

[LaD83]   J. A. Larson, P. A. Dwyer:
          Defining external schemas for an entity-relationship database.
          In: C. G. Davis, S. Jajodia, P. A.-B. Ng, R. T. Yeh (Hrsg.): *Proc. of the 3rd
          International Conference on the Entity-Relationship Approach.* Anaheim,
          California, USA 1983, North-Holland 1983, 347-364.

[LaS87]   G. Lausen, H. J. Schek:
          Semantic specification of complex objects.
          In: *Proc. IEEE-CS Symposium on Office Automation.* Gaithersburg, USA 1987.

[Lau87]   G. Lausen:
          Grundlagen einer netzorientierten Vorgehensweise für den konzeptuellen
          Datenbankentwurf.
          Forschungsbericht 179, Institut für Angewandte Informatik und Formale
          Beschreibungsverfahren, Universität Karlsruhe, Februar 1987.

[Len94]   K.-A. Lenz:
          Entwicklung eines Petri-Netz-Modells für verteilte Datenbanksysteme.
          Diplomarbeit, Institut für Angewandte Informatik und Formale
          Beschreibungsverfahren, Universität Karlsruhe 1994.

[LeS83]   M. Lenzerini, G. Santucci:
          Cardinality constraints in the entity-relationship model.
          In: C. G. Davis, S. Jajodia, P. A.-B. Ng, R. T. Yeh (Hrsg.): *Proc. of the 3rd
          International Conference on the Entity-Relationship Approach.* Anaheim,
          California, USA 1983, North-Holland 1983, 529-550.

[Lin85a]   T. W. Ling:
A normal form for entity-relationship diagrams.
In: P. P. Chen (Hrsg.): *Proc. of the 4th International Conference on the Entity-Relationship Approach.* Chicago Il, USA 1985, North-Holland 1986, 24-35.

[Lin85b]   T. W. Ling:
An analysis of multivalued and join dependencies based on the entity-relationship approach.
In: *Data & Knowledge Engineering* 1 (1985), 253-271.

[LiN86]   U. Lipeck, K. Neumann:
Modelling and manipulating objects in geoscientific databases.
In: S. Spaccapietra (Hrsg.): *Proc. of the 5th International Conference on the Entity-Relationship Approach.* Dijon, France 1986, North-Holland 1987, 67-88.

[Lin87]   T. W. Ling:
A three level schema architecture ER-based data base management system.
In: S.T. March (Hrsg.): *Proc. of the 6th International Conference on the Entity-Relationship Approach.* New York, USA 1987, North-Holland 1988, 205-222.

[LNO89]   G. Lausen, T. Németh, A. Oberweis, F. Schönthaler, W. Stucky:
The INCOME approach for conceptual modelling and rapid prototyping of information systems.
In: *Proc. First Nordic Conference on Advanced Systems Engineering CASE89,* Stockholm 1989.

[Mai83]   D. Maier:
The theory of relational database.
Computer Science Press, Rockville, Maryland 1983.

[Mar83]   L. Mark:
What is the binary relationship approach ?
In: C. G. Davis, S. Jajodia, P. A.-B. Ng, R. T. Yeh (Hrsg.): *Proc. of the 3rd International Conference on the Entity-Relationship Approach.* Anaheim, California, USA 1983, North-Holland 1983, 205-220.

[MaR83a] V. M. Markowitz, Y Raz:
A modified relational algebra and its use in an entity-relationship environment.
In: C. G. Davis, S. Jajodia, P. A.-B. Ng, R. T. Yeh (Hrsg.): *Proc. of the 3rd International Conference on the Entity-Relationship Approach.* Anahaim, California, USA 1983, North-Holland 1983, 315-328.

[MaR83b] V. M .Markowitz, Y. Raz:
ERROL: An entity-relationship, role oriented, query language.
In: C. G. Davis, S. Jajodia, P. A.-B. Ng, R. T. Yeh (Hrsg.): *Proc. of the 3rd International Conference on the Entity-Relationship Approach.* Anahaim, California, USA 1983, North-Holland 1983, 329-346.

[Mar89] J. Martin:
Information Engineering, Book I: Introduction.
Prentice Hall, Englewood Cliffs, New Jersey 1989.

[Mar90a] J. Martin:
Information Engineering, Book II: Planning and Analysis.
Prentice Hall, Englewood Cliffs, New Jersey 1990.

[Mar90b] J. Martin:
Information Engineering, Book III: Design and Construction.
Prentice Hall, Englewood Cliffs, New Jersey 1990.

[MaS89] V. M. Markowitz, A. Shoshani:
On the correctness of representing extended entity-relationship structures in the relational model.
In: *Proc. on the 1989 ACM SIGMOD Int. Conf on Management of Data,* Portland, Oregon, 430-439.

[MeZ79] M. A. Melkanoff, C. Zaniolo:
Decomposition of relations and synthesis of entity-relationship diagrams.
In: P.P. Chen (Hrsg.): *Proc. of the International Conference on the Entity-Relationship Approach.* Los Angeles, California, USA 1979, North-Holland 1980, 277-294.

[Mis91] H. Mistelbauer:
Datenmodellverdichtung:
Vom Projektdatenmodell zur Unternehmensarchitektur.
In: *Wirtschaftsinformatik* 33 (1991) 4, 289-299.

[MMR86]   J. A. Makowsky, V. M. Markowitz, S. N.Rotics:
Entity-relationship consistency for relational schemas.
In: ICDT '86, Springer 1986, 306-322.

[MOS93]   T. Mochel, A. Oberweis, V. Sänger:
INCOME/STAR: The Petri net simulation concepts. Systems Analysis -
Modelling - Simulation.
In: *Journal of Modelling and Simulation in Systems Analysis* 13 (1993), 21-36.

[Mül94]   S. Müller:
Ablaufmodellierung als Analyse-, Entwurfs- und Realisierungsmethodik im Softwareentwicklungsprozeß.
Verlag Josef Eul, Bergisch Gladbach, Köln 1994.

[NaA87]   S. B. Navathe, A. M. Awong:
Abstracting relational and hierarchical data with a semantic data model.
In: S. T. March (Hrsg.): *Proc. of the 6th International Conference on the Entity-Relationship Approach.* New York, USA 1987, North-Holland 1988, 305-336.

[NaC83]   S. B. Navathe, A. Cheng:
A methodology for database schema mapping from extended entity-relationship models into the hierachical model.
In: C. G. Davis, S. Jajodia, P. A.-B. Ng, R. T. Yeh (Hrsg.): *Proc. of the 3rd International Conference on the Entity-Relationship Approach.* Anaheim, California, USA 1983, North-Holland 1983, 223-248.

[NeOb92]   S. Neubert, A. Oberweis:
Einsatzmöglichkeiten von Hypertext beim Software Engineering und Knowledge Engineering.
In: R. Cordes, N. Streitz (Hrsg.): *Proc. Hypertext and Hypermedia 92.* München, Germany 1992, Springer Verlag, Berlin, Heidelberg 1992, 162-174.

[Obe91]   A. Oberweis:
System simulation with Petri nets: A new concept combining procedural and declarative system knowledge.
In: E. Mosekilde (Hrsg.): *Proc. European Simulation Multiconference.*
Copenhagen, June 1991, 59-64.

[Obe95]   A. Oberweis:
           Verteilte betriebliche Abläufe und komplexe Objektstrukturen: Integriertes
           Modellierungskonzept für Workflow-Managementsystem.
           Habilitationsschrift, Institut für Angewandte Informatik und Formale
           Beschreibungsverfahren, Universität Karlsruhe 1994.

[ObS92]   A. Oberweis, P. Sander:
           The specification of complex object behaviour by high level Petri nets.
           Forschungsbericht 254, Institut für Angewandte Informatik und Formale
           Beschreibungsverfahren, Universität Karlsruhe, September 1992.

[ObS93]   A. Oberweis, F. Schönthaler:
           Simulation datenbankgestützer Automatisierungssysteme mit INCOME.
           In: E. Schnieder (Hrsg.): *Proc. 3. Fachtagung Entwurf komplexer*
           Automatisierungssysteme, Methoden, Anwendungen und Tools auf der Basis von
           Petri-Netzen und anderer formaler Beschreibungsmittel. Braunschweig 1993,
           317-333.

[OSS93]   A. Oberweis, P. Sander, W. Stucky:
           Petri net based modelling of procedures in complex object database applications.
           In: D. Cooke (Hrsg.): *Proceedings 17th Annual International Computer*
           Software and Applications Conference COMPSAC 93. Phoenix/Arizona 1993,
           138-144.

[Öst94]   H. Österle:
           Business Engineering: Prozeß- und Systementwicklung, Band1:
           Entwurfstechniken.
           Springer Verlag, Berlin, Heidelberg 1994.

[PDG89]   J. Paradaens, P. DeBra, M. Gyssens, D. VanGucht:
           The Structure of the Relational Database Model.
           Springer Verlag, Berlin, Heidelberg 1989.

[Pet62]   C. A. Petri:
           Kommunikation mit Automaten.
           Dissertation, Universität Bonn 1962.

[Pet81]   J. L. Peterson:
           Petri Net Theory and the Modeling of Systems.
           Prentice-Hall, Englewood Cliffs, NJ 1981.

[PRO94]   PROMATIS Informatik:
            INCOME: Analyse, Simulation und Realisierung von Geschäftsprozessen.
            Karlsbad 1994.

[PRO95a]   PROMATIS Informatik:
            INCOME: Methode und Werkzeuge - Einführungsseminar.
            Seminardokumentation, Karlsbad 1995.

[PRO95b]   PROMATIS Informatik:
            INCOME - Simulatorkurs.
            Seminardokumentation, Karlsbad 1995.

[PRO95c]   PROMATIS Informatik:
            INCOME: Optimierung von Geschäftsprozessen.
            Karlsbad 1995.

[Puc93]   J. Puchan:
            *Strategische Informationssystemplanung: Eine strukturierte Vorgehensweise
            unter besonderer Berücksichtigung funktionaler Systemanforderungen.*
            Verlag Shaker, Aachen 1993.

[RaS92]   O. Rauh, E. Stickel:
            Entity tree clustering - A method for simplifying ER design.
            In: G. Pernul, A M. Tjoa (Hrsg.): *Proc. of the 11th International Conference on
            the Entity-Relationship Approach.* Karlsruhe, Germany 1992, LNCS 645,
            Springer Verlag, Berlin, Heidelberg 1992, 62-78.

[Rei86]   W. Reisig:
            Petrinetze: Eine Einführung.
            Springer Verlag, Berlin, Heidelberg 1986.

[Rei87]   W. Reisig:
            Place/transition systems.
            In: [BRR87].

[Rie91]   R. Riedl:
            Strategische Planung von Informationssystemen.
            Physica, Heidelberg 1991.

[Roc79]   J. F. Rockart:
           Chief executives define their own needs
           In: *Harvard Business Review*. März-April 1979, 81-93.

[Roe85]   W. Roesner:
           DESPATH: An ER manipulation language.
           In: P. P. Chen (Hrsg.): *Proc. of the 4th International Conference on the Entity-
           Relationship Approach*. Chicago II, USA 1985, North-Holland 1986, 72-81.

[RoS77]   D. T. Ross, K. E. Schoman:
           Structured analysis for requirements definition.
           In: *IEEE Transactions on Software Engineering* 3 (1977) 1, 1-15.

[Ros77]   D.T. Ross:
           Structured Analysis (SA): A language for communication ideas.
           In: *IEEE Transactions on Software Engineering* 3 (1977) 1, 16-34.

[RoW91]   B. Rosenstengel, U. Winand:
           Petri-Netze: Eine anwendungsorientierte Einführung.
           4. Auflage, Vieweg, Braunschweig, Wiesbaden 1991.

[Sak79]   H. Sakai:
           A unified approach to the logical design of a hierarchical data model.
           In: P.P. Chen (Hrsg.): *Proc. of the International Conference on the Entity-
           Relationship Approach*. Los Angeles, California, USA 1979, North-Holland
           1980, 61-74.

[Sak80]   H. Sakai:
           Entity-relationship approach to the conceptual schema design.
           In: *ACM SIGMOD Int. Conf. on Management of Data Proceedings*. 1980. 1-8.

[Sak83]   H. Sakai:
           A method for entity-relationship behaviour modeling.
           In: C. G. Davis, S. Jajodia, P. A.-B. Ng, R. T. Yeh (Hrsg.): *Proc. of the 3rd
           International Conference on the Entity-Relationship Approach*. Anaheim,
           California, USA 1983, North-Holland 1983, 111-129.

[Sak83a] H. Sakai:
Entity-relationship approach to logical database design.
In: C. G. Davis, S. Jajodia, P. A.-B. Ng, R. T. Yeh (Hrsg.): *Proc. of the 3rd International Conference on the Entity-Relationship Approach.* Anahaim, California, USA 1983, North-Holland 1983, 155-188.

[San92] P. Sander:
Boolean lattices of nested relations as a foundation for rule-based database languages.
In: *Data&Knowledge Engineering* 8 (1992) 2, 93-130.

[San93] P. Sander:
Eine Ordnungsbasierte Regelsprache für NF2-Relationen.
Verlag Shaker, Aachen 1993.

[Sch90] A.-W. Scheer:
Wirtschaftsinformatik: Informationssysteme im Industriebetrieb.
3. Auflage, Springer Verlag, Berlin, Heidelberg 1990.

[Sch92] A.-W. Scheer:
Architektur integrierter Informationssysteme: Grundlagen der Unternehmensmodellierung.
2. Auflage Springer Verlag, Berlin, Heidelberg 1992.

[Sch94] A.-W. Scheer:
Wirtschaftsinformatik: Referenzmodelle für industrielle Geschäftsprozesse.
5. Auflage, Springer Verlag, Berlin, Heidelberg 1994.

[ScN92] F. Schönthaler, T. Németh:
Software-Entwicklungswerkzeuge - Methodische Grundlagen.
2. Auflage. B. G. Teubner, Stuttgart 1992.

[ScO93] F. Schönthaler, A. Oberweis:
Simulation betrieblicher Abläufe mit INCOME und Oracle CASE.
In: *Proc. 5. Kolloquium Software-Entwicklung - Methoden, Werkzeuge, Erfahrungen.* Technische Akademie Esslingen 1993, 57-68.

[ScS79] P. Scheuermann, G. Schiffner:
Multiple views and abstractions with an extended entity-relationship model.
In: *Journal of Computer Languages* 4 (1979), 139-154.

[ScS83]   G. Schlageter, W. Stucky:
          Datenbanksysteme: Konzepte und Modelle.
          2. Auflage, B. G. Teubner, Stuttgart 1983.

[ScS86]   H.-J. Schek, M. H. Scholl:
          The relational model with relation-valued attributes.
          In: *Information Systems* 11 (1986) 2, 137-147.

[SHO95]   E. Stickel, J. Hunstock, A. Ortmann, J. Ortmann:
          Verfahren zur werkzeuggestützten Integration von Datenbankschemata.
          In: W. König (Hrsg.): *Wirtschaftsinformatik 95*, Frankfurt, Physica-Verlag,
          Heidelberg 1995, 205-222.

[Sin87]   E. J. Sinz:
          Datenmodellierung betrieblicher Probleme und ihre Unterstützung durch ein
          wissensbasiertes Entwicklungssystem.
          Habilitationsschrift, Universität Regensburg 1987.

[SmS77]   J. M. Smith, D. C. P. Smith:
          Database abstractions: Aggregation and generalization.
          In: *ACM Transactions on Database Systems* 2 (1977) 2, 105-133.

[SNF79]   C. dos Santos, E. J. Neuhold, A. L. Furtado:
          A data type approach to the entity-relationship model.
          In: P.P. Chen (Hrsg.): *Proc. of the International Conference on the Entity-*
          Relationship Approach. Los Angeles, California, USA 1979, North-Holland
          1980, 103-120.

[SoK86]   A. Solvberg, C. H. Kung:
          On structural and behavioral modelling of reality.
          In: T. B. Steel, R. Meersman (Hrsg.): *Database Semantics.* North-Holland 1988,
          205-221.

[Som92]   I. Sommerville:
          Software Engineering.
          4. Auflage, Addison-Wesley, Wokingham, England, 1982.

[SOS94]   G. Scherrer, A. Oberweis, W. Stucky:
          ProMISE - A process model for information system evoluation.
          In: *Proc. of the 3rd Maghrebian Conference on Software Engineering and*
          Artifical Intelligence, Rabat/Marokko, April 1994, 27-36.

[SpC88] F. N. Springsteel, P-J. Chuang:
ERDDS: The intelligent E-R-based database design system.
In: C. Batini (Hrsg.): *Proc. of the 7th International Conference on the Entity-Relationship Approach*. Rome, Italy 1988, North-Holland 1989, 349-368.

[SSW79] P. Scheuermann, G. Schiffner, H. Weber:
Abstraction capabilities and invariant properties modelling within the entity-relationship approach.
In: P.P. Chen (Hrsg.): *Proc. of the International Conference on the Entity-Relationship Approach*. Los Angeles, California, USA 1979, North-Holland 1980, 121-140.

[Sta90] P. H. Starke:
Analyse von Petri-Netz-Modellen.
B. G. Teubner, Stuttgart 1990.

[SuM86] K. Subieta, M. Missala:
Semantics of query languages for the entity-relationship model.
In: Spaccapietra (Hrsg.): *Proc. of the 5th International Conference on the Entity-Relationship Approach*. Dijon, France 1986, North-Holland 1987 197-216.

[Teo90] T. J. Teorey:
Database Modelling and Design: The Entity-Relationship Approach.
Morgan Kaufmann Publishers, San Mateo, California 1990.

[Tha92] B. Thalheim:
Fundamentels of cardinality constraints.
In: G. Pernul, A M. RTjoa (Hrsg.): *Proc. of the 11th International Conference on the Entity-Relationship Approach*. Karlsruhe, Germany 1992, LNCS 645, Springer Verlag, Berlin, Heidelberg 1992, 7-23.

[TPN79] H. Tardieu, D. Pascot, D. Nanci, H. Heckenroth:
A method, a formalism and tools for database design (Three Years of experimental practice).
In: P. P. Chen (Hrsg.): *Proc. of the International Conference on the Entity-Relationship Approach*. Los Angeles, California, USA 1979, North-Holland 1980, 353-378.

[TWB89] T. J. Teorey, G. Wei, D. L. Bolton, J. A. Koenig:
ER model clustering as an aid for user communication and documentation in
database design.
In: *Communications of the ACM* 32 (1989) 8, 975-987.

[TYF86] T. J. Teorey, D. Yang, P. J. Fry:
A logical design methodology for relational database using the extended entity-
relationship model.
In: *ACM Computing Surveys* 18 (1986) 2, 197-222.

[Var94] P. D. Varhol:
Enterprisewide Reengineering and Restructuring.
Computer Technology Research Corp., Charleston, SC 1994.

[Vel85] F. Velez:
LAMBDA: An entity-relationship based query language for the retrieval of
structured documents.
In: P. P. Chen (Hrsg.): *Proc. of the 4th International Conference on the Entity-
Relationship Approach.* Chicago Il, USA 1985, North-Holland 1986, 82-89.

[VeV82] G. Verheijen, J. van Bekkum:
NIAM: An information analysis method.
In: Olle, Soll, Verryn-Stuart (Hrsg.): *Information Systems Design Methodologies,*
Nort Holland 1982, 537-590.

[Vos94] G. Vossen:
Datenmodelle, Datenbanksprachen und Datenbank-Management-Systeme.
2. Auflage, Addison-Wesley, Bonn - Reading, Mass. 1994.

[Wag88] C. F. Wagner:
Implementing abstraction hierarchies.
In: C. Batini (Hrsg.): *Proc. of the 7th International Conference on the Entity-
Relationship Approach.* Rome, Italy 1988, North-Holland 1989, 407-422.

[Wöh86] G. Wöhe:
Einführung in die allgemeine Betriebswirtschaftslehre.
16. Auflage, Verlag Franz Vahlen, München 1986.

[WoK79] E. Wong, R. H. Katz:
Logical design and schema conversion for relational and DBTG databases.
In: P.P. Chen (Hrsg.): *Proc. of the International Conference on the Entity-Relationship Approach.* Los Angeles, California, USA 1979, North-Holland 1980, 311-322.

[ZhM83] Z. Q. Zhang, A. O. Mendelzon:
A graphical query language for entity relationship databases.
In: C. G. Davis, S. Jajodia, P. A.-B. Ng, R. T. Yeh (Hrsg.): *Proc. of the 3rd International Conference on the Entity-Relationship Approach.* Anahaim, California, USA 1983, North-Holland 1983, 441-448.

Index

258   *Index*

DUV Deutscher Universitäts Verlag

GABLER · VIEWEG · WESTDEUTSCHER VERLAG

Aus unserem Programm

Guido Dischinger
Objektorientierter Fachentwurf
Zur Eignung objektorientierter Ansätze für das fachliche Entwerfen von
Anwendungssoftware
1995. XV, 316 Seiten, 90 Abb., Broschur DM 98,-/ ÖS 765,-/ SFr 98,-
ISBN 3-8244-2068-6
Es wird eine "Meßlatte" aufgestellt, an der sowohl traditionelle als auch ob-
jektorientierte Analysekonzepte gemessen werden. Besondere Beachtung
erfahren dabei die Kriterien Verständlichkeit, Wartbarkeit und Wiederver-
wendbarkeit.

Martin Hofmann
Konzeption eines Prozeßinformations- und -managementsystems
1995. XVI, 115 Seiten, Broschur DM 89,-/ ÖS 694,-/ SFr 89,-
GABLER EDITION WISSENSCHAFT
ISBN 3-8244-6161-7
Der Autor stellt ein System vor, in dem technologische Prozesse definiert,
graphisch modelliert und intelligente Informationsabfragen erstellt werden
können. Er stellt detailliert ein Software-Tool unter MS-Windows vor.

Hans-Jürgen König
Ökonomische Datenhaltung in der Unternehmung
Föderierte Architekturen als Integrationsplattform wettbewerbsorientierter
Systeme
1994. XVIII, 426 Seiten, 34 Abb., Broschur DM 98,-/ ÖS 765,-/ SFr 98,-
ISBN 3-8244-2058-9
In diesem Buch werden Anforderungen an ein Datenmanagement systemati-
siert, Gestaltungsziele und -konflikte qualitativ und modelltheoretisch analy-
siert und es wird ein Integrationswerkzeug vorgestellt und evaluiert.

Juliane Kronen
Computergestützte Unternehmungskooperation
Potentiale - Strategien - Planungsmodelle
1994. XVIII, 252 Seiten, Broschur DM 98,-/ ÖS 765,-/ SFr 98.-
GABLER EDITION WISSENSCHAFT
ISBN 3-8244-6067-X
Gemeinsames Merkmal vieler erfolgreicher Kooperationen ist es, daß zu ihrer
Planung und Durchführung Informationssysteme zum Einsatz kommen.
Oftmals sind diese Systeme sogar Motivation für die Entstehung einer Koope-
ration.

Heinz Linß
Integrationsabhängige Nutzeffekte der Informationsverarbeitung
Vorgehensmodell und empirische Ergebnisse
1995. XVII, 241 Seiten, 102 Abb., Broschur DM 98,-/ ÖS 765,-/ SFr 98,-
ISBN 3-8244-0249-1
In diesem Buch wird eine differenzierte Nutzeffektbetrachtung durchgeführt,
um eine Integration der betrieblichen Datenverarbeitung zu identifizieren, die
für das jeweilige Unternehmen mit dem größten Nutzen verbunden ist.

Stefan Spieck
**Zentrale und dezentrale Informationsverarbeitung in der Distributions-
logistik**
Vergleich von Beispielsystemen
1995. XII, 143 Seiten, 76 Abb., 21 Tab., Broschur DM 88,-/ ÖS 687,-/ SFr 88,-
ISBN 3-8244-2065-1
Anhand von Anwendungen, die für spezielle Probleme der Distributionslogi-
stik entwickelt wurden, zeigt die Arbeit exemplarisch spezifische Vor- und
Nachteile zentraler und dezentraler IV-Systeme auf.

Markus Wersch
Workflow Management
Systemgestützte Steuerung von Geschäftsprozessen
1995. XII, 342 Seiten, Broschur DM 118,-/ ÖS 921,-/ SFr 118,-
GABLER EDITION WISSENSCHAFT
ISBN 3-8244-6200-1
Der Autor analysiert mögliche Organisationsformen der Steuerung von Ge-
schäftsprozessen und entwickelt einen Vorschlag, der einen Ansatz zur Pro-
zeßmodellierung sowie den Entwurf einer Workflow-Architektur umfaßt.

Die Bücher erhalten Sie in Ihrer Buchhandlung!
Unser Verlagsverzeichnis können Sie anfordern bei:

Deutscher Universitäts-Verlag
Postfach 30 09 44
51338 Leverkusen

MIX
Papier aus verantwortungsvollen Quellen
Paper from responsible sources
FSC
www.fsc.org
FSC® C105338

If you have any concerns about our products,
you can contact us on
ProductSafety@springernature.com

In case Publisher is established outside the EU,
the EU authorized representative is:
Springer Nature Customer Service Center GmbH
Europaplatz 3, 69115 Heidelberg, Germany

Printed by Libri Plureos GmbH
in Hamburg, Germany